한 권으로 끝내는

간호사
자소서 · 면접

SD에듀
(주)시대고시기획

머리말

매년 4월 하순부터 시작되었던 대학병원의 신입 간호사 채용이 코로나19 이후 5월 중순으로 늦어졌다. 사회적 거리 두기 후 병원의 채용방법과 순서도 많이 변화하였다. 단순히 서류와 면접만 보는 것이 아니라 많은 대학병원이 채용전형에 온라인을 이용한 역량검사와 AI면접을 추가한 것이다. 이마저도 병원마다 다르게 진행되기에 간호학과 4학년의 취업 준비는 더 복잡해졌다고 할 수 있다.

이러한 상황에서 취업을 준비하는 간호대생들의 마음은 타들어간다. 필자는 학생들로 하여금 이 어려운 채용 과정을 현명하게 헤쳐 나갈 수 있도록 도움을 주고자 이 책을 집필하였다. 매년 변화하는 취업전형에 맞게 구성하고, 그동안 쌓아 온 자료와 노하우를 정리해 제대로 된 신입 간호사 취업 안내서를 만들어 내고자 했다.

함께 책을 집필한 서효정 교수는 나와 같이 간호대학에서 간호사 취업 커리어 과목을 강의하고 있고, 특히 2020년 코로나19 사태에 공공지역의료원으로 지원을 다녀온 훌륭한 분이다. 좋은 간호사가 되기 위한 꿈을 가진 간호사 후배들을 생각하면서 집필 작업에 동참했다.

이 책을 합격증과 바꿀 수는 없겠지만, 최소한 그 문턱까지 갈 수 있게 길잡이가 되어 주리라 생각한다. 또한 10여 년간 신입 간호사 채용에 직접 참여해온 간호부서장 대선배님들의 내용 감리와 추천으로 더 신뢰할 수 있을 것이다.

대한간호협회 간호인력취업교육센터
병원취업가이드 강사

저자. 정해성 교수
공동저자. 서효정 교수

추천사

간호사 취업을 앞둔 간호학생들에게

좋은 간호사가 되기 위해 많은 노력을 하고 있는 모든 학생들에게 간호사 선배로서 응원을 보냅니다. 이 책을 길잡이 삼아 본인이 희망하는 기관에 당당히 합격하여 멋진 간호사로 성장하기를 바랍니다. '환자도 만족하고 간호사도 만족하는 간호'를 통해 더 좋은 간호사로 성장할 수 있으며, 후배들이 간호에 재미를 느끼며 간호할 수 있도록 선배들이 이끌어 준다면 더 좋은 간호 문화가 이루어질 수 있습니다. 내면의 힘을 강화하고 본인이 하는 일에 가치를 느끼면서 좋은 간호 스토리를 만들어 가는 간호사가 되기를 기대합니다.

전 한국원자력의학원 원자력병원 간호부장
강영순

지금도 가슴이 설레는 그대 이름은 신규 간호사!

뇌졸중 집중 치료실에서 신규 간호사로 정신없이 일하던 과거의 어느 날, 환자가 찾아와 '고맙습니다. 간호사님 덕분에 걸어서 집으로 돌아갈 수 있게 되었습니다.'라며 감사를 표한 적이 있습니다. 힘들게 일하던 와중에 그 한마디는 크나큰 보상이었습니다. 병원을 그만둔 후 친정아버지가 뇌졸중으로 입원하여 치료받고 건강하게 퇴원하자, 보호자인 나는 과거에 받았던 인사를 가슴 벅차게 그리워하며 "고맙습니다. 간호사님 덕분에 아버지가 걸어서 집으로 돌아갈 수 있게 되었습니다."라고 똑같이 말하게 되었습니다.

행운은 반드시 부지런하고 성실한 사람을 찾아간다고 합니다. 우리는 간호사가 되기 위해 그 누구보다 쉬지 않고 부지런히 걸어 왔습니다. 부지런히 공부하고 일하는 사람, 성공은 그런 사람을 친구로 삼는 습관을 갖는다니 우리 모두에게는 반드시 커다란 행운이 있을 겁니다. 전문직 간호사 길을 이어가는 멋진 후배 여러분에게 행운의 박수를 보냅니다.

전 고려대학교의료원 안산병원 간호부장
김정숙

목차

PART 4 인적성검사

PART 5 면접

부록

PART 1

간호사 취업 로드맵

2024년 채용시즌

'2025년 신입 간호사 채용공고'

2024년 올해 나올 각 병원의 채용공지 타이틀은 '2025년 신입간호사 채용공고'라고 표기되면서 벌써 2025년 졸업 후를 내다보고 있다. 하지만 이 책에서는 이해하기 위한 편의상 2024년 채용시즌이라고 하겠다. 2024년 채용시즌의 화두를 꺼낸다면 첫 번째는 코로나바이러스감염증-19(이하 코로나19) 사태로 인한 채용시기의 연기, 두 번째는 AI면접의 대중화, 마지막으로 다변화된 면접 방식이다.

1. 코로나 19로 인한 변화

우선 코로나19는 우리의 일상에 너무도 많은 변화를 가져왔다. 이는 그 누구도 예상치 못한 국가적 재난으로, 사회적 거리두기를 통해 모든 면대면 비즈니스와 커뮤니케이션의 변화가 이루어졌고, 전 국민에게 재난지원금이 지급되는 등 마비된 경제를 회복하기 위해 모두들 애쓰고 있는 상황이다.

이 코로나19를 말하지 않고는 2024년 채용을 논할 수 없을 것이다. 2014년 세월호 참사가 일어났을 때도 그랬다. 2014년 간호사 채용 면접의 단골 질문은 단연 '안전사고'였다.

> **2014 기출 질문**
> ✔ 세월호와 같은 안전사고가 왜 발생했다고 생각합니까?
> ✔ 병원에서 일어날 수 있는 안전사고에는 어떤 것이 있습니까?
> ✔ 병원에서 안전사고를 예방하기 위해 할 수 있는 것들은 어떤 것이 있습니까?

2015년 메르스 사태가 발생했을 때 모든 대학병원에선 의료기관에서의 감염문제를 주 질문소재로 삼았다. 특히 이때 전염병 바이러스에 취약한 병원 환경 등은 반드시 개선해야 할 사안이었고, 대대적인 변화가 필요한 시점이었다. 당시 주요 병원 면접에서 나온 질문을 보자.

✔ 메르스에 대해 아는 대로 설명해 보세요.

✔ 메르스가 왜 의료기관 전염이 되었는지 문제점을 말해 보세요.

✔ 전염병과 같은 사태를 예방하기 위한 방법은 무엇인가요?

✔ 간호간병 통합 서비스에 대해 아는 대로 말해 보세요.

모든 채용시장에서 해당 시기의 사회적 이슈는 단골 질문 소재이다. 다만 의료인으로서 조금 더 전문성 있게 정보를 파악하고 답변해야 하므로 미리 준비한 지원자들은 답하기 수월했겠지만 예상치 못한 준비생들에게는 고역이었을 것이다.

따라서 올해 간호학과 4학년 학생들이 반드시 준비해야 할 것은 코로나19 및 사회방역 관련 정보와 사회적·세계적 변화에 대한 예측, 그리고 이와 관련된 예상 질문과 답변이다.

2. 코로나19 관련 면접 대비

예상 질문 사전준비

가장 중요한 점은 코로나19와 같은 사태에 대한 정의와 발단, 해결점 등에 대해 제대로 설명할 수 있어야 한다는 것이다.

2024 예상 질문

✔ 신종 코로나 바이러스에 대해 설명해 보세요.

✔ 코로나19가 종식되지 못하는 이유는 무엇인가요?

✔ 코로나19가 왜 글로벌 위기가 될까요?

✔ 위드코로나 시대에서 중요한 것은 무엇일까요?

✔ 방역패스를 해제하는 것이 좋은 선택인가요?

신종 코로나 바이러스에 대해 설명할 때 단순히 "신종 코로나 바이러스는 중국 우한시에서 발생한 바이러스성 호흡기 질환입니다."라고 단답형으로 답변하면 안 된다. 그럼 면접관은 그에 따른 증상이나, 예방법 등을 덧붙여서 물어 봐야 하기 때문이다. 한 가지 주제의 질문에 꼬리 질문이 들어온다면 그것은 지원자의 답변이 만족스럽지 못하기 때문일 가능성이 높다. 질문을 받으면, 그에 관련한 다른 질문이 오지 않도록 완벽하게 설명하고 마무리해야 한다. 아래의 답변을 참고해보자.

"2019년 12월 중국 우한에서 처음 발생한 이후 중국 전역과 전 세계로 확산된, 새로운 유형의 코로나 바이러스에 의한 호흡기 감염질환입니다. 감염자의 비말이 호흡기나 눈·코·입의 점막으로 침투할 때 전염되며, 증상으로는 발열 또는 기침, 인후통 등의 호흡기 증상이 나타납니다. 이를 예방하기 위해서는 수시로 흐르는 물에 30초 이상 비누로 손 씻기와 마스크 착용, 옷소매로 가리고 기침하기 등 개인 위생을 잘 지켜야 하며, 만약 발열과 호흡기에 이상 증상이 나타날 때는 관할 보건소나 코로나 상담전화 1339번을 이용하여 빠른 검진을 받아야 합니다."

간호사 면접에서 모든 답변의 마지막은 각오로 마무리해야 한다. "의료인으로서 이런 전염병을 사전에 예방하고 보호할 수 있는 생활습관을 갖도록 하겠습니다."라든지, "혹시 주위에 이런 증상의 환자가 나타날 때 가장 먼저 도움을 줄 수 있는 준비된 간호사가 되겠습니다."는 정도의 마무리가 좋겠다.

AI면접도 마찬가지이다. AI면접은 단순하게 들리는 목소리와 답변 내용만 가지고 평가하는 것이 아니다. 해당 지원자의 얼굴에서 68개 이상의 포인트를 추출, 부위별로 미세한 움직임을 분석하며 지원자의 표정 변화와 기쁨, 슬픔, 분노 등의 주요 감정을 분석하여 평가한다. 따라서 따로 기계처럼 외워서 스피치를 하며 얻을 수 있는 점수는 없을 것이다. 이에 대한 대비는 PART 5에서 다루도록 하겠다.

병원별 코로나19 관련 질문 대응법

"우리 병원은 코로나 사태에 어떤 임무를 했나요?"

서울대학교병원에 지원한다면 우선 서울대학교병원에 관한 최근 보도자료를 꼼꼼히 검색해야 한다. 네이버나 다음과 같은 포털사이트에서 '서울대병원 코로나19'로 검색하면, 해당 병원이 코로나19 사태에 관련하여 어떻게 대응했는지를 알 수 있다. 간호대 학생들이 선호하는 몇 개 병원에 대해 검색해 보고 답변 형식으로 적어 보았다. 이 내용들은 해당 병원 지원 시 자기소개서 어딘가에는 꼭 기입해야 하는 내용이며, 지원 병원에 대한 관심과 절실함을 어필하기에 가장 좋은 소재가 될 것이다.

1) 서울대학교병원

"서울대병원이 추구하는 최상의 의료서비스와 다양한 봉사활동으로 인류에 헌신하는 것에 동참하고자 지원하였습니다. 특히 코로나19 사태에 맞서 확산 저지를 위해 전화 상담처방에 이어 전자처방전 발행 서비스를 도입했으며, 본원과 문경 소재 병원 인재원을 대구경북 경증 코로나 환자를 위한 생활치료센터로 전환하였습니다. 또한 미국 국립보건원과 함께 코로나19 치료제 임상시험 연구에도 성과를 냈습니다. …"

2) 삼성서울병원

"환자 중심의 가치를 실현하는 삼성서울병원은 '항상 상대방의 입장에서 생각해 보자.'는 저의 가치관과 부합합니다. 특히 코로나19 사태 초기에 병원 임직원들이 봉사활동으로 손세정제, 손소독제, 덴탈 마스크 등 예방키트를 직접 만들어 대한적십자사에 기부하고, 삼성의료원 의료진을 영덕연수원에 파견하여 환자용 생활치료센터를 운영하며, 의료용품과 생필품 등 300억 원을 긴급지원하기도 했습니다. …"

3) 경북대학교병원

"경북대학교병원은 대구·경북 중심의 공공병원입니다. 대구와 경상북도 권역 책임의료기관이며 공정성과 투명성을 바탕으로 지역사회에 많은 기여를 하고 있습니다. 특히 2020년 대구시와 함께 신종 코로나 바이러스 감염증 중증응급진료센터를 지정받아 운영을 하였고, 대구의사회와 함께 경북대학교 기숙사를 활용한 코로나19 생활치료센터를 운영하였습니다. 이를 통해 지역사회에서 코로나 퇴치를 위해 총력을 다 하였습니다. 이는 경북대학교병원이 추구하는 위기극복을 위한 중요한 가치였고 사회공헌이라고 알고 있습니다. …"

4) 용인세브란스병원

"용인세브란스병원은 지역 내 유일한 상급 종합병원으로 사회적 책임을 실천할 뿐만 아니라 첨단 디지털 진료를 도입한 훌륭한 의료기관입니다. 또한 보건복지부와 대한병원협회로부터 코로나19 감염 예방을 위한 '국민안심병원'으로 지정되어 지역민들뿐만 아니라 병원을 찾은 모든 내원객의 건강을 수호하기 위해 만전을 기하였습니다. …"

이처럼 제한된 글자 수에 맞추어, 지원하는 병원에 대해 많이 공부하고 알아봤다는 것을 어필하는 것이 매우 중요하다. 우리 병원 간호사가 되기 위해 노력했다는 것만으로도 약간의 플러스 점수를 받을 수 있다.

감염병 및 의료 시스템 관련 질문과 답변

질문 '감염병(혹은 전염병)에 올바르게 대처하기 위한 방법은 무엇인가요?'

답변 "감염병으로 인한 문제를 극복하기 위한 최선의 방책은 치료제와 백신 개발을 통해 감염에 대한 공포와 불확실성을 근본적으로 제거하고, 경제활동과 일상생활을 정상으로 되돌리는 것입니다. 하지만 치료제나 백신 개발에 성공하기 전까지는 개인위생과 사회적 거리를 지키면서 병의 확산을 철저히 통제하는 것이 유일한 방법일 수밖에 없습니다. 이런 국가적 재난 상황이 생긴다면 간호사로서 헌신과 희생하는 마음으로 환자를 돌보는 책임감 강한 의료인이 되겠습니다. 감사합니다."

메르스 사태가 일어났던 2015년에 많이 나온 질문이다. 답변을 보면 감염병과 같은 비상상황에서의 대처법에 대해 깔끔하게 설명한 뒤 이런 재난 상황이 생긴다면 책임 있게 행동하겠다는 간호사다운 각오로 마무리하였다. 면접관 입장에서 볼 때 이렇게 마무리한 지원자가 더 믿음직스러울 것이다.

2024년 채용 시즌에 코로나19와 같은 감염사태와 관련하여 많이 나올 만한 질문은 다음과 같다.

질문 "코로나19 사태를 통해 본 대한민국 의료 시스템은 어떻습니까?"

답변 "이번 사태를 계기로 다른 OECD 국가에 비해 조금은 부족한 공공의료 시스템을 왜 보강해야 하는지, 질병 예방을 위한 공공의 투자가 왜 중요한지 절실히 느끼게 되었습니다. 평상시에는 비효율적으로 보였던 복지제도나 공공의료기관 운영 등의 사회적 안전망, 그리고 국가 시스템이 나와 이웃의 삶을 지키는 데 매우 중요한 역할을 담당하고 있음을 깨달았습니다.

하지만 코로나19라는 재난 상황에서 대구경북의 의료진들이 과로에 시달리며 지쳐갈 때, 타지역의 많은 의료인들이 위험을 무릅쓰고 자발적으로 지원해 왔습니다. 의료인이 아닌 분들도 자원봉사를 하고, 돈을 모아 식사와 간식, 구호물품, 마스크 등을 마련해 응원의 메시지와 함께 보냈습니다. 저는 아직 학생 신분이라 할 수 있는 것이 없었지만 대한민국 국민이자 예비 의료인으로서 많이 자랑스러웠고, 앞으로 간호사가 되면 저도 적극적으로 봉사하겠다는 다짐을 하게 되었습니다. 감사합니다."

이제 코로나19에 대비한 마지막 예상 질문을 던져 본다. 나라면 어떻게 답변할 것인지 곰곰이 생각한 뒤 작성해 보자.

질문 코로나19에 맞서 타 지역에서 자원한 의료인들을 보며 어떤 생각을 하였나요?

답변 _____

_____

_____

_____

_____

CHAPTER 2 대학병원 취업 준비

1. 간호사가 된다는 것

간호학과에 입학하고 나서 간호사의 길로 들어선 것이 좋은 선택이었는지 후회되는 선택이었는지 누구나 한 번쯤은 고민해봤을 것이다. 4년의 공부가 결코 쉽진 않았지만 취업을 앞둔 지금 생각하면 참 탁월한 선택이라 느껴질 것이다. 나의 도움을 애타게 기다리고 있는 사람들이 있고 나에게 그 사람들을 도울 능력이 있다면 그보다 더 훌륭하고 멋진 직업이 어디 있을까?

교육부에서 2016~2018년에 발표한 '전국의 고등학생 희망 직업'에서 간호사는 교사 다음으로 2위였다. 전국의 2만 4,783명을 대상으로 조사한 2019년에는 교사, 경찰관에 이어 3위에 랭크되었다. 특히 한국은 이번 코로나19 사태에서 훌륭한 대처로 전 세계로부터 인정받았다. 다양한 요인이 있겠지만, 어느 나라보다 발 빠르게 확진검사를 실시하고, 환자들을 격리 치료할 수 있었던 배경에는 간호사들의 헌신이 있었다.

간호사로서의 사명감과 직업정신

한국의 간호사들은 마스크로 헐어버린 이마와 콧등에 밴드를 붙여 가며 부족한 인력과 수면 휴게시설, 보호 장비 등에도 불구하고 끝까지 환자의 곁을 지켜 감동을 주었다. 2020년 3월 27일 열린 국제간호사협의회(ICN) 긴급 화상세미나에서도 대한간호협회가 발표한 한국 간호사의 코로나19 대응 활동은 전 세계 간호단체 대표들로부터 큰 호응을 얻은 것으로 알려졌다. 이날 화상회의 참석자들은 한국의 활동 간호사 수가 OECD 평균의 절반에도 미치지 못하는 가운데서도 대한간호협회 주도로 3,600여 명의 지원자를 모집해 효과적으로 대처하고 있다는 사실에 놀라움을 감추지 못한 것으로 전해졌다. 또한 한국 간호사의 숭고한 희생정신과 탁월한 전문 역량 등을 언급하며, 코로나19 사태의 훌륭한 모범 사례로 높이 평가했다.

이런 사명감과 전문가로서의 책임을 가지고 사람의 생명을 다루는 숭고한 직업이 바로 간호사이다. 간호의 사전적 의미는 '다쳤거나 앓고 있는 환자나 노약자를 보살피고 돌봄'이다. 환자를 내 가족처럼 돌보는 일이 어렵고 고되기는 하지만, 항상 힘든 것만은 아니다. 돌봄을 받고 완쾌해 직접 고마움을 표하는 환자와 보호자들을 보며 보람도 많이 느낄 수 있는 귀한 직업이다.

2. 4년의 결실과 선택

"지난 4년간 간호학과에 입학해서 공부한다고 왜 그렇게 고생했어요?"

누군가 나에게 이렇게 물어 온다면 어떻게 대답할 수 있을까? 단순히 면허를 취득하기 위해서? 환자들의 마음까지 어루만져 줄 수 있는 좋은 간호사가 되기 위해? 아니면 졸업 후 남들이 부러워하거나 인정할만한 좋은 병원에 입사하기 위해서일까? 아마 세 가지 모두 맞는 답이겠지만 그래도 하나를 꼽자면 마지막 대답인 좋은 대우와 환경, 브랜드가치를 가진 대학병원에 입사하기 위해서라고 할 수 있다.

간호대 학생들은 인생 전반부에 크게 두 가지 중요한 선택을 한다. 첫 번째 선택은 간호학과로의 진학이라고 할 수 있다. 이 시점에서 학생들은 더 높은 레벨의 대학에 갈 수 있는 기회를 간호사라는 전문 직업군과 바꾸는 선택을 했다. 두 번째 선택은 병원 취직이다. 사실 4년간 얼마나 열심히 공부하고 학교생활을 했는지는 오직 '어느 병원에 취업했는가'로 평가된다. 아무리 학점이 4.0이 넘고, 토익 점수가 900점 이상이어도 본인이 원하는 병원에 입사하지 못한다면 결과적으로 최고의 4년을 보냈다고 할 수 없다. 그렇기 때문에 '원하는 병원 입사'는 간호학과 4년을 통틀어 가장 중요한 미션이다.

달라진 대학병원의 채용 절차와 방식

8년 전만 해도 모든 대학병원들의 채용전형은 거의 동일했다. 1차 서류심사(지원서와 자기소개서), 면접(1차 실무진 면접, 2차 경영진 면접 또는 1회 통합 면접), 그리고 신체검사. 그러나 지금은 병원마다 채용 시스템이 많이 다르고 더욱 복잡해졌다. 간호학과 4학년이 되어서 이를 이해하지 못하면 병원별로 맞춰서 준비할 수 없다. 따라서 가고자 하는 병원을 정한다면 그 병원은 어떤 방식으로 채용이 진행되는지 아주 꼼꼼하게 알고 있어야 할 것이다.

우선 상급종합병원의 경우 '서류전형 → 1차 면접(+인적성검사) → 2차 면접 → 신체검사'처럼 그동안의 병원채용 틀에서 크게 바뀌지 않은 병원도 있고, '서류전형 → 필기시험(+인적성검사) → 면접 전형 → 신체검사'로 1차 면접을 필기시험으로 대체한 병원도 많았다.

또한 1차 면접을 대신하여 AI(Artificial Intelligence)면접을 시행하는 병원이 급격하게 늘고 있다. 2023년에 AI면접이나 온라인 인적성검사/역량검사를 시행했던 병원은 강북삼성병원, 연세대학교의료원 세브란스병원(신촌, 강남, 용인), 가톨릭대학교 성모병원(서울, 여의도, 강동,

은평, 인천, 의정부, 국제), 대구가톨릭대학교병원, 한양대학교병원(본원, 구리), 중앙대학교병원, 서울대학교병원(본원, 분당), 서울아산병원, 울산대학교병원, 아주대학교의료원, 순천향대학교병원(서울, 부천, 천안, 구미), 인제대학교 백병원(일산, 부산, 해운대), 고신대학교복음병원, 계명대학교 동산의료원, 이화여자대학교병원(서울, 목동), 영남대학교병원, 단국대학교의료원, 보험공단 일산병원, 전남대학교병원, 원광대학교병원(본원, 산본), 충남대학교병원(본원, 세종), 건국대학교병원, 조선대학교병원, 국립암센터, 차의과학대학교 차병원(분당. 강남, 일산, 구미), 경희의료원, 강동경희대학교병원, 한림대학교의료원(성심, 강남, 한강, 춘천, 동탄), 한국원자력의학원, 국립중앙의료원 등이다.

전국의 80여 개 대학병원급 중 절반 이상이 AI면접이나 온라인 인성·역량검사를 시행했고, 2024년에는 더 많이 시행될 것으로 보인다. 따라서 가고자 하는 병원이 AI면접을 시행하는지 확인하고 미리 준비해둔다면 큰 도움이 될 것이다. 전국 주요 병원들의 자세한 채용절차는 부록(전국 주요 병원의 소재지, 병상, 비전, 미션, 인재상, 자기소개서 항목과 분량 등)으로 제공하고 있으니 참고하자.

3. 핵심은 자기PR

간호사 취업에서 지원자는 두 가지 유형으로 나눌 수 있다. 학점 관리를 성공적으로 해서 학점으로 어필하는 유형과 간호사라는 직업에 맞는 성격과 인성으로 어필하는 유형이다. 중요한 것은 내가 가진 장점을 객관적으로 파악한 뒤, 그 장점을 효과적으로 어필하는 것이다. 서류와 면접, 특히 면접에서 다른 지원자들과 차별화된 나만의 경쟁력을 보여주는 것이야말로 원하는 병원에 취직할 수 있는 성공 치트키이다.

그렇다면 병원들은 어떤 지원자를 뽑을까? 먼저 "저는 이렇게, 또 이렇게 열심히 일하고 항상 최선을 다하는 모범적인 간호사가 되겠습니다."라는 지원자와 "저는 이렇게 할 수 있는 능력을 갖고 있고, 이렇게 해봤던 경험을 갖고 있어 잘 할 수 있습니다."라는 지원자가 있다. 당연히 병원은 후자를 선택할 것이다. 그렇기에 자소서나 면접에서의 모든 표현(글이나 말)은 적극적인 자기 PR이 되어야 한다. 그 표현들로 평가받고 합격의 여부가 결정된다.

가족과 친구 또는 교수님으로부터 성실하고, 배려심이 깊고, 따뜻한 성품을 갖고 있으며, 건강하고 늘 긍정적인 사람이라는 평가를 얻으며 어느 병원, 어떤 자리에서든 간호사로서 잘 적응하고 인정받으며 일할 수 있으리라 기대가 되는 학생이 있다. 이런 학생들을 '천상 간호사'라고 말한다. 대한민국의 모든 병원들은 이런 천상 간호사를 뽑고 싶어 한다. 문제는 병원에서도 이런 간호사들만을 뽑고 싶다고 다 뽑을 수는 없다는 것이다. 실제 병원에서 자소서부터 인적성검사와 난이도 높은 면접을 두 번씩 치르면서 간호사를 선발하지만 그들 중 일부는 다른 사람들과 잘 어울리지 못하거나 불성실한 간호사인 것이 현실이다. 지원자들을 평가하는 기준이 몇 장의 지원 서류와 단 20~30분의 면접뿐이기 때문이다. 주어진 짧은 시간 안에 나를 잘 PR하기 위해서는 부단한 연습과 노력이 필요하다.

4. 취업 준비의 시작

신입 간호사 취업 준비는 단 한 가지의 질문에서 시작한다.

"우리 병원이 왜 당신을 뽑아야 합니까?"

몇 년 전까지만 해도 빅5병원에 입사하는 데 가장 중요한 것은 '성적'뿐이라고 여겨져 왔다. 교수진들도 성적만이 큰 병원에 입사하기 위한 열쇠라고 할 정도였다. 하지만 시대가 변했다. 병원의 채용 스타일도 많이 바뀌었고 블라인드 채용이 늘어나면서 자대 학생이라고 모두 붙여 주는 병원도 없어졌다. 서류를 통과하고부터는 면접에서의 이미지와 말하기 능력만으로 지원자가 해당 병원에 적합한 사람인지 평가받게 된 것이다. 이럴 때일수록 여러 커뮤니티를 통해 병원별로 최신 채용 트렌드를 숙지하고 이에 맞춰 준비하는 과정이 필요하다.

우선 3개의 네이버 카페를 추천한다. 국내 최대의 RN회원 수를 자랑하는 '간대모(간호사에 대한 모든 것)'는 병원 소식을 알기 좋고, '간준모(간호사를 준비하는 모임)'는 간호사 취업에 대한 많은 정보들을 공유하며, '간호사취업(Nurseon)'은 수백 개의 간호직 자소서 첨삭 사례 및 자기소개 등의 자료를 제공하고 있다. 또한 커뮤니티 '너스케입'을 통해 현직에 있는 간호사들이 오픈하는 월급 정보를 확인할 수 있으며, 유튜브 '널스온' 채널에선 면접 기출문제 풀이와 최신 취업 정보를 얻을 수 있다. 이 외에도 '널스스토리'나 '널스다이어리' 등 취업 준비를 하는 SN을 위한 사이트들이 있으니 잘 활용해 보자.

CHAPTER 3 병원 선택하기

전국의 종합병원은 약 400개, 전체 병원은 1,800여 개가 있다. 이렇게 많은 병원에서 간호사들이 활동하고 있는 것이다. 따라서 학생들이 갈 수 있는 병원은 매우 많으며, 선택의 폭이 아주 넓다고 할 수 있다. 다만 내가 만족할 만한 병원, 또는 누군가가 좋은 병원이라고 인정해 줄만한 그런 병원에 가기 위해서는 더 많이 준비하고, 공부해야 할 것이다.

학교는 학원이 아니다. 역량 있는 좋은 간호사가 되기 위한 모든 것을 배울 수는 있으나 병원 취업까지 도와주진 않는다. 내가 특별히 일하고 싶은 병원이 있다면 스스로 찾아보고 준비해야 한다. 그렇기에 취업 관련 책이나 관련 사이트, 카페 등은 꿈을 가진 간호학생에게 큰 도움이 될 것이다.

> ✔ 어느 병원에 지원해야 할까?
> ✔ 나를 어느 병원에서 뽑아 줄까?

4학년을 맞이하면서 취업 생각을 하면 가장 먼저 고민되는 두 가지이다. 나와 어울리는, 오래 일할 수 있는 병원이 나에게 있어 좋은 병원이자 지원해야 하는 병원이다. 병원 수가 아무리 많아봤자 나는 결국 한 곳에서만 일한다. 이 중요한 선택의 기로에서 어떤 방식으로 병원을 찾아야 할까?

1. 지원 병원 선택의 기준

지원 병원은 보통 직간접적인 체험에 의해서 가장 많이 결정된다. 간호대 학생들은 2년간 1,000시간의 실습을 통해 과목별로 다양한 의료 환경을 접하고 많은 선배 의료인들을 만나 실무 경험을 쌓는다. 실습한 병원 중에 계속 일하고 싶은 마음이 드는 병원이 있다면 그 병원이 바로 지원 0순위가 될 것이다. 본인이 직접 배우고 체험한 병원이므로 가장 잘 알기 때문이다.

부지런한 학생들이 방학 기간을 이용해서 참여했던 병원 인턴십이나 병원 봉사활동, 또는 병원

투어나 방문 활동, 아니면 가족 친지 문병 등을 통해서도 선택할 수 있다. 보통 방문한 병원의 분위기나 환경, 일하는 직원들의 표정 등을 눈여겨본다.

학교 다니면서 친하게 지낸 선배가 근무하는 병원도 지원하고 싶은 병원이 될 수 있고, 사촌언니가 일하고 있는 병원도 내가 입사하면 도움을 받을 수 있기에 지원할 만한 병원이라고 할 수 있다. 이는 물론 현직자의 강력한 입사 추천이 있어야 가능할 것이다.

의학 관련 신문이나 사이트, 간호 커뮤니티를 통한 병원 정보를 통해서도 잘 몰랐지만 왠지 끌리는 병원이 생길 수 있다. 대한민국 외상센터를 처음 만든 이국종 교수의 사상과 철학을 TV 프로그램이나 그의 저서 『골든아워』로 접하며 아주대학교병원 입사의 꿈을 갖거나, 외상센터 간호사의 꿈을 키우게 된 학생들이 많아진 것이 그 예이다. 이렇게 다양한 루트를 통해 정보를 알고 준비하려면 그만큼 부지런해야 할 것이다.

2. 병원 선택 시 상담 예시

경기도 모 대학 4학년에 재학 중인 학생으로부터 문의를 받고 상담했던 내용을 소개한다. 4학년이지만 아직 감을 못 잡았거나 이제 막 준비를 시작했다면 도움이 될 것이다.

대표님, 안녕하세요. :)
다름이 아니라 코로나 때문에 신규 간호사 채용 일정이 어떻게 될지는 모르겠지만 어느 병원에 지원해야 할지, 지원에 필요한 것들 좀 알아보고 자소서를 조금씩 써보려고 하는데요. 대표님께서 많은 간호학생들을 봐오셨으니 저는 어느 정도 선에 맞춰서 지원해야 하는지 여쭤보려고 연락 드렸습니다.

일단 제 석차는 3/100명, 평점 평균은 4.15이고 토익은 아직 못 봤어요. ㅠㅠ 2월에 볼 예정이었는데 코로나로 다 취소돼서 6월로 접수했고 지금은 무토익이에요. 자격증은 BLS밖에 없어요.

봉사시간은 70시간 정도로 모두 의료봉사나 병원, 보건진료소 등이고 1학년부터 지금까지 4년 동안 계속 간호학과 봉사동아리 임원으로 활동하고 있어요. 대외활동은 교내로는 동아리 경진대회 수상, 의학 용어 경진대회 수상, 학습 성과 포트폴리오 수상, 세종장학재단 세종인문상 수상 등이 있고, 교외로는 식품의약품안전처 의약품 지킴이 서포터즈, 대한간호정우회 청년리더십 아카데미 과정 수료, 나이팅게일 의정포럼, 보건소 치매 알리미 서포터즈, 서울대학교병원 간호대학생 견학 프로그램 정도 했어요. 아르바이트도 병원에서 몇 번 했었어요! 내시경실, 어린이 중환자실, 정형외과에서요.
준비해 놓은 게 많이 없는 것 같아서 어떻게 준비해야 할지 막막해요. ㅠㅠ

이 학생의 경우 토익점수는 없지만 교내·대외 활동은 다양하게 해 왔다. 이를 통해 지원자는 적극적이며 진취적인 성향을 갖고 있다고 볼 수 있고 병원에서도 아주 매력적으로 평가할 부분이다.

우선 가고 싶은 병원이 있는지를 물었다. 아직은 없다고 한다. 그럼 실습했던 병원들 중에서도 딱히 가고 싶은 병원이 없었는지를 물었지만 역시 없다고 한다. 그럼 집에서 가까운 신촌세브란스병원은 어떠냐고 물으니 좋다고 한다. 자대 병원이 없는 학교 학생이란 점과 토익점수가 없다는 것이 현재로는 세브란스 입사가 어려울 것이라고 솔직하게 피드백을 주었다. 현재 모교 선배들이 거의 근무하지 않는 것도 비슷한 이유에서일 것이다. 그래서 우수한 학점으로 편한 서류 통과를 바랄 것인지, 공부해서 필기시험을 치는 블라인드 채용 병원에 도전할 의사가 있는지를 물었다. 그리고 나서 이렇게 설계를 해 주었다.

'일부 상급병원은 단순히 재학 중인 학교 이름만 가지고 지원자들을 평가합니다. 그것은 우리 학생들도 마찬가지예요. 단순히 병원 규모나 크기, 브랜드만 가지고 가고 싶은 병원이라고 하는 거죠. 지원하는 학생들은 병원 레벨이 낮다고 하지만 주위 간호사 선생님들이 모두 인정하는 좋은 병원들이 참 많거든요.'

그러면서 블라인드 채용을 하는 국공립 병원 4곳을 추천해 주었다. 각각의 채용 시기는 5월, 8월, 9월, 10월인데, 채용 시기도 취준생 입장에서는 중요하다. 내가 가고 싶은 병원들의 채용 시기가 겹치면 그만큼 몰입해서 준비하는 데 어려움이 있기 때문이다. 최소한 내가 가고 싶은 병원의 채용 공고가 언제쯤 올라올지는 알고 있어야 한다. 서류전형과 면접으로 운영되는 일반 채용의 병원도 3곳 추천해 주었다. 채용 시기는 5월, 9월, 10월이다. 다만 이 7개 병원을 모두 지원하라는 것은 아니다. 학생의 상황에서 가장 이상적이고 현실적이며, 안정적으로 오래 근무하라는 의미에서 추천했을 뿐 나머지 병원에 관한 정보와 사정은 본인 스스로 찾아보고 확인해서 결정할 부분이다.

더불어 경쟁력을 올리기 위해 다음과 같은 세 가지를 주문했다. 우선 6월에 토익 시험을 꼭 보고 점수를 따 놓는 것이다. 토익점수는 없는 것보다 700점대라도 있다면 병원 지원 선택의 폭은 많이 넓어진다. 두 번째는 봉사시간이 70시간이라면 30시간을 채워 VMS(사회복지자원봉사인증관리)에 100시간 이상으로 등록하는 것이다. 봉사 활동 시간이 대학병원의 취업에 도움이 되냐는 질문을 많이 받는데 확실하게 도움이 되는 병원도 있고, 봉사 활동 시간을 기입하는 칸 자체가 없는 병원도 있으니 병원 지원 선택의 폭을 넓히기 위해서는 필요하다. 마지막으로 보통의 대학병원 지원서에 기입하는 자격증 혹은 자격 및 수료사항에 기입할 칸이 3~5칸이기에 그 칸을 채우도록 그동안의 결과물을 다시 한 번 정리하고, 칸을 채우는 데 부족함이 있다면 다른 경로를 통해 취득·수료하라는 것이다.

> 네, 토익 준비랑 봉사시간은 100시간 맞춰서 더 준비해 볼게요!
> 자격증은 지금 더 찾아보니 중앙치매센터 치매파트너 교육 수강해서 수료증이 있어요. 이런 것도 되는지는 모르겠네요. 서울 양천구에서 주는 100시간 봉사상, 해바라기상도 있어요. 교육 수료나 이런 건 아마 제가 학교에 둔 포트폴리오에서 조금 더 찾아봐야 할 것 같아요. 곧 개강이니 가서 더 찾아 보도록 할게요.
> 신경 써 주셔서 정말 감사해요 대표님. ㅠㅠ

지원할 병원을 선택했으면 그 병원에 관한 정보를 모아야 한다. 우선 주변에 해당 병원에 다니는 선배가 있다면 도움을 받을 수 있다. 홈페이지나 보도 자료에 언급되는 뉴스가 아닌 생생한 병원 분위기나 특별히 밀고 있는 부서, 병원장이 강조하는 단어 등 실질적으로 도움이 되는 정보를 조금이라도 얻을 수 있으니 잘 모르는 선배라도 용기를 가지고 다가가 보자.

병원의 홈페이지나 SNS 등에 올라오는 정보를 통해 병원 정보를 얻을 수도 있다. 보통 병원에서는 홍보하고 싶은 정보나 뉴스를 발 빠르게 올리기 때문에 최신 뉴스를 비교적 쉽게 접할 수 있기 때문이다.

다음은 보도자료와 기사 검색이다. 우선 구글이나 네이버, 다음과 같은 포털 사이트에서 조금 더 상세한 정보를 얻기 위해 의학 관련 신문, 사이트까지 자세히 찾아야 하며 업적, 공로와 같은 긍정적인 뉴스만을 따로 모아 두자. 마지막으로 간호 커뮤니티까지 확인하면 내가 지원할 만한 매력적인 병원인지를 판단할 수 있다.

3. 나를 파악하기

가고 싶은 병원을 선택할 때에는 무엇보다 "왜 이 병원인가?"라는 질문에 자신감 있게 답할 수 있어야 한다. 내가 어떤 점을 중요시하고 그것을 기준으로 병원을 선택했는지를 확실하게 알아야 나중에 후회하지 않는다.

좋은 병원의 기준은 무엇일까? 연금이 잘 나오고 복지 혜택이 좋은 병원, 나이트 숫자가 적어 근무 여건이 좋은 병원, 규모가 크거나 연봉을 많이 주는 병원, 또는 집에서 가까운 병원이 좋은 병원일 수도 있다. 각자 좋은 병원의 기준은 다 다르다. 나를 잘 파악하고 내가 어떤 기준을 중시하는지 알아야 나에게 맞는 병원을 찾을 수 있다. 필자에게 좋은 병원은 '오래, 보람 있게 일할 수 있는 병원'이다.

취업을 잘 준비하기 위해서는 무엇보다 '나'를 알아야 한다. 나는 어떤 장기와 강점을 갖고 있으며, 성향이 목표지향적인지 관계지향적인지 등 나를 파악하는 것은 생각보다 매우 중요하다. 예를 들어 꼼꼼하고 관찰력이 있으면 중환자실, 활달하고 춤과 노래를 좋아하면 소아과에 적합하다고 볼 수 있다. 나와 잘 어울리는 과 또는 병원이 분명 있을 것이다.

목표를 세우자

꼭 일하고 싶은 병원이 있는가? 없다면 지금이라도 만들자. 목표가 있어야 동력이 생기고, 힘이 있어야 취업 준비와 남은 간호학 공부를 더 잘할 수 있다. 일단 병원을 선택하고 지원하기로 마음먹었다면 그때부터는 그 병원이 '지구상 최고로 좋은 병원'이어야 한다. 그리고 그 병원에 무조건 합격한다고 생각하면서 준비해야 한다. 부자인 것처럼 생각하고 행동하면 저절로 부자가 된다는 말도 있지 않은가. 내가 원하는 병원 취업에 성공할 거라고 진심으로 믿으면서 준비하자. 그럼 다소 부족한 부분도 나의 의지로 채워지기 마련이다. 나를 뽑아만 준다면 누구보다 일을 잘할 수 있다는 자신감과 패기가 필요하다. 이런 마음으로 절실하게 준비해야 성공적인 취업을 할 수 있다.

지원하고자 하는 병원의 전년도 채용 과정을 체크하고, 지원서와 자기소개서를 써 보면서 무엇이 더 필요할지, 어떻게 준비해야 할지 계획하자. 내게 부족함이 있다면 그것을 어떻게 채울 것인지 전략을 세우는 것이 중요하다. 영어점수나 다이어트처럼 어느 정도 시간이 걸리는 일은 제외하고 짧은 시간 안에 달성할 수 있는 일을 찾자. 단 2~3일이라도 집중해서 파워포인트나 프레지, 포토샵 등의 컴퓨터 활용 능력을 키우는 것도 좋다. 자격증이나 교육 수료칸이 비어 있다면 짧은 시간 안에 딸 수 있는 자격증을 따서 칸을 채우자. 먼저 쓰고, 나중에 공부해도 괜찮다. 결국은 나의 경쟁력이 되어 서류와 면접 과정에서 잘 활용될 것이다.

나만의 장점 키워드 찾기

"당신은 왜 우리병원에 오고 싶나요?"

병원의 입장에서 궁금한 단 한 가지이다. 따라서 지원자는 이 병원이 '왜 나를 뽑아야 하는지'를 자신만의 강점으로 어필해야 한다. 간호사에게 적합한 강점으로는 성실함과 한 병원에 오랫동안 근무할 수 있는 끈기가 있다. 또한 3교대 근무도 끄떡없는 좋은 체력, 남다른 친화력과 적응력도 있겠다.

나의 무엇으로 이 병원이 나를 채용하게 만들 수 있을까? 간호사 면접을 준비하는 학생들을 보면 '행복 바이러스', '비타민 같은', '매우 긍정적인', '미소가 아름다운'과 같은 근거나 성과가 없는 키워드를 많이 사용한다. 자신을 PR할 때는 과정과 결과물을 가지고 설명해야 신뢰가 갈 것이다. 사실 간호사는 행복하게, 긍정적인 마음으로, 대상자들에게 웃는 얼굴을 가져야 하는 것은 기본 중 기본이다. 오히려 다른 사람들이 잘 사용하지 않을 만한 장점 키워드를 찾는 것도 좋은 방법일 수 있다. 다른 지원자들이 소통과 경청능력이 있다고 할 때, 나는 '말 보다는 행동' 또는 '다른 사람들과 대화하며 리액션이 좋다.'라고 한다면 분명 다르게 평가할 것이다.

CHAPTER 4

병원별 채용 시기

1. 전년도 채용 일정 확인

취준생이라면 당연히 내가 생각하고 있는 병원의 채용 시기를 민감하게 확인해야 할 것이다. 많은 대학병원의 채용 시기는 채용 공지가 나기 전까지 예측만이 가능하다. 몇 년간의 데이터를 기반으로 어느 병원은 언제 채용 공지가 날 가능성이 크다고 보는 것이다. 코로나19 사태로 채용이 미뤄지는 경향이 있지만 그래도 2024년 병원의 채용 일정은 바로 전년도인 2023년 채용 일정과 밀접하다고 할 수 있다.

일반적으로 가장 먼저 채용 공지가 뜨는 상급병원은 SMC 삼성서울병원으로, SMC의 대표 병원이자 빅5 중에서도 가장 어려운 채용 과정인 GSAT라는 특별한 인적성검사로 악명이 높다. 이는 시험이 치르고 나서도 내가 합격할 수 있는 시험을 치렀는지도 모르며, 합격해도 점수는 알 수가 없기에 어려움이 있다.

채용 키 워드

◐ 삼성직무적성검사(GSAT)

삼성그룹 채용 과정 시 시행하는 필기시험으로 단편적인 지식보다는 주어진 상황을 유연하게 대처하고 해결할 수 있는 종합적인 능력을 평가하는 검사이다. 삼성그룹은 1995년 하반기 신입 공개채용부터 학력 제한 폐지, 필기시험을 골자로 한 열린 채용 방식을 선언하면서 삼성직무적성검사(SSAT)라는 새로운 채용제도를 도입하였다. 이후 SSAT가 유지되어 오다가, 2015년 5월부터 영문 명칭이 GSAT로 바뀌었다.

GSAT로 명칭은 변경됐지만, 검사의 구성과 방식은 크게 달라지지 않았다. 5지선다형 문제로 출제되고, 영역은 언어논리 · 수리논리 · 추리 · 시각적 사고 등 4개 과목으로 구성돼 있으며, 시간은 115분이다. 삼성병원 간호사 GSAT는 여기에 간호 직무상식(30분)이 추가된다.

삼성그룹은 코로나19 사태로 인해 2020년부터 공채 시 온라인 GSAT를 시행했다. 언어논리와 시각적 사고는 빠지고 추리(30문항)와 수리논리(20문항) 영역을 각 30분간 보았다. 삼성병원 간호사 GSAT도 온라인으로 시행되고 있다. 영역은 추리, 수리논리, 간호직무이다. 이점을 참고하자.

삼성서울병원은 서류전형과 인적성검사(GSAT) 후 두 차례의 면접을 보는데 면접 대상자는 최종합격자의 3배수 정도로 예상된다. 2017~2019년 삼성서울병원이 매번 신입 간호사 채용의 신호탄을 쐈다면, 2016년에는 계명대학교 동산병원(1,100병상), 2015년에는 경상북도 권역외상센터를 가진 1,119병상의 안동병원이 가장 먼저 공개채용을 시작했다.

2023년 각 병원의 신입 간호사 채용 서류전형 시작일을 기준으로 일정을 정리해 보았다. 아래 병원 중에는 의료원이 한 번에 선발해서 산하 병원으로 배치하는 경우와 의료원 소속의 병원들이 개별적으로 채용하는 경우가 있다. 각 병원의 상세한 정보와 지원서·자기소개서 작성 방법은 파트별로 정리되어 있으니 참고하자.

5월 서류 접수 시작 병원(4곳)

병원	접수일정	TOEIC(점)	일정	인원(명)
삼성서울병원	05.12~05.18	730	서류 접수 → 서류전형 → GSAT → 1차면접 → 2차 면접 → 건강검진	000
강북삼성병원	05.12~05.18	–	서류 접수 → AI면접 → GSAT → 2차 면접 → 신체검사	000
연세대학교의료원 세브란스병원 (신촌, 강남)	05.29~06.07	700	서류 접수 → AI역량검사 → 1차 면접 → 2차 면접 → 신체검사	320
가톨릭대학교 서울성모병원	05.30~06.07	620	서류 접수 → 서류전형 → 온라인 인적성 → 면접 및 필기 → 신체검사	000

보통 삼성서울병원이 매년 4월에 가장 먼저 접수를 시작하여 5월 초에 마감하는데 2020년부터는 코로나19의 여파로 인해 채용 일정이 한 달 정도 늦어졌다. 2020년에 가장 먼저 공채 공지가 나온 곳은 경북대학교병원이다. 4월 29일부터 5월 13일까지가 접수기간이었는데 특이하게 간호사 면허를 갖고 있는 기졸업자 신입이 252명, 졸업예정자 선발이 196명으로 전형이 진행되었다. 이는 간호간병통합서비스 병동이 늘어나면서 본원과 칠곡 분원 모두 신입 간호사가 급히 필요한 시점이었기에 진행된 특별케이스였다.

매년 CMC(Christian Medical Center) 계열의 서울성모병원과 국제성모병원이 5월에 채용을 진행했고, 고려대학교의료원의 3개 병원 통합채용 서류 접수 역시 매년 5월에 시행되었다. 하지만 2023년부터는 모두 6월 이후에 서류접수가 이루어지면서 원래 6월 이후에 채용을 진행하던 대학병원들과 많이 겹치는 상황이 되었다.

또한 2022년까지 6월에 서류접수를 했던 연세대학교의료원이 올해는 5월에 신촌과 강남세브란스병원 통합 채용을 시행하였다. 이때 지원서 작성 시 신촌과 강남 중 선호하는 병원을 선택하게 했고, 합격자에게는 되도록 원하는 병원에서 근무할 수 있게 했다.

6월 서류 접수 시작 병원(12곳)

병원	접수일정	TOEIC(점)	일정	인원(명)
서울아산병원	06.01~06.10	700	서류 접수 → 조직적합성검사 → 1차 면접 → 2차 면접 → 신체검사	000
분당서울대학교병원	06.01~06.12	750	서류 접수 → 서류전형 → 직무역량검사 → 면접 → 신체검사	290
서울대학교병원	06.02~06.09	–	서류 접수 → 서류전형 → 필기시험 → 실무 면접/인성검사 → 최종 면접 → 신체검사	50
한양대학교병원	06.05~06.18	–	서류 접수 → 서류전형 → 1차 면접 → AI면접/2차 면접 → 채용검진	000
중앙대학교병원	06.09~06.18	–	서류 접수 → 서류전형 → AI역량검사 → 면접 → 신체검사	000
연세대학교 용인세브란스병원	06.16~06.25	700	서류 접수 → 조직적합성/역량검사 → 1차 면접 → 2차 면접 → 신체검사	260
울산대학교병원	06.16~06.30	–	서류 접수 → 서류전형 → AI면접 → 1차 면접 → 2차 면접 → 신체검사	000
아주대학교의료원	06.19~07.02	600	서류 접수 → 서류전형 → 직무역량검사 → 통합평가전형	000
순천향대학교 천안병원	06.19~07.07	–	서류 접수 → 인성검사 → 전공면접 → 경영진면접 → 신체검사	000
순천향대학교 서울병원	06.26~07.10	–	서류 접수 → 인성검사 → 전공면접 → 경영진면접 → 신체검사	000
순천향대학교 부천병원	06.26~07.10	–	서류 접수 → 인성검사 → 전공면접 → 경영진면접 → 신체검사	000
가톨릭대학교 은평성모병원	06.30~07.13	–	서류 접수 → 서류전형 → 인성검사 → 다면적 인성검사 → 면접전형	000

6월에는 순천향대학교 부속병원 3곳이 채용을 시작했다. 참고로 순천향대학교병원과 고려대학교의료원은 면접에 다수(8~10명)의 면접위원이 참석하는 편이다.

빅5병원의 2023년 채용은 모두 6월에 서류 접수를 마감했는데, 서울대학교병원(1,871병상)과 서울아산병원(2,932병상), 분당서울대병원의 서류 접수 일정이 겹쳤다.

또한 5월과 6월에만 총 23개 병원이 서류 접수를 마감했던 2019년과 달리, 2020년에는 15개 병원, 2022년 11개 병원, 2023년 9개 병원만이 6월까지 서류 접수를 마감했기에 코로나19로 인해 전체적인 채용 시기가 조금씩 늦어졌음을 알 수 있다.

7월 서류 접수 시작 병원(24곳)

병원	접수일정	TOEIC(점)	일정	인원(명)
가톨릭대학교 인천성모병원	07.01~07.16	–	서류 접수 → 서류전형 → AI역량검사 → 면접/의학용어 → 신체검사	000
대전을지대학교병원	07.03~07.19	–	서류 접수 → 서류전형 → 면접전형 → 신체검사	000
삼성창원병원	07.04~07.12	–	서류 접수 → 서류전형 → 실무면접 → GSAT → 원장단 면접 → 신체검사	000
가톨릭대학교 여의도성모병원	07.07~07.13	–	서류 접수 → 서류전형 → 온라인 인성검사 → 면접	000
가톨릭대학교 의정부성모병원	07.10~07.30	–	서류 접수 → 서류전형 → 온라인 인성검사 → 면접 → 신체검사	000
인제대학교 부산백병원	07.11~07.24	–	서류 접수 → 서류전형 → 온라인 역량검사 → 실무면접 → 최종면접	239
인제대학교 해운대백병원	07.11~07.24	–	서류 접수 → 서류전형 → 온라인 역량검사 → 실무면접 → 최종면접	261
동아대학교병원	07.11~07.24	–	서류 접수 → 서류전형 → 1차 면접 → 2차 면접	000
동국대학교 일산병원	07.13~08.09	–	서류 접수 → 서류전형 → 종합면접	000
고신대학교 복음병원	07.14~07.06	–	서류 접수 → 서류전형 → AI역량검사 → 온라인 실무면접 → 최종면접 → 채용검진	000
대구가톨릭대학교병원	07.17~07.26	–	서류 접수 → 서류전형 → 실무면접 → 온라인 역량검사 → 경영진면접 → 신체검사	000
계명대학교 동산병원	07.17~07.26	–	서류 접수 → 서류전형 → 역량검사 → 인성 및 실무면접 → 운영진면접 → 신체검사	000
이화여자대학교 목동병원	07.19~07.28	620	서류 접수 → 서류전형 → 종합인성검사 → 면접 → 신체검사	000
이화여자대학교 서울병원	07.19~07.28	620	서류 접수 → 서류전형 → 종합인성검사 → 면접 → 신체검사	000
영남대학교병원	07.19~07.28	600	서류 접수 → 서류전형 → 온라인 인성검사 → 실무면접 → 경영진면접 → 신체검사	000
단국대학교의료원	07.24~08.04	–	서류 접수 → 서류전형 → 인성검사 → 인사위원 면접 → 신체검사	000
국민건강보험 일산병원	07.24~08.07	–	서류 접수 → 서류전형 → AI역량검사 → 면접 → 신체검사	000
전남대학교병원	07.25~08.07	400	서류 접수 → 서류전형 → 필기시험 → AI역량검사 → 면접 → 신체검사	254
강원대학교병원	07.25~08.01	–	서류 접수 → 서류전형 → 필기시험 → 면접	160

병원	접수일정	TOEIC(점)	일정	인원(명)
원광대학교병원	07.28~08.11	–	서류 접수 → 서류전형 → 인성검사 → 면접 → 신체검사	000
충남대학교병원 (본원, 세종)	07.28~08.11	600	서류 접수 → 서류전형 → 필기시험 → 인성검사 → 관리자면접 → 신체검사	361
건국대학교병원	07.31~08.16	–	서류 접수 → 서류전형 → AI면접 → 최종면접	000
가톨릭대학교 부천성모병원	07.31~08.15	–	서류 접수 → 서류전형 → 필기시험 → 면접 → 신체검사	000
서울시특별시보라매병원	0731~08.16	필수	서류 접수 → 서류전형 → 필기시험 → 실무면접 → 최종면접 → 신체검사	140

7월은 1년 중 가장 많은 대학병원들이 신입 공채를 진행하는 시기이다. 서울특별시가 서울대학교병원에 위탁해서 운영 중인 보라매병원과 가천대학교 길병원, 부산대학교병원, 건국대학교병원 등이 접수를 시작했다. 특히 서울에서 삼성서울병원, 서울아산병원, 서울대학교병원, 세브란스병원 등이 접수일정과 면접일정을 비슷하게 하는 것처럼, 대구권 상급 종합병원인 계명대학교 동산병원, 영남대학교의료원, 대구가톨릭대학교병원 등이 같은 기간에 접수와 면접을 진행하였다.

이는 간호학생들의 무차별적인 지원 문화를 바꾸기 위한 병원들의 궁여지책으로 보인다. 여러 단계를 거쳐 신중하게 뽑아 놓았는데 다른 병원에 간다고 입사를 취소하는 합격자들이 많았기 때문이다. 2023년 채용시즌에서도 빅5병원 중에 하나, 대구권 상급 종합병원 중에 단 하나만 선택해서 지원하고, 지원하는 병원에 집중하는 것이 바람직하다. 문어발식으로 지원서를 넣고 걸리는 병원 중 하나에 간다는 간호학과 병원 지원 문화를 바꿀 필요가 있다. 본인의 기준에 맞는 병원을 찾아 그 병원에 대해 많이 공부해서 갔을 때 더 오래 근무할 수 있는 절실함과 적응력이 길러질 것이다.

8월 서류 접수 시작 병원(16곳)

병원	접수일정	TOEIC(점)	일정	인원(명)
가톨릭대학교 대전성모병원	08.01~08.15	–	서류 접수 → 서류전형 → 면접 → 신체검사	000
가톨릭대학교 성빈센트병원	08.01~08.10	–	서류 접수 → 서류전형 → 면접 → 신체검사	000
조선대학교병원	08.02~08.11	–	서류 접수 → 서류전형 → 필기시험 및 AI조직적합성시험 → 면접	150
국립암센터	08.03~08.22	–	서류 접수 → 서류전형 → 조직적합성검사 → 면접전형	310
부산대학교병원	08.09~08.24	600	서류 접수 → 서류전형 → 필기시험 → 면접시험	278

양산부산대학교병원	08.09~08.24	600	서류 접수 → 서류전형 → 필기시험 → 면접시험	220
충북대학교병원	08.11~08.25	–	서류 접수 → 서류전형 → 필기시험 → 최종면접	396
가톨릭관동대학교 국제성모병원	08.14~08.27	–	서류 접수 → 서류전형 → 인성/역량진단검사 → 필기시험 → 면접 → 신체검사	000
경희의료원	08.14~08.21	–	서류 접수 → 서류전형 → AI인성검사 → 면접전형 → 신체검사 → 임용심사	000
차의과대학대학교 차병원 (분당 ,강남, 일산)	08.18~09.01	–	서류 접수 → 서류전형 → 면접 → 온라인인성검사	000
을지대학교의료원 (노원, 의정부)	08.21~09.10	–	서류 접수 → 서류전형 → 면접전형 → 신체검사	000
강동경희대학교병원	08.21~08.28	–	서류 접수 → 서류전형 → 인적성검사 → 면접전형 → 채용검진	000
한림대학교의료원 성심병원 (강남, 한강, 춘천, 평촌, 동탄)	08.22~09.04	–	서류 접수 → 서류전형 → 면접전형 → 신체검사 및 인성검사	000
원주세브란스기독병원	08.25~08.31	–	서류 접수 → 서류전형 → 필기전형 → 면접전형 → 채용검진	000
인제대학교 일산백병원	08.29~09.11	–	서류 접수 → 서류전형 → 온라인 역량검사 → 실무면접 → 최종면접 → 신체검사	180
강릉아산병원	08.31~09.14	–	서류 접수 → 서류전형 → 1차 면접 → 2차면접	000

보통 7월 하순부터 8월 중순까지는 휴가철이라 채용 공지가 줄어든다. 그러나 코로나19라는 특수한 상황 속에서 진행된 2020년 이후 채용시즌은 조금 달라졌다. 보통 9월 이후 채용을 시작했던 대학병원들이 대거 한 달 이상을 앞당겨 채용을 진행했다. 이 시기에 눈에 띄는 병원은 차의과학대학교의 차병원 3곳과 을지대학교의료원의 수도권 병원 2곳, 그리고 한림대학교 계열병원 5곳이다. 특히 한림대학교의료원의 경우 강동성심병원만 9월에 따로 채용을 진행했으며, 나머지 병원(강남, 한강, 춘천, 평촌, 동탄)은 8월에 서류 접수가 시작되었다. 이 중 한강성심병원은 화상특화 병원으로 규모가 작아 두 자리 수간호사를 채용하며, 그 외 병원들은 150~200명 수준의 신규 간호사를 채용하고 있다.

9월 서류 접수 시작 병원(8곳)

병원	접수일정	TOEIC(점)	일정	인원(명)
경상국립대학교병원	09.08~09.14	500	서류 접수 → 서류전형 → 필기시험 → 면접시험	120
창원경상국립대학교병원	09.08~09.14	500	서류 접수 → 서류전형 → 필기시험 → 면접시험	147
한양대학교 구리병원	09.14~09.27	–	서류 접수 → 서류전형 → AI실무면접 → 원장단 면접 → 신체검사	000
고려대학교의료원 (안암, 구로, 안산)	09.18~09.24	620	서류 접수 → 실무/경영진면접 → 건강검진	000
구미차병원	09.18~10.08	–	서류 접수 → 서류전형 → 인적성검사 → 면접전형	000
건국대학교 충주병원	09.18~10.20	–	서류 접수 → 서류전형 → 면접전형 → 채용검진	000
순천향대학교 구미병원	09.18~10.15	–	서류 접수 → 서류전형 → 인성검사 → 면접(전공, 심층) → 신체검사	000
한림대학교 강동성심병원	09.20~10.04	–	서류 접수 → 서류전형 → 면접 → 신체검사 및 인성검사	000

9월부터는 사실상 대학병원 신입 간호사 공채의 막바지라고 할 수 있다. 특히 경상국립대학교 본원과 창원분원 채용으로 로컬 국립대학교병원의 공채가 마무리된다. 건국대학교 충주병원, 순천향대학교 구미병원이나 구미차병원 등의 분원 대학병원들의 공채도 시행된다. 그런데 2023년에는 많은 학생들이 고대하던 고려대학교의료원 공채가 9월에 시행되었다. 누적된 채용대기 간호사들이 많은 의료원의 경우 공채를 1년 쉬거나, 이렇게 늦게 진행되는 경우들이 있다. 다행히 3개 병원 모두 세 자리수의 졸업예정자를 공채로 선발했다.

10~11월 서류 접수 시작 병원(6곳)

병원	접수일정	TOEIC(점)	일정	인원(명)
영남대학교 영천병원	10.05 – 10.31	–	서류 접수 → 서류전형 → 온라인 인성검사 → 면접	53
건양대학교병원	10.11~10.23	–	서류 접수 → 서류전형 → 면접전형 → 채용검진	000
한국원자력의학원	10.12~10.27	600	서류 접수 → 서류전형 → 필기시험 → 인성검사 → 면접전형 → 신체검사	50
제주대학교병원	10.20~10.31	–	서류 접수 → 서류전형 → 필기전형 → 면접전형	60

국립중앙의료원	11.01~11.16	–	서류 접수 → 서류전형 → 필기시험 → 인성검사 → 최종면접	134
원광대학교 산본병원	11.13~11.20	–	서류 접수 → 서류전형 → 인성검사 → 면접전형	000

국사고시를 두 달 앞두고 모든 대학병원의 신입 공채는 끝났다. 다만 성적에 상관없이 오직 면접만으로 채용을 하는 대학병원 분원의 2차 공지가 새 봄과 함께 여럿 나올 것으로 예상된다. 많은 학생들이 궁금해 하는 본원 간호사와 분원 간호사의 차이점에 대해 설명해 보면, 병원에 따라 약간씩 다르겠지만 보통 신분(교직원), 복지 및 연금 혜택 등은 동일하다. 다만 근무 환경이나 대상자들이 다를 것이며, 급여는 본원의 70~80% 선에서 계약이 된다.

이렇게 살펴본 2023년 병원별 채용 시기를 통해 우리는 2024년에도 병원마다의 채용 시기를 어느 정도 예측할 수 있다. 다만 채용 시기는 병원별 상황에 따라 유동적임을 감안하고, 지원하고자 하는 병원에 대한 최신 정보, 상황 등에 관심을 갖고 있으면 도움이 될 것이다.

CHAPTER 5 ── 간호사 채용 트렌드

대한간호협회에 소개된 전국의 간호교육기관은 203개, 전문 간호사 교육기관은 88개이다. 2012년 32개 대학의 간호과가 교육부의 4년제 정책에 따라 3년제에서 4년제로 전환되었다. 전국의 거의 모든 전문대학 간호과들이 4년제 간호학과로 바뀜에 따라 1년 더 공부를 하고 왔다는 4년제만의 경쟁력은 없어졌다. 오히려 역사가 오래되고 현장의 선배들이 많은 간호 전문대학의 경쟁력이 다시 상승하는 패턴을 보이고 있다.

2024년 신입 간호사 채용에서 가장 큰 이슈는 역시 코로나19이다. 이와 더불어 4학년 학생들이 꼭 알고 넘어가야 할 변화와 특징은 첫째, 전체적인 채용시기가 예년에 비해 늦어진다는 점, 두 번째는 비대면 AI면접이 많아졌다는 점, 세 번째는 다양한 면접 방법들이 동원되고 있다는 점, 마지막으로 동일 지역 비슷한 수준의 상급병원들이 같은 기간, 같은 날짜에 시험을 치거나 면접을 보게 할 것이라는 점이다.

1. 블라인드 채용의 증가

최근 몇 년간 간호사 취업의 가장 큰 변화는 블라인드 채용의 증가이다. 국가가 직·간접적으로 운영하는 모든 병원부터 시작된 블라인드 채용은 채용 비리를 막고, 공정한 기회를 나누자는 취지로 서류에 이름과 나이, 학교, 출신, 고향 등을 기재하지 않고 제출하게 한다. 그리고 별첨 서류는 모든 이름을 블라인드 처리해서 선 제출하거나 최종합격자에 한하여 관련 서류를 추후 제출하도록 하고 있다.

블라인드 채용은 필기시험 결과만으로 면접대상자를 선발한다. 면접도 거의 한 번으로 진행되며 면접 중에 자신의 신상을 노출하는 발언을 절대 해서는 안 된다. 따라서 그동안 1~2차 면접을 통해 기회를 부여받았던 지원자들은 더 긴장하고 집중하면서 면접을 준비해야 한다. 하지만 블라인드 채용은 우수한 학생이 학교 레벨을 따지지 않고 더 좋은 병원에 갈 수 있는 큰 기회이자, 높은 어학점수나 학점을 갖고도 면접에서의 경쟁력이 없으면 꿈을 이루지 못하는 면대면 커뮤니케이션의 중요성을 일깨워 주는 채용 방식이라고 할 수 있다.

2. 꼭 알아 둬야 할 배점 기준

지원 자격으로 토익 점수가 없으면 지원조차 못하는 병원들도 많아졌다. 불과 5년 전만 해도 서울대학교병원, 서울아산병원, 삼성서울병원, 서울성모병원 정도만이 토익 600점 이상인 지원자만 지원할 수 있도록 했다. 학점이 상위 1%라도 기본적으로 영어 능력이 부족하다면 지원을 못하게 한 것이다. 이는 아무리 공부를 잘해도 영어로 된 차트를 읽는 능력이 떨어지는 것에 문제점을 느낀 결과라고 할 수 있다. 하지만 이때도 영어 점수 가산점이 없이는 세브란스나 아주대학교의료원, 경희의료원 등에선 경쟁력이 부족했던 것이 사실이다. 따라서 좋은 대우를 받으면서 인지도 있는 병원에 입사하고 싶은 간호학과 1~2학년생들은 지금부터 반드시 영어공부를 해야 한다. 2023년 기준을 참고하면 분당서울대학교병원의 지원 자격은 토익 750점 이상이며, 서울아산병원 등은 620점, 경상대학교병원 등은 500점이다.

물론 영어점수보다 학점을 더 중요하게 생각하는 대학병원도 있다. 하지만 서류점수를 전체 100점으로 본다면 30점은 학점, 25점은 영어점수로, 외국어 점수를 등한시하는 대학병원은 없다. 아래는 한 의료원이 4개 병원에서 공통적으로 적용하는 1차 서류전형의 배점 기준이다.

S대학교의료원 1차 서류전형 배점 기준	학력	학점	외국어	자기 소개	자격증	봉사 활동	경력 사항
	5	30	25	20	10	5	5

학력은 학사 졸업이 5점, 3년제 졸업이 3점이다. 지금은 모두 5점이라고 볼 수 있으니 시작은 공평하다. 학점은 4.25 이상이 30점 만점이며, 3.0 미만이 15점이다. 이 학점에서 날 수 있는 최대한의 차이는 15점이다. 외국어 점수는 토익 기준 900점 이상이 25점 만점이며, 600점 미만일 경우는 최저 15점을 받을 수 있다. 물론 외국어 점수가 없어도 지원할 수 있기에 다른 점수에서 최대한 만회한다면 합격 가능성은 열려 있다.

3. 매력적인 자기소개서는 필수

자격증은 최대 10점, 경력사항은 최대 5점, 봉사활동은 100시간 이상이면 최대 5점, 50시간 이상은 3점이다. 하지만 서류합격의 당락을 결정짓는 배점요소는 따로 있다. 무려 20점의 배점이 있는 자기소개이다. 자기소개는 다섯 가지 질문 항목별로 최소 1점에서 최대 4점으로 전체 만점이 20점, 최저 가능 점수가 5점. 즉, 차이가 무려 15점이다. 따라서 기본적으로 자기소개서를 잘 써야 서류를 통과할 수 있다.

모든 대학병원의 지원자 수는 무려 1,000~4,000명 선이다. 지역의 상급 종합병원의 경우가 1,000~2,000명, 인기 있는 수도권 대학병원들은 최대 3,000~4,000명이 지원한다. 그럼 병원마다 그 많은 지원서나 자기소개서를 다 읽겠냐고 반문하겠지만, 필자가 만난 모든 간호부서장들은 자소서를 꼼꼼히 읽고 평가한다고 말했다. 다른 직종의 경우 인사팀에서 담당하겠지만 간호직만은 간호부에서 직접 관여하여 수간호사 이상의 중간 관리자급에서 자기소개서를 모두 읽고 평가한다는 것이다. 그렇기 때문에 서류합격의 1순위 조건은 누가 읽어도 호불호가 갈리지 않는, 매력적인 자소서라고 할 수 있다.

CHAPTER 6 면접 준비

1. 면접의 중요성

모든 대학병원 채용 과정 중 가장 중요한 부분은 역시 면접이다. 블라인드 면접의 경우 병원마다 최종 선발인원의 1.3~1.8배 정도에게 면접 기회가 주어지고, 더 많은 일반 대학병원의 경우는 최종 합격 정원의 3~5배수 면접을 통해 최종 합격자를 선발하고 있다. 또한 AI면접이나 토론면접 등 다양한 방식의 면접도 시행되고 있다.

예전처럼 학점과 외국어 점수만으로 간호사를 채용하던 시대는 분명 아니다. 간호사 채용시장에서도 이제 이미지와 인성, 순발력, 유머감각, 위기 대처 능력 등 면접을 통해 변별력을 가리는 방법이 다양해졌다. 학점이나 외국어 점수가 다소 낮아도 얼마든지 면접으로 역전하여 합격할 수 있는 길이 있다. 중요한 것은 자신만의 특기를 살리는 것이다. 타 지원자들과는 다른 나만의 경쟁력으로 어필할 준비를 해야 한다.

90%의 대학병원 면접은 Zero-base에서 시작한다. 면접만으로 뽑겠다는 것이다. 점수를 중시하는 몇몇의 대학병원의 경우 전체 면접시험의 20% 정도를 서류점수로 반영하지만 70% 정도의 대학병원은 오직 면접을 통해서만 지원자의 가치관과 소통능력, 표현 능력, 표정 등을 보고 선발한다. 물론 학점이 높으면 합격 가능성은 더 커지겠지만, 다소 부족함이 있더라도 철저한 면접 연습을 통해 지원자의 당당함과 적극성, 그리고 '이 병원에서 꼭 일하고 싶다.'는 확실한 절실함을 보인다면 최종 합격 가능성은 충분히 있다.

2. 질문의 요지 파악하기

"학교생활은 어떻게 했습니까?"
이 질문은 학교생활은 어떻게 했으며, 그것이 우리 병원이 당신을 뽑아야 하는 이유와 어떤 관련이 있는지를 묻는 것이다.

"인생을 살면서 가장 크게 기뻤던 일은 무엇인가요?"

이는 "인생을 살면서 가장 크게 기뻐했던 일은 무엇이고, 그 일이 우리 병원에서 당신을 뽑아야 하는 어떤 이유가 될까요?"라고 묻는 것이다.

여기의 포인트는 모든 답변을 앞으로 되려는 '간호사'와 직장인 '병원'과 연결지어 대답하는 것이다. 답변을 잘하는 사람은 곧 자신을 잘 포장하는 사람이다. "나는 이런 사람입니다. 그래서 이 병원이 나를 꼭 채용해야 합니다."라고 설명할 수 있는 포장 스토리가 있어야 한다. 면접 시 자기소개의 주요 내용도, 면접 답변의 핵심도 바로 이 스토리이다.

이렇게 PR을 하기 위해선 경험이 필요하다. 보통은 스토리라고 하는데, 이 스토리는 자기소개서의 질문 개수만큼 필요하다. 자기소개서의 질문별로 나의 장점 키워드와 사례(스토리), 그리고 관련된 각오로 마무리하는데 이런 스토리를 만드는 소재는 대부분 학교생활과 대외 활동으로 국한된다.

3. 직무와 연결하여 답변하기

우선 학교생활과 관련된 면접 질문은 크게 두 가지이다. 첫 번째는 실습에 관한 여러 소감이나 환자 경험 등을 묻는 질문이고, 두 번째는 수업이나 교내 활동에 관한 일반적인 질문이다. 우선 대학생활 중 동아리 활동이나 봉사활동을 묻는 질문들의 유형은 아래와 같다.

> [서울대학교병원] 대학시절 활동했던 동아리는 무엇이고 어떤 경험을 했나요?
> [서울아산병원] 대학시절 동아리 활동 경험이 있나요?
> [삼성서울병원] 대학시절 봉사활동 경험이 있나요?
> [연세대학교의료원] 자기개발을 위해 했던 것은 무엇인가요?

🔊 아쉬운 답변

> "저는 학교생활도 열심히 했지만, 그에 못지않게 동아리 활동도 열심히 했습니다. 특히 저는 통기타 동아리에 가입해서 2번의 정기 공연까지 직접 참여하였습니다. 처음에는 자신 있게 연주할 수 있는 악기를 배우기 위해 가입을 했습니다. 그런데 동아리 활동을 하면서 좋은 동기, 선후배들과 친하게 지내면서 사람들을 많이 사귈 수 있었습니다. 또한 정기연주회를 준비하고 공연까지 성공적으로 마무리하면서 많은 자신감을 얻게 되었습니다."

답변이 이와 같이 마무리된다면 면접관 입장에서는 아쉬울 것이다. 어떤 활동을 했고, 그것이 우리 병원 간호사로 활동하는 데 어떤 도움이 될 것인지까지 알아내는 게 질문의 의도이기 때문이다. 따라서 지원자는 무엇을 배웠고 그 경험이 병원이나 간호사 일과 어떤 연관이 있는지까지 작성하길 바란다. 그렇지 않으면 면접관은 "그런 활동들이 우리 병원과 어떤 상관관계가 있을까요?"라고 추가로 질문하게 된다. 면접관이 직전 질문과 관련해서 이런 꼬리 질문을 하게 만든다면 그것은 지원자의 실수이다. 한 가지 질문에 대답하면서 면접관이 원하는 질문의 의도가 무엇인지 곰곰이 생각해 봐야 한다. 다음의 답변을 참고해 보자.

🔊 치트키 답변

"저는 학교생활도 열심히 했지만, 그에 못지않게 봉사동아리 활동도 열심히 했습니다. 대학교 2학년 때는 두 번의 방학을 이용해서 두 달간 보육원을 방문하여 아이들에게 공부를 가르치고, 함께 놀아주기도 하는 봉사 동아리 활동을 했습니다. 이런 활동을 통해 누군가를 돕는 기쁨을 알게 되었습니다. 또한 대상자의 눈높이를 맞추기 위한 관심과 소통의 기술도 배울 수 있었습니다. 간호사가 되어서도 대상자에게 관심을 기울이는 동시에 나누고 희생하며 마음을 다해 간호하는 간호사가 되겠습니다."

가끔은 간호 직무와 관련 없는 소재로 본인의 장점을 알리려는 지원자가 있다. "저는 공학 동아리 활동을 열심히 했습니다. 어려서부터 손으로 만들고 고치는 것에 흥미가 많았기 때문입니다. 가끔은 집에서 쓰는 작은 가전제품이 고장 나면 모두 해체하고 수리하여 쓰기도 했습니다."라고. 문제는 그 다음이다. 그 손으로 만들고 고치고 했던 경험들이 병원 생활이나 간호사 업무에 어떤 관련이 있는가는 고민해 볼 문제이다.

아무리 빼어난 소질과 특기가 있더라도 간호사 업무와 연결시킬 수 없다면 소용없다. 간호사 면접에서는 무조건 간호 업무와 연관 지어 설명할 수 있는 특기에 대해서만 말해야 한다. 남학생의 경우 축구는 매우 좋은 특기라고 할 수 있다. 우선 체력이 좋아서 오랫동안 끄떡없이 근무할 수 있고, 운동을 통해 건강하게 스트레스를 해소할 수 있는 장점과 단체 경기를 즐긴다는 것은 그만큼 다른 사람을 배려하고 협동해야 가능하니 역시 간호사 직무에 어울리는 좋은 장점이다. 특기를 직무와 연결지어 잘 풀어낸다면 제대로 된 나만의 포장 스토리가 만들어지는 것이다.

4. 실습 관련 빈출 질문

"가장 기억에 남는 환자가 있나요?"

"본 받고 싶은 간호사가 있나요?"

실습과 관련해 면접에서 가장 자주 출제되는 질문이다. 가장 기억에 남는 환자와 본받고 싶은 롤모델의 유무는 얼마나 병원 실습을 적극적으로 했는지에 대한 결과이기 때문이다.

> **◀》 치트키 답변**
>
> "가장 최근에 실습한 정신과 환자 분이 기억에 남습니다. 그분이 저의 손을 잡아 주면서 "항상 환자들에게 친절한 간호사가 되세요. 간호사의 말 한마디가 환자들에게 큰 힘이 돼요."라고 말씀해 주셨습니다. 정식 간호사로서 첫 발을 내딛는 제게 한 번 더 환자를 대하는 마음가짐을 생각할 수 있게 해 주는 말씀이었습니다. 저는 그 말을 간호사 생활을 하는 동안 절대 잊지 못할 것입니다."

지난 1년 반 동안 학생 간호사로 병원 실습을 하면서 어떤 일들이 있었는지 잘 기록해 두자. 어느 병동, 어떤 부서에서 실습을 했고, 어떤 환자와 의료진들을 만났는지, 가장 기쁜 일이나 뿌듯했던 일, 칭찬받았던 상황, 특히 어려웠던 일은 무엇이었는지를 정리해 볼 필요가 있다. 또한 일을 정말 잘하는 간호사, 환자들과 소통이 잘되는 간호사, 동료들에게 사랑받는 간호사, 환자의 이름을 잘 외우는 간호사, 환자를 볼 때마다 인사하고 안부를 묻는 간호사, 환자들에게 많은 정성을 기울이는 간호사 등을 잘 기억해 둔다면 나중에 이런 간호사가 되겠다고 특정 에피소드와 함께 말할 수 있다.

5. 긍정적 마인드는 필수

병원은 간호사를 선발할 때 긍정적인 마인드의 지원자를 가장 우선하기 때문에 면접관에게 좋은 인상만 남기는 것이 무척 중요하다. 예를 들어 면접관이 본인 실수에도 다른 간호사 탓을 하는 간호사, 환자의 요구를 묵인하는 간호사, 늘 찡그린 얼굴로 짜증스런 말투로 일하는 간호사 등을 만난 적이 있냐고 묻는다면 그런 선배를 만난 적이 없다고 해야 한다. 그것이 면접관이 원하는 지원자의 답변이다. "나는 긍정적인 사람입니다."라고 직접 말하는 것보다 바로 이런 답변에서 지원자의 성향이 나타난다. '실습하면서 배우지 말아야 할 간호사를 만난 적이 있나요?'라는 질문을 받아도 지원자는 잘못된 행동을 하는 선배 간호사 사례를 구체적으로 설명하면 안 된다. 그렇게 되면 이 지원자를 '우리 병원에 와서도 다른 외부 사람들에게 병원이나 직속 선배를 안 좋게 평가할 수 있는 사람'으로 생각할 수 있고 그에 따라 채용하기에 부담을 가질 수 있다.

면접에서 만나는 면접관들은 평균 50대 중반의 관리직급 간호사들이다. 반면에 지원자들은 거의 20대 초중반이다. 나이와 경험에서 오는 이 엄청난 차이를 이해하고 받아들여야 하는 것이 지원자의 자세이다. 모든 기준은 평가하는 면접관의 입장에서 만들어진다. 지원자는 어떻게든 좋은 평가를 받아서 입사해야 하기에 면접관의 성향과 세대차를 잘 파악해 두어야 한다. 예를 들어 '스커트 길이가 이 정도면 되겠지.'라든지 '헤어스타일이 요즘 유행하는 건데.'라고 스스로 판단하는 것은 금물이다.

이런 세대 차이를 극복하기 위한 중요한 키워드가 바로 긍정성이다. 저자가 만나 온 30년 이상 경력의 베테랑 간호사, 특히 관리직급까지 올라간 간호사들은 모두 다시 태어나도 간호사를 한다고 할 정도로 직업에 대한 자부심이 엄청나며, 오랫동안 간호사로서 일할 수 있었던 것은 '희생과 헌신'의 정신 덕분이라고 말한다. 그만큼 간호사라는 직업은 나눔과 희생의 마음으로 만들어진다. 본인이 그런 지원자라는 것을 보여 주기 위해 단어나 사례, 표현 등에서 긍정적인 마인드를 어필할 수 있어야 한다.

6. 간호사로서의 자부심

면접관들은 상위 1%의 성공적인 직장생활을 해 온 간호사들이다. 그들을 상대하기 위해서는 기본적으로 간호사란 매우 위대한 직업이자 사명이며, 생명을 다루는 최고의 전문직이라는 것을 명심하고 또 명심해야 한다.

간혹 간호사 커뮤니티에 현직 간호사들이 '간호사는 3D 노동자다.', '간호사는 의사 보조일 뿐' 등의 부정적인 글이 올라오는 경우가 있다. 이런 글들을 보면 간호사가 되기도 전에 미리 걱정하고 후회할 수도 있다. 하지만 그런 것들은 봐도 그냥 넘겨라. 내가 상대해야 할 병원의 면접관들은 간호사로서 최고의 자리에 올라간 사람들이다. 그들과 공감할 수 있는 '간호사로서의 의식'이 필요하다. 생각해 보면 모든 의사가 모두 만족스럽게 병원 생활을 하는 것도 아니고, 검사나 변호사, 아나운서나 기자가 되었다고 자기 직업 선택에 100% 만족하는 것은 아닐 것이다. 좋은 것이 있으면 꼭 아쉬운 것도 있는 게 세상이치이다.

일각에서는 간호사를 단순히 취업 걱정 없는 직업, 여성으로서 고소득이 보장되는 직업이라 하지만, 필자는 자부심이 가득한 정말 보람 있는 직업이라 간호사를 정의하고 싶다. 사명감이나 책임감도 중요하지만 그 밑바탕에 자부심이 있기에 그 어려움을 이겨낼 가치가 있는 것이다. 그리고 그런 간호사의 꿈을 가진 학생들을 만나는 것이 참 행복하다.

자부심에 걸맞는 닉네임과 자기소개의 필요성

1분 자기소개를 하면서 "안녕하십니까? 목욕탕과 닮은 예비간호사, 김연화입니다."라고 스스로 목욕탕이라는 닉네임을 자기소개의 타이틀로 쓰는 친구가 있었다. 왜 하필 목욕탕이라 했는지 궁금했다. "목욕탕에 가면 뜨거운 온탕과 차가운 냉탕이 있습니다. 저는 일에 대한 열정, 그리고 환자에 대한 사랑만큼은 언제나 뜨거운 온탕처럼, 그리고 일을 처리할 때와 정확한 판단이 필요할 때는 객관적으로 차갑게 냉탕처럼 일을 하겠습니다. 저는 이런 양면성을 가진 프로페셔널한 간호사가 되겠습니다."라고 마무리한다. 내용은 좋다. 하지만 목욕탕이라는 표현이 거슬렸다. 이에 대해 서울시 병원간호사회 회장을 역임한 엄옥주 전 한림대 강동성심병원 간호부장은 왜 하필 간호사를 목욕탕이라 했는지, 간호사의 직업적 숭고함과는 어울리지 않으며, 긍정적인 느낌을 주는 닉네임으로 바꾸는 것이 좋겠다고 피드백을 보내 왔다. 비단 이뿐만이 아니다. 지금까지 간호 면접 훈련을 진행하면서 비슷한 느낌의 닉네임들이 많았는데 모두 바꾸어야 하는 인사말이다.

> **🔊 아쉬운 표현들**
>
> • "저는 개미를 닮은 예비간호사입니다."
> • "저는 잡초와 같은 근성, 바퀴벌레와 같은 생존력을 가진 지원자입니다."
> • "안녕하십니까? 쇠는 때릴수록 단단해집니다. 저는 어려서부터 저를 강하게 만들었던 어려운 환경들이 많았습니다. 그 과정들을 모두 이기고 간호학 4년을 모두 마쳤기에 누구보다 강한 정신력을 갖고 있습니다."

이렇게 강한 닉네임이나 표현은 경우에 따라 면접관에게 반감을 살 수 있기 때문에 되도록 쓰지 않는 것이 좋다. 그보다는 간호사라는 존귀하고 소중한 직업에 어울리는 아름답고, 긍정적인 비유를 하자. 그것이 간호사의 자부심이다.

이런 간호사의 자부심은 비단 자기소개에만 국한된 것은 아니다. 학교 소개나 자랑을 해 보라고 한다면 누가 들어도 학교를 아끼는 마음이 느껴지도록 답변해야 하고, 부모님 자랑을 해 보라고 하면 애정이 느껴지도록 답변해야 지원자를 늘 자부심으로 가득 차 있는 매력적인 예비 간호사로 평가할 것이다. 이런 사람이 병원에 와서도 늘 자부심 있게 일하기 마련이다.

공부는 계속되어야 한다

간호학과는 공부하는 학과이다. 미래에 사람의 생명을 다룰 직업인을 교육하는 학과이다. 그러다 보니 배울 과목도, 알아야 할 관련 지식도 너무나 많다. 그래서 1학년 때부터 빽빽한 수업 일정과 많은 시험들이 포진해 있다. 학교마다 다르지만 2, 3학년이 되면 실제 병원에서 직접 환자들을 대하듯이 실습활동을 하며 임상 경험을 쌓는다. 그리고 국가에서 인정하는 정식 간호사가 되기 위해 한국보건의료인 국가시험원에서 실시하는 국가고시를 열심히 준비하는 등 다각도로 부단한 노력을 한다.

간호사는 의사의 아래 단계, 의사의 보조자, 의사의 보호 아래서 활동하는 수동적인 직업이 아니다. 간호사는 의사와는 완전히 다른 직업이며 오늘날의 간호사들은 고학력에 숙련된 전문 의료인으로 환자 상태 진단이나 건강관리 프로그램의 기획 및 치료 중재 등 중요한 역할을 하고 있다. 때문에 간호사는 의료진 간의 의사 교환, 환자들과의 소통 등이 아주 중요하다. 그래서 병원들은 지원자의 의사 표현 능력과 소통 능력을 면접의 첫 번째 조건으로 본다. 그 다음에야 얼마나 이 병원에 오고 싶은지, 얼마나 준비하고 왔는지, 얼마나 이 병원과 잘 어울릴지를 적극성과 진지함, 참신함 등으로 나누어서 점검한다.

면접에서 다양한 아르바이트 경험을 강점으로 내세우는 학생이 있다. "저는 원래 수줍고 내성적인 성격이었습니다. 그런데 학교생활을 하고, 특히 실습을 하면서 좋은 간호사가 되기 위해서는 성격을 바꿔야겠다는 생각이 들어 많은 노력을 했습니다. 다양한 아르바이트 경험을 쌓았고, 이것이 타인을 이해하고 소통하는 데 크게 도움이 되었습니다."라고 한다. 하지만 병원은 '공부를 우선하는 학생'을 원한다. 물론 다른 활동도 중요하지만 병원 입장에서는 좋은 의료인이 되기 위해 무엇보다 열심히 공부해야 한다고 여긴다.

특히나 아르바이트의 경우 자기소개서에 스토리로 넣는다면 단 한 가지 정도에 국한되어야 한다. 대부분의 아르바이트는 스스로 용돈을 벌어 봤다는 것과 간접적인 고객 응대, 사회생활의 경험 등으로 실제 간호사 업무와 관련지어 설명할 수 있는 경험이 아닌 경우가 많기 때문이다. 백화점 의류 판매나 마트 캐셔, 예식장 도우미 경험 등을 스토리로 적기에는 병원 간호 업무와 직접적인 관련이 없기에 메리트가 없다. 결국 병원은 지원자가 얼마나 우리 병원에서 '인정받으며 일할 수 있게끔 준비하고' 지원했는지를 평가하므로 아르바이트 경험보다는 열심히 공부했다는 것이 더 현명한 답변이 될 것이다.

편견에 대항하는 기묘한 가짜 사실주의 작가 '조 히카루'는 사람들이 겉으로 보이는 외모나 포장만으로 그것의 본질까지 쉽게 판단하는 것을 견제하는 의미로, '보이는 것이 다가 아니다.'라는 세 가지 작품을 선보였다. 어떤 사람이나 물질에 대해서 우리는 잘 알지 못하면서 쉽게 판단하며 살고 있으니 이젠 그렇게 속단하지 말자는 메시지를 전하고 있다.

아래 좌측의 사진만 보면 귤, 가지, 오이이다. 하지만 우측의 사진을 보니 귤은 토마토, 가지는 깨질 수 있는 계란, 오이는 달고 맛있는 바나나였다. 사실 이런 자료들은 면접관에게 교육용으로 자주 활용된다. 면접에 오는 지원자의 겉만 보고 판단하지 말자는 것이다. 하지만 거의 모든 대학병원에서 간호사를 최종 선발하는 권한은 간호부가 아닌 경영진에게 있다. 이 경우 가장 중요한 것은 첫인상과 용모, 이미지임에는 부인할 수 없다. 그래서 면접은 이미지 승부라고 하는 것이다.

ⓒ 조 히카루

1. 초반 3초의 이미지

대한민국 대학병원 인사 담당자들이 모두 인정하는 첫인상의 평가시간은 3초라고 한다. 간호사 면접에서 간호사의 용모와 표정, 이미지는 곧 병원의 이미지이기 때문이다. 다른 지원자와 비교하여 보다 밝은 이미지와 긍정적인 태도, 사람에 대한 예의를 갖추고 있다는 것을 보여 주어야 한다. 많은 병원들이 면접 평가 기준에서 간호관이나 철학, 지식, 윤리만큼 중요하게 보는 것이 바로 인성인데, 짧은 면접 시간동안 보여줄 수 있는 것이라고는 복장, 태도, 자세, 표정, 그리고 리액션뿐이기 때문이다.

지원하고자 하는 병원에서 선호하는 재킷 색상이나 헤어스타일 등의 정보가 확실하게 나와 있으면 좋겠지만 특별히 어디서 알아낼 수가 없다. 면접관이 여럿이기에 알아내기 힘든 조건이기도 하다. 하지만 분명한 것은 면접의 기본 매너에 충실하면 좋은 결과가 따라온다는 점이다.
답변의 내용보다 오직 이미지만 보고 평가하는 면접관도 있다. 바꿔 생각해 보면 병원은 일의 숙련도나 노련미, 전문성을 갖고 있는 인재를 원하지 않는다. 아무리 그것이 준비되었다고 해도 실제 병원생활을 통해 모두 새롭게 배워야 하기 때문이다. 그보다는 분위기를 밝게 해줄 수 있는 참신함과 신선함을 요구하고 있음을 알아야 한다.

이와 관련해 가장 기억에 남는 피드백이 있다. "아무리 성적이 1등이라도 우울하면 절대 안 뽑습니다." 고대안산병원 간호부장과 간호협회 중앙취업지원센터 센터장을 역임한 김정숙 부장의 말이다. 그만큼 사람 대 사람으로 함께 일하고 싶은 인상과 이미지를 주어야 할 것이다.

2. 웃는 얼굴 연습

면접을 준비할 때 가장 먼저 '웃는 얼굴'을 연습해야 한다. 최고의 이미지는 바로 표정에서 만들어지기 때문이다. 면접장에서는 '이 병원에서 꼭 일하고 싶다'는 절실함과 '시켜만 주면 누구보다 열심히 일할 수 있다'는 자신감이 적절히 섞인 표정을 '항상' 짓고 있어야 한다. 긴장한 티는 최대한 숨기자. 그러기 위해 억지로라도 웃는 연습을 많이 해야 하는 것이다. 표정은 얼굴 안면 신경 근육의 움직임으로만 가능하다. 이 표정이 인상을 만들고, 인상이 면접을 판가름한다. 면접 후 면접관들은 그 사람의 이미지, 바로 지원자가 내내 짓고 있었던 표정을 떠올리며 평가를 마무리한다.

웃는 얼굴은 면접에서 아주 중요하다. 그런데 연습이 부족하면 그냥 입 꼬리만 올라가는 '억지웃음'이 될 수 있다. 프랑스 사회심리학자 기욤 뒤셴(Guillaume Duchenne)이 밝힌 '표정의 비밀'에서는 마음에는 없으나 억지로 웃는 '가짜 웃음'으로 입 꼬리만 올리는 웃음을 말했고, '진짜 우러나옴으로 행복한 감정을 갖고 있는 웃음'이란 입 꼬리와 함께 눈 꼬리 주름까지 함께 웃을 수 있는 웃음이라 했다.

'김치', '위스키'를 발음하며 입만 웃는 연습은 소용없다. 오늘부터는 이렇게 따라해 보자. 내가 일하고 싶은 병원에서 유니폼을 입고 열심히 일하는 나의 모습을 상상하면서 '난 할 수 있어, 오케이!', '나는 할 수 있는 나를 사랑해.', 또한 '난 점점 더 좋아지고 있어, 파이팅!'이라고 매일 스스로에게 웃음과 자신감을 인식시키자. 중요한 것은 어떤 생각과 마음자세로 면접에 임하고 있는지를 면접관이 파악할 수 있는 가장 큰 기준이 바로 이 표정이다. 그렇기에 참 중요하다.

3. 적절한 면접 복장

여학생의 면접 복장은 블라우스와 스커트, 재킷 구성의 쓰리피스 정장을 기본으로 한다. 가끔 한여름에도 재킷을 꼭 입어야 하냐고 묻는 학생들이 있는데 재킷은 꼭 입어야 한다. 아무리 더워도 면접장인 병원 실내는 에어컨이 빵빵하게 나오고 있으니 걱정하지 않아도 될 것이다. 예전부터 간호학과는 검은색이나 하얀색 재킷만을 고집했는데, 사실 꽃무늬나 무지개 등의 요란한 장식이 없다면 밝은 색상도 좋고, 파스텔 계열의 재킷도 괜찮다. 다만 병원에 따라 너무 튈 수 있으니 무난한 색상을 선호하는 병원은 검은색이나 하얀색을 선택하자. 하얀색 재킷만 해도 함께 들어가는 5명 중에 1명 정도가 착용하니 그것만으로도 돋보일 수 있다. 단정한 원피스와 재킷도 무난하다.

스커트의 길이는 무릎 중간 정도가 좋다. 면접은 앉아서 진행되는 경우가 많은데 스커트의 길이가 무릎선이라도 앉게 되면 위로 올라가기 때문에 서로 민망한 경우가 생긴다. 간혹 면접관들이 어디에 시선을 둘지 모르기 때문이다.

여학생의 경우 액세서리는 가급적 착용하지 않는 것이 좋다. 간호사 면접은 '뽑아 주면 나는 우리 병원에서 이렇게 일할 것입니다.'를 보여 주는 자리이다. 그렇기에 평소 하고 다니던 귀걸이나 반지, 팔찌 등이 있다면 모두 빼야 한다. 면접에서 허용되는 액세서리는 부착형 진주 귀걸이와 검은색 가죽밴드로 된 깔끔한 시계, 단 두 개뿐이다.

남학생도 깔끔한 정장으로 준비한다. 바지통을 너무 줄이거나 상의를 타이트하게 입지 않도록 하며, 약간 클래식한 정장이 더 신뢰감을 줄 것이다. 그리고 번쩍거리는 정장보다는 광택이 없는 소재가 좋다. 배가 조금 있다면 살짝 재킷 버튼을 열어도 괜찮다. 그리고 색상은 너무 어두운 검은색보다는 신뢰감을 주는 어두운 남색으로 단정함을 보여 주는 것이 좋다. 넥타이 역시 정장과 어울리는 단색이나 무늬가 튀지 않는 두 가지 컬러로 고르자. 구두는 무조건 검은색 정장 구두나 의상 색상과 같은 구두면 된다. 갈색 구두는 너무 눈에 띄니 피해야 하고 목이 올라오는 부츠는 당연히 안 된다. 흰 양말도 절대 금물이다.

여학생도 구두를 신어야 한다. 플랫 슈즈는 안 된다. 굽이 어느 정도 있는 구두를 신어야 한다. 발등이 꽉 막힌 스타일보다는 보통의 단정하고 여유 있는 구두가 좋다. 키가 아무리 작더라도 간호사 면접에서 허용되는 굽의 높이는 최대 7~8cm 정도이다. 너무 높은 구두는 몸의 중심을 앞으로 쏠리게 하므로 보기에도 불안하고 신고 있는 지원자도 힘들다. 물론 키가 크다면 3~5cm 높이의 구두도 가능하다.

4. 신뢰감을 주는 헤어스타일

면접 이미지에서 가장 중요한 포인트는 헤어스타일이다. 남학생, 여학생 모두 헤어스타일에서 첫 번째 주의할 점은 이마를 덮지 말라는 것이다. 이마는 예로부터 행운을 가져다 주는 길목이라 믿었다. 특히 면접관인 실무진과 경영진은 지원자들보다 평균 30년 정도 나이 차이가 나는 분들이다. 간호사로서 신뢰감을 줄 수 있는 헤어스타일을 원한다.

여학생은 간호 실습 때 사용했던 망을 이용해서 헤어를 고정하자. 머리카락이 짧다면 넘겨서 핀으로 고정해도 좋다. 이마를 모두 들어 올렸을 때 너무 강해보이는 인상을 주는 지원자라면 깔끔하게 정리된 앞머리로 살짝 이마를 가리는 정도는 가능하나 보통의 경우는 이마를 드러내는 것이 훨씬 더 좋은 점수를 받는다. 남학생은 무조건 아나운서 헤어스타일로 하길 권한다. 이마를 시원하게 드러내고, 짧게 커트한 상태에서 무스나 젤을 이용해서 살짝 올리자.

CHAPTER 8 면접 - 합격 조건 7

지원자로서 병원에 입사하기 위해 많은 준비를 했음을 보여 주기 위한 몇 가지 조건이 있다. 이 조건을 유념하면서 잘 준비한다면 최종 합격할 확률이 높아질 것이다.

1. 시선처리

면접 합격의 첫 번째 조건은 바로 시선처리이다. 면접관은 지원자의 시선이 어디에 머무는지를 생각보다 유심히 본다. 시선처리는 자신감을 나타낼 뿐 아니라 기본적인 대인관계 능력이자 신뢰감을 주는 요소이기 때문이다.

보통 면접관은 여러 명이므로 지원자는 질문한 면접관만 볼 필요는 없다. 여러 면접관들과 골고루 시선을 맞추되 잠시라도 시선이 하늘을 보거나, 특히 땅으로 떨어지면 안 된다. 그것은 내가 지금 너무 긴장하고 있으며 좋은 간호사가 되기 위한 준비가 안 되어 있음을, 즉 자신감 부족을 의미하기 때문이다. 다만 처음 질문을 받고 답변을 시작할 때와 답변을 마무리할 때에는 질문했던 면접관을 보는 것이 집중도를 올릴 수 있다. 그렇지 않으면 질문한 면접관이 '내가 질문했는데 어딜 보고 답하는 거지.'라고 생각할 수도 있다.

면접장에 들어설 때의 시선도 중요하다. 면접장에 들어서는 순간 면접관과 눈을 마주친다면 눈인사를 하거나 짧게 15도 정도 허리를 굽히며 인사를 하면서 입장한다. 이때 면접장의 분위기와 면접관 인원, 자리 배치 등을 파악하는데 너무 두리번거려도 안 되며, 처음 눈이 마주쳤던 면접관과 대표로 눈인사를 하면서 걷는다. 순서대로 정해진 자기 의자 앞에 서서 자연스럽게 면접관을 향해 방향을 돌린다. 면접관이 앉으라고 하기 전까지 잠시 기다린다.

2. 힘 있는 목소리

두 번째 조건은 힘 있는 목소리이다. 목소리의 크기와 낭랑함은 귀로 판단하는 이미지 청각 요소 중 가장 중요한 평가 기준이다. 목소리의 힘이 소통 능력이기도 하다. 면접이 무척 긴장된다면 첫 마디를 약간 강하게 뱉으면서 긴장감을 떨쳐 내자.

> "안녕하십니까? 한국대학교 지원번호 213번, 이민영입니다."

이 기본 인사말은 자동적으로 나올 만큼 수도 없이 큰 소리로 연습해야 한다. 자기소개에 '저는'이나 '간호학과', '졸업반'과 같이 굳이 안 써도 되는 단어들은 사용하지 말자.

발표 울렁증 극복방법

평소 누군가와 대화할 때의 어려움은 없지만 과제 발표 또는 앞에 나서서 스피치할 때 지나치게 긴장하는 편이라면 면접 전 훈련이 반드시 필요하다. 발표 울렁증을 극복하려면 우선 아무도 없는 강의실 단상에 서서 면접에서 쓸 자기소개를 큰 목소리로 말해 보자. 누군가가 내 스피치를 듣고 있는 것이 울렁증의 원인인지, 아니면 목소리 자체의 힘이 없어 전달력이 떨어지는 문제인지를 알 수 있다. 아무도 없는 강의실에서 당당하게 자기소개 스피치를 할 수 있다면 스터디를 만들어서 스터디 멤버들과 돌아가면서 연습해 보자. 연습만이 울렁증을 극복하고 자신감 있게 스피치할 수 있는 유일한 방법이다.

만약 누군가가 듣고 있는 것이 부담되는 것이 아니라 스스로 발성에 문제가 있다고 판단되면 소리 내어 읽는 연습을 반복해야 한다. 이때 편하게 앉은 자세가 아닌 일어서서, 한 쪽 발을 90도까지 높이 들고 버티면서 소리 내어 책을 읽어 보자. 그냥 말할 때와는 다르게 배에 힘이 많이 들어간다는 것을 알게 될 것이다. 이렇게 배에 힘이 들어가야 큰 소리를 낼 수 있다.

3. 표정과 자세

세 번째 조건은 표정과 자세이다. 표정은 아무리 강조해도 지나치지 않다. 표정은 면접관들에게 첫인상을 주고, 이 첫인상과 면접 내내 유지되는 표정이 평가점수에 반영되기 때문이다. 이전 챕터에서 언급한 표정, 특히 '웃는 얼굴'을 집중해서 연습하자.

면접에서 서 있든 앉아 있든 기본적인 손 모양은 오른손을 위로 올려 두 손을 살짝 포개는 것이다. 손은 배꼽 위에 놓는다. 여학생은 면접장에 들어가고 나올 때에도 손을 배꼽 선에 포개고 걷는 것이 가장 깔끔하다. 보통 오른손잡이가 많기에 손을 포갤 때 오른손을 위로 하는 것이 맞은 편의 면접관이 보기에 안정되어 보인다.

면접에 임하는 응시자의 자세도 자신감 있는 커뮤니케이션 능력을 보이는 데 중요한 부분이다. 예의 있고 바른 자세 외에 정해진 법칙은 없지만 구체적으로 살펴보면, 선 자세에서는 남자는 어깨를 반듯이 펴고 팔을 내려 주먹을 가볍게 쥔 채 바지 재봉선에 붙여야 한다. 다리는 차렷 자세로 발을 모으면 좋은데, 앉은 자세에서 다리를 모으는 것은 쉽지 않으니 어깨 넓이 정도로 벌리는 것까지는 괜찮다. 걸음걸이는 어깨를 곧게 편 뒤 무릎에 힘을 주고 또박또박 걷자.
여성 지원자의 경우 서 있을 때는 양손을 아랫배 부분에 가볍게 포개서 얹고, 발은 뒤꿈치를 모으면 된다. 앉은 자세는 엉덩이를 의자 깊숙이 당겨서 등받이 아래 부분에 살짝 닿게 앉는 것이 편안하고 바른 자세이며, 스피치 하기에도 가장 좋은 소리를 낼 수 있는 자세이다. 남성은 의자에 앉은 자세에서 손은 가볍게 주먹을 쥐어 무릎과 허벅지 사이에 놓는다. 여성은 앉은 자세에서 다리는 모으고, 양손은 무릎 위에 포개서 가볍게 올린다. 스커트를 입었다면 끝을 손으로 잡아주는 정도이다.

일부 병원의 경우 면접의 시작과 끝에 조별로 단체인사를 할 때가 있다. 이때 남성 지원자는 바르게 서서 양팔을 바지 옆 재봉선에 붙인 채 허리를 30도 정도 굽혀서 인사를 하며, 바로 상체를 들지 않고 1~2초간 머물러 있다가 허리를 편다. "안녕하십니까?"를 먼저 한다는 것을 잊지 말자. 소리를 내면서 허리를 숙이는 실수를 하지 않도록 한다. 여성 지원자는 바르게 서서 아랫배 부분에 두 손을 포갠 채 허리를 굽혀 인사한다.

4. 꼭 알아 둬야 할 인사법

간호사 면접에서 인사하는 방식에는 여러 유형이 있다. 우선 아무 지시 없이 번호대로 면접장으로 입장만 시키는 경우이다. 이 경우는 앞에 언급한 것처럼 면접관이 앉으라고 할 때까지 잠시 서서 기다린다. 그리고 면접관이 앉으라고 하면 꼭 "감사합니다."라고 큰 소리로 인사하고 앉도록 한다.

면접장에 들어가기 전, 단체인사를 하는 방법을 알려 주고 한 번 연습 삼아 가장 먼저 들어가는 앞 번호 지원자에게 입장이 끝나면 '차렷' 예령과 '경례' 동령의 구령을 붙이도록 지시하는 경우가 있다. 이 경우는 면접장 밖에서 대기하면서 여러 차례 자체적으로 조용히 연습하는 것이 좋다.

면접장에 들어가면 반드시 "안녕하십니까?"를 먼저하고 허리를 숙여 인사해야 한다. 상체의 인사 각도는 75도 정도이다. 고개만 숙이는 것이 아니라 허리 위 상체를 약간 접으면서 인사하는 것이다. 면접을 마치고 나올 때도 단체 인사를 하고 퇴장해야 한다.
한 사람씩 간단한 자기소개를 한 뒤 앉으라고 하는 경우도 있다. 이럴 때에는 "안녕하십니까? 지원번호 223번 임숙희입니다."라고 말하고 차례로 착석한다.

참고로 한 기업의 통계에 따르면 단체인사를 요구하지 않았지만 시행했던 조와 그렇지 않았던 조와의 합격률의 차이는 거의 두 배라고 한다. 그만큼 인간관계에 있어 첫 인사가 중요한 것이니 참고할 만하다. 다만 몇몇 대학병원에서는 단체인사를 하지 말라고 요구하는 경우도 있으니 그때는 하지 말아야 한다.

기술적으로 모든 면접을 마치고 나갈 때까지 지원자는 총 네 번의 인사를 하게 된다. 먼저 면접장에 입장하면서 면접관과 눈인사, 조 전체인사, 1분 자기소개의 첫 마디 인사, 마치고 일어서서 마무리 짓는 "감사합니다." 인사까지 네 번이다. 여기에 추가로 퇴장할 때 조에서 가장 마지막에 면접장을 퇴장하는 지원자는 뒷모습을 보이지 말고 돌아서서 마지막 인사를 하고 문을 닫고 다섯 번째 인사까지 하면서 면접장에서 나오게 된다.

5. 말을 잘 한다는 것

누군가의 말을 들으면서 '진짜 말이 예술이다.'는 느낌을 받아 본 적이 있을 것이다. 흔히 '달변'이라 하는데 이 달변의 핵심은 '수사학의 적극적인 활용'이다. 수사학은 듣는 사람에게 감동을 주기 위해 문장, 사상, 감정을 효과적으로 표현할 수 있는 언어 수단을 연구하는 학문이다. 서구에서 '수사(Rhetoric)'는 본래 청중을 앞에 둔 사람의 웅변술을 뜻하는 것으로, 어떤 생각을 특별한 방식으로 전달하는 기술(Art)을 의미했다. 이는 표현과 설득에 필요한 능란하고도 다양한 방식에 대한 숙달을 뜻하는데, 가장 널리 사용되고 있는 것은 '의미 전이'에 따른 수사법이다. 흔히 비유법이라 일컫는 은유법, 직유법, 의인법, 반어법 등이 있다. 또한 문장구조에 따른 수사법으로는 대조법, 전치법, 열거법, 반복법 등이 있다. 자소서나 면접에서 자신을 어필할 때, 나만의 포장 스토리를 짤 때 이 수사법을 적극적으로 활용하는 것도 좋은 방법이다. 귀로 들을 때 어떤 사물이나 현상에 비유하면 훨씬 상상이 잘 되고 따라서 설득이 잘 될 수 있기 때문이다.

또한 말을 예술적으로 하기 위해서는 '사례 활용'을 잘해야 한다. 면접에서 장점 및 특기의 근거가 되는 자기 경험이나 사례 등을 구체적으로 잘 설명해야 면접관들을 설득할 수 있기 때문이다. 평소에 자신의 경험이나 에피소드를 말로 표현하는 연습을 해보자. 이 연습이 실제 나를 선택하게 만드는 중요한 '열쇠'가 된다. 이런 사례 활용과 수사학의 예시는 자소서 파트와 면접 파트에서 골고루 다뤄질 것이다.

6. 면접 당일 준비하기

보통의 대학병원 면접은 오전 8시 30분부터 시작된다. 평일에 면접이 진행되기에 최대한 지원자들의 대기시간을 줄여 주고, 면접관으로 참여하는 관리자들의 기본 업무 부담을 줄이기 위해 오전 8시 30분, 11시 30분, 14시 30분 정도로 나누어 면접을 시행한다. 특히 주요 수도권 대학병원의 경우 서류를 통과한 지원자 1,000명 정도를 3~4일에 나누어서 진행한다.

대개의 경우 면접을 본 뒤에 붙거나 떨어질 것이라고 어느 정도는 예상한다. 면접장의 분위기,

자신이 했던 답변에 따라 지원자마다 느끼는 감정이 다를 것이다. 분위기가 좋았고 대답도 잘한 것 같아 합격을 기대했는데 불합격 통지가 왔다면 면접 실패의 원인을 우선 당일의 행적에서 찾고 하나하나를 꼼꼼히 되짚어 볼 것이다. 면접 합격의 성패는 5점, 10점 차가 아니다. 0.5점이나 1점 같은 아주 미세한 차이로 성패가 결정된다. 그러므로 면접 당일에는 복장과 면접 시간 엄수, 컨디션 조절 등 아주 세부적인 것까지 신경 써야 한다.

정장

다가오는 면접에 대비해 어머니께서 정장을 한 벌 사 주셨다고 가정하자. 물론 평소 입던 정장이 있지만 일생일대 중요한 면접이기에 백화점에 지원자의 손을 끌고 다녀온 것이다. 그런데 며칠 안 남은 면접을 생각하니 당장 입어볼 수 없어 고이 모셔났다가 면접 당일 입게 된다. 새 옷을 입고 면접 가는 길이 아주 기분 좋았지만 문제는 면접장에 도착하고 나서 생긴다. 한두 시간 대기하면서 시간이 갈수록 자꾸 긴장되고 압박감도 든다. 자연스레 몸이 경직될 것이다. 이때 필요한 것이 한 번의 기지개인데 안타깝게도 새 옷을 입고 왔기에 그것이 불편할 뿐이다. 그래서 간호사 면접에 필요한 옷은 새 옷, 좋은 옷이 아니라 평소에 어느 정도 입어 봤던, 자유롭게 활동이 가능한 깔끔한 정장이다.

구두

작은 키를 보완하고자 7.5cm 힐의 구두를 새로 샀다고 가정해 보자. 평소 높은 구두를 신지 않는 지원자는 모의 면접에 참여할 때까지도 그 구두를 가방에 넣어 들고 다닐 것이다. 그리고 면접 당일에 평소 신지 않던 이 구두를 신을 것이다. 중요한 것은 최상의 면접 컨디션을 유지하는데 이 구두가 발목 잡는다는 것이다. 면접장까지 갈 때는 몰랐지만 막상 면접 시간이 다가오면서 뒤꿈치가 까지고 발도 부어 신경이 온통 발로 간다. 그저 빨리 끝나고 집에 가서 쉬고 싶을 뿐이다. 이것 역시 미리 준비되지 않은 예이다.

헤어스타일&메이크업

서울대학교병원 면접을 간다고 가정하자. 많은 지원자들이 헤어와 메이크업을 하러 대학로 근처의 미용실을 찾는다. 아니면 가족이나 친구의 도움을 받을 수도 있다. 물론 메이크업에 자신 있다면 직접 해도 좋다. 중요한 것은 실제 면접에 갔을 때와 똑같은 사전 테스트 과정을 거쳐야 한다는 것이다. 당일에 병원 앞 미용실에 비용을 지불하면 완벽하게 해결될 것이라는 짐작은 말자. 예약이 불가할 수도 있고, 시간이 안 될 수도 있다. 또한 면접에서 해서 안 되는 마스카라나 볼터치 등의 문제를 만들 수도 있다.

자기소개와 지원동기 스피치

사전에 준비해야 할 부분 중에 자기소개와 지원동기에 관한 스피치도 중요하다. 다들 열심히 준비하겠지만 특히 스피치를 할 때 너무 달달 외워 왔다는 느낌이 들지 않도록 주의해야 한다. 누구라도 암기하듯 말하면 영혼 없이 들리며 좋은 인상을 받지 못한다. 물론 자기소개나 지원동기는 이미 오래전부터 준비하고 외워 왔을 것이다. 그러나 단순한 암기가 아닌 내 머릿속에서 나와 생각하면서 대화하듯 구사하는 것이 그만큼 중요하다.

사전 준비가 다 되었다면 자기소개에 승부를 걸어라. 블라인드 면접에서는 자기소개 스피치가 없지만, 일반 면접에서 자기소개는 나를 가장 처음 표현하는 부분이므로 매우 중요하다. 자기소개 연습은 시간을 정해 놓고 하는 타임스피치로 연습한다. 하지만 무조건 정해진 시간만 잘 지킨다고 좋은 스피치가 되는 것은 아니다. 이 안에 일정한 순서, 즉 기승전결이 있어야 한다.

7. 긴장을 극복하는 방법

면접장에 들어가기 전, 면접이 빨리 끝났으면 좋겠다는 생각은 잠시 잊어라. 그리고 다시 강조하지만 면접관이 유독 나에게 질문을 많이 한다고 해서 이를 운이 없다고 탓하지 말자. 내게 특별한 면이 있고, 궁금한 점이 많아 질문하는 것이다. 오히려 너무 질문이 들어오지 않는 것이 문제이다. 이 면접이 내 인생의 중요한 기회이자 전환점이라는 생각을 가지고 진지하게 임해야 한다. 또한, 면접을 위해 준비했던 모든 것들을 생각하며 후회 없이 나를 최대한 어필하겠다는 마음가짐을 가져야 한다.

충분한 실전 연습

면접장에서는 누구나 긴장되고 떨린다. 다만 긴장이 너무 지나쳐서 아무 생각이 나지 않는다거나 얼굴이 빨갛게 오르고 심장박동수가 빨라지면 애써 준비한 면접을 후회 없이 보여 주기가 어렵다. 이런 경우를 대비해 실전 같은 면접 훈련을 충분히 하여 스스로 극복해내야 한다. '떨지 말자!'를 마음속으로 외치며 긴장된 마음을 추스르고, 연습했던 대로 이미지 트레이닝을 해 보자.

나만의 긍정주문

나만의 '자기긍정 주문'을 만들 수도 있다. '나는 이 병원에서 꼭 일하고 싶다.'는 오랫동안 꿈꿔 오던 병원이 있는 지원자에게 좋은 주문이다. 그동안 생각해 왔던 장면, 바로 내가 이 병원 유니폼을 입고 일하는 멋진 나의 모습을 상상해 보면서 면접에 임해 보자. '병원은 누군가를 반드시 채용하고, 나는 이 병원에 입사할 것이다.'라는 자신감 넘치는 당당한 주문도 좋다. 내가 부족함이 없고, 또 최고의 신입 간호사가 되기 위한 모든 준비와 노력을 다했다면 분명 가질 수 있는 여유 넘치는 주문이다. '여기서 이 순간만큼은 내가 최고다.' 사람은 모든 자리에서 그 역할을 다하기 위해 비교 대상을 갖지 않는 것이 낫다. 행복의 기준이 남과의 비교우위가 아닌 내 삶의 만족인 것처럼 면접에서의 이 자리는 내가 최고라는 것을 잊지 말자. 지금의 이 면접 자리는 오직나를 위해 만들어진 준비 무대이다.

부정적 감정 없애기

후회 없는 하루를 만들자. '나중에 후회하면 어쩌지?'라는 생각은 하지 말자. 그야말로 쓸데없는 걱정이다. 이런 불필요한 근심이 더 두려움을 갖게 하고 몸을 경직되게 만든다. 사람은 기본적으로 부정적인 생각을 더 하게 되어 있다. 이런 부정적인 생각을 바꾸기 위한 여러 가지 추가 주문이 있다. 미국의 저명한 심장 전문의 로버트 앨리엇(Robert S, Eliet)은 '지금 이 일은 아주작은 것에 불과하다.'라고 이야기한다. 그리고 '시간이 흐르는 대로 편하게 마음먹기'를 강조한다. 분명 부정적 감정을 없애면 겁낼 일도, 두려워할 일도 없어진다는 것이다. 나만의 긍정주문은 면접의 스트레스에서 해방되어 진정한 마음의 평화를 누릴 수 있고, 이런 마인드는 면접에서 면접관에게 그대로 전해질 것이다.

물론 긴장을 없애는 일은 매우 어렵고 연습도 끊임없이 반복해서 해야 한다. 하지만 합격에 대한 강한 의지를 갖고 최선을 다해 준비한다면 원했던 병원 취업이라는 목표를 달성할 수 있을 것이다.

진심을 다하는 스피치

마지막으로 '어떤 마음으로 어떠한 스피치를 할지' 결정하고 준비해야 한다. 면접에서 가장 필요한 스피치는 가장 인간적이며 진심을 다하는 스피치이다. 솔직하고 당당하며 본인이 얼마나 이병원에 적합한 지원자인지, 얼마나 이 병원을 원하는지 그대로 보여 주자. 하늘은 노력한 자를 배반하지 않는다.

1. 40초면 된다

면접에서 1분 자기소개는 사실상 '40초'이다. 그래서 자기소개를 흔히 '40초의 승부'라고도 한다. 일반 병원에서는 시간 제약 없이 순서대로 자기소개를 하라고 하지만 간혹 1분 자기소개나 30초 자기소개, 간략한 자기소개, 또는 자기소개와 지원동기를 한 번에 하라고 요청하는 병원도 있다. 그렇다고 자기소개를 제한 시간별로 준비할 필요는 없다. 자기소개에 제한시간을 주는 이유는 짧고 간단명료하게 하라는 것이다. 그러므로 1분 자기소개를 하라고 해서 반드시 1분을 꾸역꾸역 채울 필요는 없다. 그냥 적당한 속도로 또박또박 말하면서 40초 정도에 끝내면 된다. 사실 그것이 더 임팩트 있어 보인다. 30초 자기소개를 해야 할 경우에는 준비한 40초 스피치를 약간 빠르게 하면 된다. 말이 조금 빨라지면 시간이 짧게 느껴지며, 30초를 약간 넘기는 정도로 마무리한다면 역시 깔끔한 인상을 줄 것이다. 시간 제약에 상관없이 1분 이상 넘어가는 자기소개는 절대 하지 말자. 면접관은 하루에 수없이 많은 지원자들의 자기소개를 듣고 또 듣기 때문에 정말 다 똑같은 내용으로 들릴 것이다. 자기소개부터 길면 면접관의 입장에서는 나머지 질문을 하기에 부담될 수 있다.

2. 자기소개의 인사말

너무 들뜨면 안 되겠지만 밝고 명랑하며, 참신한 이미지를 갖게 하는 자기소개가 필요하다. 자기소개가 40초로 매우 짧은 시간이라고 해서 대충 때울 생각이라면 큰 코 다친다. 면접관들은 지원자가 입장하면서부터 헤어스타일, 옷차림, 걸음걸이나 첫 인사, 첫 눈 마주침 등으로 이미 지원자의 절반을 파악했다. 이 자기소개 속 목소리 크기나 밝기, 속도 등을 통해 나머지 절반의 점수가 결정된다고 보면 된다. 그러니 나만의 특별한 자기소개를 준비해 보자.

> • "간호계의 박지성, 지원번호 310번 임상욱입니다."
> • "열정적인 예비 간호사, 지원번호 270번 김성수입니다."
> • "3교대도 자신 있는 체력을 지닌 지원자 405번 한국대학교 김미영입니다."

자기소개는 "안녕하십니까?"로 시작한 다음 지원번호와 이름이 들어간 인사말을 이어서 한다.

닉네임

자기소개 인사말 중 가장 많이 활용되는 유형은 닉네임 인사말이다. 닉네임은 흔히 애칭 또는 별명으로 각인시키는 방법과 캐릭터를 설정하는 방법을 많이 쓴다.

> • "저는 얼굴이 둥글고 성격도 원만하다고 해서 보름달로 불리는 지원자 240번 김정심입니다."
> • "친구들 고민 상담을 잘 해 준다고 해서 카운슬러옥이라 불리는 지원번호 513번 이원옥입니다."

'며느리 삼고 싶은 예비 간호사'나 '엄마보다 더 엄마 같은' 등의 닉네임도 자주 나오는 유형이다.

> "지켜보면 볼수록 매력적인 볼매 예비 간호사, 380번 김연희입니다."

본인의 매력, 인간미가 있다는 장점을 쉽게 설명한 인사말이다. 그러나 신입 간호사 면접에서 식상한 인사말, 이미 많이 들어 봤을 만한 인사말은 오히려 마이너스가 된다. '행복 바이러스', '미소천사', '가슴에 뜨거운 열정을 가진', '환자의 마음까지 어루만져 주는' 등의 표현은 되도록 하지 말자.

인용하기

면접에서 그 다음으로 많이 활용되는 첫 인사말은 '인용하기' 인사다.

> "아이슈타인이 말하기를 성공한 사람보다 가치 있는 사람이 되라고 하였습니다. 세상에서 가장 가치 있는 일이 간호라고 믿는 지원자 229번 박명숙입니다."

참 좋은 자기소개이다. 하지만 '아인슈타인이 말하기를'이라는 인용 출처를 밝힐 필요는 없다. 면접에서의 자기소개는 글이 아니기에 듣는 사람에게 더 어필하기 위해서는 말하는 지원자가 직접 말한 것과 같은 효과를 주는 것이 더 극적이기 때문이다.

> "세상을 움직이는 것은 사람이고, 사람을 움직이는 것이 마음입니다. 그리고 마음을 움직이는 것이 웃는 얼굴입니다. 웃는 얼굴 하나는 최고로 자신 있는 지원자 422번 최병림입니다."

자신의 장점을 최대한 잘 살린 자기소개이다. 누구보다 좋은 인상을 갖고 있다면 활용 가능한 인사말이다.

> "안녕하십니까. 끈기와 성실함이 무기인 지원번호 350번 한국대학교 김성희입니다."

자기소개 구성은 다양하게 할 수 있다. 인사말 끝에 그냥 이름만 밝히는 경우, 학교명과 이름을 밝히는 경우, 지원번호와 학교, 이름을 순서대로 붙이는 경우 등이 있다. 간호사 면접의 특성상 지원자 입장에서는 어떻게든 면접관이 한 번 더 내 얼굴을 봐주고 지원번호와 이름을 들어 줄 수 있도록 해야 한다. 그런 의미에서 가장 추천하고 싶은 버전은 지원번호, 학교, 이름까지 함께 하는 인사말이다. 특히 학교명을 밝히는 것은 학교에 대한 애정과 자부심을 나타내는 표현이다.

3. 차별화된 나만의 장점

첫 인사말 다음에는 지원자의 장점 키워드와 포장 스토리 중 가장 확실하게 차별화할 수 있는 장점 한 가지를 말한다. 장점으로 공감 능력, 관찰력, 성실함 등을 추천한다. 여러 장점을 다 넣으려고 하지 말고 한두 가지 키워드만으로 어필하는 것이 더 효과가 있다. 포장 스토리를 말한 뒤에는 끝맺음을 한다. 마무리 문장에서 가장 좋은 방법은 앞서 장점으로 내세웠던 나의 특기 및 장점 키워드와 연관 지어 각오를 밝히면서 끝내는 것이다. 소통 능력이 장점이면 환자나 보호자들과 가장 친해질 수 있는, 말이 잘 통하는 간호사가 되겠다고 하고, 체력이 강점이라면 누구보다 오래 건강하게, 일하는 간호사가 되겠다고 하면 된다.

4. 나만의 포장 스토리

40초 자기소개에 들어가는 일반적인 문장 수는 5~6개이다. 인사말로 1~2문장, 스토리에 3~4 문장, 마무리 1~2문장으로 사용하는 것이 가장 무난하다. 중요한 것은 위에 내가 만든 자기소개가 다른 사람과 공유가 가능한 자기소개가 아닌, 오직 나만의 스토리로만 구성되어야 한다는 것이다.

> "안녕하십니까, 친절함과 따뜻한 미소가 매력적인 지원자 <u>김연미</u>입니다. 환자가 어떤 도움이 필요한지, 또 어떤 케어가 필요한지 말하기 전에 그들의 마음을 먼저 헤아려 힘든 병원 생활의 만족도를 200%까지 끌어 올리겠습니다. 열심히 하겠습니다. 감사합니다."

위와 같은 자기소개는 어떤가? 면접 훈련을 하면서 학생들에게 물어보면 다들 무난하다고 한다. 그러나 만약 위의 자기소개 내용을 미처 준비하지 못한 옆 친구에게 빌려준다면, 그리고 그것이 활용 가능하다면 어떤 일이 일어날까?

> "안녕하십니까, 친절함과 따뜻한 미소가 매력적인 지원자 <u>송선영</u>입니다. 환자가 어떤 도움이 필요한지, 또 어떤 케어가 필요한지 말하기 전에 그들의 마음을 먼저 헤아려 힘든 병원 생활의 만족도를 200%까지 끌어 올리겠습니다. 열심히 하겠습니다. 감사합니다."

이름만 바꾸었을 뿐인데 너무 그럴싸하다. 그렇다면 이건 사용해서는 안 되는 자기소개이다. 면접관이 원하는 자기소개는 멋지고 화려한 것이 아니라 '나만의 스토리'로 구성된 것이다. 꼭 학년 대표를 하거나 큰 프로젝트에 참가해 상을 받아야만 자기 이야기가 아니다. 어학연수를 가거나 의료 봉사 활동을 알차게 다녀왔다고 포장이 되는 것도 아니다. 장녀로서 맞벌이하는 부모님을 도와 동생들을 돌보거나 교회 주일학교 교사로 봉사를 했던 경험, 대학 입학 후 기숙사 생활을 하면서 공동체 생활에 대해 많은 공부를 했다는 것이 더 설득력 있는 자기소개일 수 있다. 다만 간호사 조직의 특성상 강한 리더십은 장점이자 단점이 될 수도 있음을 알아 두자.

5. 감사인사

간호학을 전공하면서 꼭 와 보고 싶었던 병원이나 대학시절 내내 목표로 했던 병원, 우리 지역 최고의 병원에 입사 면접을 볼 수 있어 참 행복하다는 정도의 인사를 전하는 것도 면접관을 흐뭇하게 할 수 있다. 이런 감사 인사가 통할 수 있는 것은 면접에서 이렇게 어필하는 지원자가 드물기 때문이다. 모두 자기 PR에만 집중할 때, 주변 상황을 돌아볼 수 있는 여유를 보여 주자.

- "지금도 초등학교, 중학교 친구들과 편지를 쓰고, 자주 연락하고 지내는 저야말로 인간존중과 사랑을 실천하는 ○○병원에 무척 어울리는 인재입니다. 잘 부탁드립니다."
- "3학년 때 실습 후 ○○병원에서 가장 일 해보고 싶다는 꿈을 꾸었습니다. 꼭 함께 일하고 싶습니다. 잘 부탁드립니다."

다만 "열심히 하겠습니다.", "뽑아만 주신다면 무엇이든 하겠습니다."처럼 너무 읍소하거나 진부한 표현은 하지 말자. 같은 표현이라도 어떤 악센트를 주어 말하느냐에 따라 느낌이 다르기 때문이다.

마지막으로 자기소개에 인신공격성 표현, 인물 관련 평가, 지역성, 출신학교, 집안 내력, 조상들의 이야기, 부정적인 단어, 어두운 과거 등의 언급은 되도록 피해야 한다. 면접관에게 질문을 하는 말투도 곤란하다. 불필요한 오해를 살 수 있기 때문이다.

CHAPTER 10 면접 – 어떤 간호사가 될 것인가?

'최고의 간호는 무엇입니까?'

좋은 간호사가 되겠다면 이 기본 질문에 나의 주관이 담긴 나만의 답변을 할 수 있어야 한다. 그럼에도 많은 간호학과 학생들은 '최고의 간호란 모든 개인, 가정, 지역사회를 대상으로 하여 건강의 회복, 질병 예방, 건강 유지와 증진을 직접 도와 주는 활동입니다.'라고 답한다. 지원자 개인의 소신 있는 직업 철학을 물었던 것인데 누구나 알고 있는, 혹은 간호학 교재 어디에 나와 있을 법한 사전적 정의로 답한 것이다. 참 주관적 입장이 부족하다고 할 수 있다. 면접에서 이루어지는 간호지식에 관한 질문 이외의 모든 질문은 지원자 개인의 생각과 성향대로 답해야 한다.

🔊 치트키 답변

> "제가 생각하는 최고의 간호는 환자를 매뉴얼대로 대하는 것이 아닌, 봉사와 섬김의 마음으로 환자와 보호자의 마음을 헤아려 줄 수 있는 간호입니다."

이 정도의 답변이라면 화려하진 않지만, 좋은 간호사가 되기 위해 많은 고민을 해 왔다고 볼 수 있다.

간호사는 무엇인가? 어떤 간호사가 되고 싶습니까?

이런 질문이 왔을 경우는 우선 "간호사는 어떤 직업입니다."라고 먼저 말하고, 왜 그렇게 생각하는지를 덧붙인다. 예를 들어 "간호사는 희망을 주는 직업입니다."라고 하면, 듣는 입장에서는 왜 그렇게 정의했는지 궁금할 것이다. 그럼 덧붙여서 "병원 실습을 할 때마다 많은 환자들이 병원 생활을 오래 하면서 힘들어 하고, 우울해 하는 모습을 보았습니다. 그래서 항상 환자 곁에 있는 간호사의 역할은 '열심히 치료받고, 병원 생활을 견디다 보면 곧 건강해져서 퇴원할 수 있다는 희망과 믿음을 주는 것'임을 알게 되었습니다."라고 풀어 간다면 주관적인 간호직업관과 간호철학을 말할 수 있을 것이다.

다만 답변에서 "사람들에게 희망을 주는 직업이라 생각합니다."라는 표현은 절대 금물이다. '생각한다'라는 표현은 확언이 아니기 때문이다. 간호사와 같은 전문직 면접에서는 확언을 써야 한다. 잘못 들으면 지금 인터뷰를 하는 당사자가 아닌, 타인의 생각을 대신하여 답하는 것처럼 들린다. "사람들에게 희망을 주는 직업입니다."라고 표현하는 것이 올바르다.

질문 "최근에 화가 났던 일이 있었나요?"

답변 "이것은 제 자신에게 화가 났던 일입니다. 오랜만에 동창모임이 있던 날 술을 많이 마시게 되었습니다. 집으로 돌아오는 지하철 안에서 깜빡 잠이 들었는데 종점까지 가게 되었습니다. 어렵게 택시를 탑아 타서 집으로 돌아온 적이 있습니다."

여기까지가 일반적인 답변일 수 있다. 하지만 어떤 사건이나 상황을 겪고 나면 거기에 대한 자기 성찰과 반성, 또 다른 노력이 있다면 병원이 꼭 뽑고 싶은 인재가 될 것이다.

치트키 답변

"하지만 그 덕분에 모르는 누군가에게 부탁할 수 있는 방법을 알게 되었습니다. 이런 경험으로 병원에서 간호사 업무에 꼭 필요한 자신감 있는 커뮤니케이션을 할 수 있을 것입니다."

모르는 질문이나 생각지도 않았던 질문을 받았을 때, '아, 이제 떨어졌구나.'라며 지레 포기하거나 면접자에게 그냥 무작정 모른다고 하지 말자. 물론 면접에서 최후의 답변 방법은 솔직함이다. 하지만 더 좋은 인상을 남기려면 이 어려움을 순간적으로 극복할 수 있는 위기대처 능력을 보여야 한다. 질문에 대한 답변을 모르는 게 아니라 생각나지 않아서 답변을 못하는 상황으로 바꾸어야 한다. 면접관에게 생각할 시간을 요청하고 답하는 방법도 있다. 정말 모르는 질문이라면 부족하지만 입사해서 열심히 공부하겠다고 대답해야 한다. 그게 내가 그토록 오고 싶던 병원의 면접에 임하는 자세이다.

기본적인 간호 지식의 경우 답변을 못하면 감점될 수 있으니 면접 전에 철저히 준비해야 한다. 만약 답변 중에 문제가 있다고 느낀다면 그 순간 바로 양해를 구하고, 답변을 수정해 나가는 자신감도 필요하다. 이때 가장 중요한 것은 어려움을 극복해가는 과정이다. 얼굴색이 변하거나, 표정이 일그러지면 안 된다. 살다 보면, 또 병원 일을 하다 보면 있을 수 없는 상황이나 말도 안 되는 상황이 종종 일어나는데, 이 상황을 어떻게 슬기롭게 대처해 나갈지를 이 대목에서 평가할 수 있다.

창의적이거나 재치 있는 답변을 원하는 질문들도 유형은 모두 비슷하다. 다만 주제만 다를 뿐이므로 답변 유형 몇 가지만 반복 연습하다 보면 어렵지 않게 대처해 나갈 수 있다. 면접관들은 최고가 아닌, 가장 열심히 준비한 답변을 원하기 때문이다. PART 5에서는 대학병원의 간호직무

면접 기출 문제와 인성 기출 질문을 풀어냈다. 물론 병원 분위기나 면접관 취향에 따라 같은 답변도 점수가 전혀 다르게 나올 수도 있지만 최소한의 호불호로 무난하게 평가받을 수 있도록 준비했으니 꼭 참고해 보자.

일반 직종에 비해 간호사 면접에서는 황당한 질문은 거의 하지 않는다. "당신을 색상으로 비교한다면 어떤 색인가요?" 정도의 질문이 나온다. 일반 직종의 경우 "이 면접장을 모두 탁구공으로 채운다면 몇 개가 필요할까요?" 또는 "지금 미국의 주유소 숫자는 몇 개입니까?"라든지 "당신의 가족이 갑자기 이민을 떠난다고 한다면 당신은 어떻게 하겠습니까?"와 같은 정확한 답이 아닌 개인의 개성과 신념, 혹은 재치와 순발력을 테스트하기 위한 질문들을 많이 한다. 이런 질문이 적은 이유는 간호사라는 전문인으로서 그 영역에 관한 지식을 우선하며, 인간의 생명을 다루는 의료 전문인으로서의 가치관이나 윤리의식 등을 더 중요하게 여기기 때문이다.

그러나 최근 대학병원 면접에서 위기 대처 능력을 시험하기 위한 질문들을 많이 시도하고 있고, 압박 면접처럼 답하기 난처한 질문들도 많이 하고 있다. 삼성서울병원이나 서울아산병원과 같은 기업병원일수록 더 그렇다. 하지만 중요한 것은 의료인이라면 가져야 하는 위기 대처 능력이다. 간호사는 현장에서 응급상황이나 위기상황이 특히 많은 직종이다. 그렇기에 어떤 상황에서도 긴장하지 않고 지혜롭게 잘 대처할 수 있는 자신감을 보여 주어야 한다. 질문이 어렵다고 얼굴색이 변하고 표정이 어두워진다면 면접관이 뽑아주겠는가? 그래서 간호사 면접에서는 처음부터 끝까지 웃는 얼굴, 여유 있는 표정, 자신감 넘치는 시선처리를 해야 한다. 간호사는 최고의 전문직이다.

'간호사로서 나는 누구인가?', '나의 존재 이유는 무엇인가?'

희로애락과 생사의 갈림길이 공존하는 간호 현장에서 30여 년간 근무하면서 제 삶의 방향성을 향한 이 두 물음은 저를 떠나지 않았습니다. 제가 내린 답은 '간호란 모든 학문적 정의를 뛰어넘어 아무나 할 수 없는 매우 숭고하고 아름다운 일'이라는 겁니다. 일반적으로 사람들은 자신을 성장하도록 도와준 사람, 아프고 힘들 때 곁에 있어 준 이들을 오래도록 기억하고 그들을 향해 감사한 마음을 갖는다고 합니다. 이 땅의 모든 간호사님들은 수많은 환자와 보호자, 그리고 동료 의료진들의 마음에 '감사함과 고마움'이란 값진 수를 놓아가고 있습니다. 간호사는 환자를 위한 희생과 봉사를 뛰어넘어 전 인류를 살리는 전문가적 리더 그룹으로 발전, 성장하고 있습니다. 그 현장에 아름답게 빛을 낼 준비가 되어 있는 새로운 여러분을 응원합니다. 우리는 아름다운 간호사입니다.

화순 전남대학교병원 간호부장

주 덕

우리 후배 간호사님들,

1997년부터의 병원 생활 26년 중 신생아실, 응급센터, 외래 주사실, 병동 등 임상 16년, 기획팀, 적정진료지원팀 등 행정 10년을 보내며 다양한 경험을 쌓았습니다. 그러면서 우리 후배 간호사님들에게 해주고 싶은 말이 있더군요. 2017년도 노벨경제학상 수상자인 리처드 탈러의 저서 『넛지(NUDGE)』를 읽어보기를 바랍니다. 강요하지 않고 유연하고 부드럽게 개입함으로써 선택을 유도하는, 똑똑한 선택을 이끄는 힘을 말합니다. 간호사는 모든 부문에서 넛지 효과를 유도할 수 있습니다. 우리의 작은 변화가 세상을 변화시키듯이 자연스러운 상황을 통해 우리가 누군가의 넛지가 되어 올바른 선택을 할 수 있도록 이끌어 줄 수 있다면 더 이상 어떤 말도 필요 없으리라 생각합니다. 항상 잊지 마세요. 미래를 향해 앞으로 나아가는 여러분들이 되기를 늘 기원합니다. 파이팅!

한림대학교 한강성심병원 적정진료지원팀장

이 장 현

MEMO

PART 2

지원서

CHAPTER 1 지원서 작성법

채용공고를 애타게 기다렸지만 막상 공고가 뜨면 지원서는 어떻게 채우고 자기소개서는 어떻게 써야 할지 막막할 것이다. 보통 서류 전형에는 지원서, 자기소개서, 추천서, 자격증 등이 필요하다. 여기에 졸업예정증명서, 성적증명서, 장학금 확인서, 외국어 점수, 상장 사본 등을 미리 준비해 둬야 한다. 이외에 병원에서 주는 개인정보동의서, 공정채용확인서, 성범죄 및 아동학대 관련 범죄전력 동의서, 신원진술서 등이 있다.

1. 지원서 작성 시 흔히 하는 실수

✔ 자격증 명칭 오류
✔ 외국어 점수 및 자격증 취득일을 정확하게 적지 못함
✔ 봉사활동 확인증이 준비되지 않음

지원서 작성 시 가장 많이 하는 실수는 바로 자격증 표기 오류와 증빙서류 미제출이다. 이런 실수의 원인은 미리 준비하지 않았다는 데 있다. 짧은 접수 기간 동안 급하게 하려다가 실수하는 것이다. 큰 실수는 아니지만 병원의 입장에서는 성의가 부족한 서류로 보인다. 미리미리 준비하고 정확하게 기입하자.

직무와 관련 없는 자격증과 취미

모든 제출서류는 지원하는 병원의 '간호사가 되기 위한 나의 정보'이다. 가끔 지원서에 간호사 직무와는 관련성이 부족한 드론 조정 자격증이나 운전면허증을 기입하거나 요리하기, 반려견과 산책하기 등을 취미로 적는 학생들을 심심찮게 볼 수 있다. 병원 입장에서 간호사 직무의 성격과 상관없이 쓴 그런 지원자를 환영할 리 없다.

2. 병원이 진짜 원하는 간호사

20개 대학병원의 현직 간호사들이 말하는 최고의 신입 간호사 조건은 바로 눈치 있고 싹싹한 간호사이다. 아래의 설문조사 결과를 보자.

우리 부서의 신입 간호사로 희망하는 첫째 조건	1위 (34%)	2위 (23%)	3위 (17%)	4위 (15%)	5위 (11%)
	눈치 있고 싹싹하게 반응	누구나 원활한 소통	부지런히 배우려는 의지	인사 잘하고 예의 있는	모든 것에 적극적인

누구와도 원활하게 소통을 할 수 있는 지원자(2위)나 인사 잘하고 예의 있는 신입(4위)이라는 것은 면접에서 충분히 보여 줄 수 있을 것이다. 다만 모든 것에 적극적인 성향을 가진 지원자(5위)라는 것은 바로 지원서에서 보여 줄 수 있다. 같은 양식의 지원서에 A지원자는 상벌사항이나 교내활동, 동아리, 경력사항, 자격증 칸에 군데군데 빈칸이 있고, B지원자는 단 하나의 빈칸 없이 가득 채웠다고 가정하자. 여러분이 평가자라면 누구에게 더 점수를 주겠는가? 아마도 적힌 내용을 떠나 학교를 다니는 동안 이것저것 참 많은 활동을 열심히 했다는 칭찬의 의미에서라도 좋게 평가하지 않을까? 그래서 지원서를 쓸 때는 주어진 칸을 꽉꽉 채우면서 완성도를 높여야 한다.

그럼 지금부터 실제 2021년에 사용된 주요 병원의 지원서를 통해 작성방법에 대해 공부해 보도록 하자.

CHAPTER 2 — 병원별 지원서 작성 가이드

이 책에서 살펴보고자 하는 상급병원 지원서 양식은 총 6개이다. 더 많은 병원 지원서가 필요 없을 정도로 병원마다 기본적으로 비슷한 포맷의 지원서를 갖고 있다. 항목마다 작성하는 방법과 주의해야 할 사항들을 꼼꼼하게 달아 놓았으니 잘 이해하기 바란다. 서울아산병원과 서울성모병원, 삼성서울병원과 고려대학교의료원, 세브란스병원과 부산대학교병원 순으로 정리하였다.

1. 서울아산병원

기본사항

지원서 첫 페이지의 일반사항이다. 사진은 JPG 파일로만 업로드하도록 되어 있다. 사진의 경우 입사서류에 넣도록 하는 병원과 넣지 않도록 하는 병원의 비율이 6:4 정도이다. 일단 블라인드 채용을 하는 병원의 경우 사진 올리는 칸을 없앴고, 삼성서울병원 등도 5~6년 전부터 사진 등록을 없앴다. 사진을 올릴 때는 대게 사진관이나 스튜디오에서 촬영하게 되는데 그 비용이 천차만별이다. 필자가 지도하는 학생들에게 물으니 13,000원부터 140,000원까지 차이가 났다. 실제 사진이 크게 중요하게 작용하는 것은 아니니 큰 비용을 쓰지는 말기를 바라며, 사진 촬영 시 중요한 것은 메이크업보다는 헤어라고 한다. 메이크업은 포토샵 작업을 하면 어느 정도 보완이 가능하지만 헤어스타일의 경우는 표가 날 수 있기에 미리 단정하게 세팅해 오는 것이 중요하다.

일반사항

① 거주지 주소

거주지 주소는 현재 본인이 거주하고 있는 주소를 묻는 것이다. 주민등록상 주소에 상관없이 현재 거주 중인 주소로 적는 것이 좋다. 질문 옆에 별표가 체크되어 있는 사항들은 필수 답변을 요하는 사항들로 답을 체크하지 않으면 접수가 되지 않으니 꼼꼼하게 기입해야 한다.

서울아산병원은 기업병원이다. 기업병원은 재정이 탄탄하고, 좋은 복지 혜택과 높은 연봉 등 좋은 점이 많지만 가장 큰 장점은 자대 학교가 없어서 누구나 출신학교에 상관없이 능력을 인정받으면 승진하고 발전할 수 있다는 점이다. 또한 기업병원은 종교에 관계가 없다. 종교 체크를 할 때 일부러 무교를 선택할 필요는 없다. 참고로 대학병원 중 70% 이상은 가톨릭이나 기독 타이틀이 없어도 종교 계열인 경우가 많다.

서울아산병원 일반사항 중 취미와 특기, 희망부서 작성칸을 보자. 이 세 가지 항목이 있는 다른 병원의 지원서를 쓸 때에도 다음의 작성법을 참고하면 된다.

② 취미

취미는 시간적 여유가 있을 때 무엇을 하며 보내는지를 알고자 하는 건데 분명한 취미가 있다면 적어도 좋다. 다만 면접 때 이와 관련해 질문이 들어온다면 그 취미가 지원 병원의 간호사로 일하는 데 어떻게 도움이 되는지를 설명할 수 있어야 한다. 직접 연관지어 설명하기 어렵다면 적지 않는 게 낫다.

그럼 취미에 꼭 적어야 하는 것은 무엇일까? 바로 '운동'이다. 간호학과 4학년 학생들이 취업 준비 시 역량 있는 간호사로 준비되었다며 어필하는 장점은 보통 건강함 및 좋은 체력, 긍정적 마인드, 성실함, 꼼꼼함, 끈기, 적응력, 대처능력, 관찰력, 웃는 얼굴 등이다. 병원이 신입 간호사를 선발할 때 가장 중요하게 생각하는 것은 '얼마나 오랫동안 성실하게 일할 수 있는지'이다. 따라서 지원자는 체력이 좋고 건강하다는 점을 적극적으로 알릴 필요가 있다. 그런 의미에서 자연스럽게 평소에 체력 관리를 하고 있다고 어필하기 위해 운동과 관련한 취미를 적어야 하는 것이다. 다만 그냥 '운동하기'를 적으라는 것이 아니고, 등산이나 자전거, 요가 등으로 구체적인 종목을 적는 게 좋다. 여기에 패러글라이딩이나 스쿠버 다이빙과 같은 너무 튀거나 동 떨어지는 운동은 적지 않도록 하자.

③ 특기

대학병원에서 실습을 하면서 선배 간호사들이 많은 시간을 컴퓨터에 앉아 보내는 것을 보았을 것이다. 병동의 교육자료를 만들거나 발표자료를 만드는 것은 저년차 간호사들의 몫이다. 그렇다면 특기에 컴퓨터와 관련하여 적으면 어떨까? 병동이든 외래든 당장의 쓸모를 더한 빛나는 지원서가 될 것이다. PPT나 교육자료 만들기, 동영상 편집 등 무엇이든 좋다. 다만 적긴 하는데 능력이 아직은 부족하다면 '미리 쓰고, 면접 전까지 열심히 배워 두는' 작전이 필요하다. 학생들은 공부하기 위해 늘 컴퓨터를 사용해 왔으니 하루 이틀 친구나 동영상 강의 등의 도움을 받는다면 어느 정도 익숙하게 할 수 있을 것이다.

④ 희망부서

희망부서는 우선 1순위와 2순위를 통일성 있게 써야 한다. 1순위는 ICU, 2순위는 외과라고 적지 말자. 또한 비슷한 계열로도 적지 말자. 예를 들어 1순위 호흡계 중환자실, 2순위 내과 중환자실이라고 적게 되면 이 지원자는 서울아산병원에서 일하고 싶은 게 아니라 중환자실에서 일하고 싶은 지원자라는 느낌을 주니 조금은 부정적으로 인식될 수 있다.

어학점수

교육/실습경력

구분	기간	기관명	지우기
선택	🗓 - 🗓		지우기
			행추가

영어/제2외국어

구분	점수 또는 등급	응시일	시험기간	지우기
선택	점수 등급 선택	🗓	🗓	지우기
				행추가

해외거주

국가명	체류목적	체류기간	지우기
선택	선택	🗓 - 🗓	지우기
			행추가

서울아산병원에 지원하기 위해서는 토익 600점 이상 또는 이에 준하는 공인어학점수(TEPS 482, TOEFL 68)가 있어야 한다. 영어 및 제2외국어 칸을 채울 때에는 증명이 가능한 정확한 점수를 기재하고, 공인 어학증명서 원본을 지원 시 제출하는데, 만 2년 이내에 취득한 점수여야 한다.

수상경력

수상경력

기관명	수상내역	수상일자	지우기
		📅	지우기

행추가

병역사항

역종	군별	계급	복무기간
선택 ▽	선택 ▽	선택 ▽	📅 - 📅

※ 복무중인 경우 전역예정일을 기입하여 주십시오.

임서저장   저장 후 다음단계

수상경력은 언제 어느 기관에서 주관하는 어떤 내용의 상을 받았는지를 상세하게 작성하는데 무엇을 기준으로 잡아 작성해야 하는지 헷갈릴 수 있다. 지원서를 작성할 때에는 무조건 중요하게 나를 알릴 수 있는 우선순위로 기재하면 된다. 예를 들어 장려상보다는 최우수상을, 교내 공모전보다는 대외 활동에서 인지도 있는 중요기관에서 받은 상이 더 효과적으로 보여 줄 수 있는 상벌 내용이라고 할 수 있다. 수상경력에 마땅히 적을 것이 없는 경우, 지원서에 장학금 받은 내역을 따로 묻는 경우가 아니라면 국가장학금 외에 장학금을 받은 내역을 적어도 된다. 우리가 받은 장학금도 일정 이상의 기준에 맞추어 받는 상벌사항이기 때문이다.

학력사항

초중고등학교 아래 있는 세 개의 대학 학력사항은 세월의 순서대로 기졸업이나 중퇴를 했던 대학이 있다면 먼저 작성하도록 한다. 그리고 현재 졸업 예정인 학교를 적고, 혹시 대학원에 재학 중이거나 졸업 예정이라면 그 부분까지 작성하도록 한다. 다만 대학원에 재학 중이며 대학병원 취업을 원하는 경우 현재 재학 중임을 밝히는 것이 신규 간호사 선발경쟁에서 유리해 보이지는 않으니 본인이 잘 생각해서 선택하길 바란다.

학력사항

구분	기간	학교명	전공/복수전공	소재지	입학구분	졸업구분	학위구분	지우기
초등학교	－			선택 ▾	선택 ▾	선택 ▾		
중학교	－			선택 ▾	선택 ▾	선택 ▾		
고등학교	－			선택 ▾	선택 ▾	선택 ▾		
선택 ▾	－	검색	검색/검색	선택 ▾	선택 ▾	선택 ▾	선택 ▾	지우기
선택 ▾	－	검색	검색/검색	선택 ▾	선택 ▾	선택 ▾	선택 ▾	지우기
선택 ▾	－	검색	검색/검색	선택 ▾	선택 ▾	선택 ▾	선택 ▾	지우기

성적

대학성적

1학년		2학년		3학년		4학년	
1학기	2학기	1학기	2학기	1학기	2학기	1학기	2학기
/4.5 ▾	/4.5 ▾	/4.5 ▾	/4.5 ▾	/4.5 ▾	/4.5 ▾	/4.5 ▾	/4.5 ▾

평균평점	석차
/4.5 ▾	/

편입성적

1학년		2학년		3학년		4학년	
1학기	2학기	1학기	2학기	1학기	2학기	1학기	2학기
/4.5 ▾	/4.5 ▾	/4.5 ▾	/4.5 ▾	/4.5 ▾	/4.5 ▾	/4.5 ▾	/4.5 ▾

평균평점	석차
/4.5 ▾	/

성적 기입 칸에는 각 학년과 학기별로 총점과 학점을 적고, 그 아래 평균 평점과 석차를 기록한다. 대학병원 지원서의 경우 이렇게 학기별로 학점을 기록해야 하는 지원서와 6학기 학점을 평균으로 한 번만 기록하는 지원서가 있는데, 서울아산병원과 같이 한 학기씩 기록한다는 것은 6학기 동안 어떤 성적 그래프를 그렸는가를 보기 위함이다.

병원에서 볼 때 가장 이상적인 6학기 성적 그래프는 무난한 중상급의 점수를 유지한 경우이다. 예를 들어 평균 학점이 3.8이라면 6학기 내내 그 정도를 유지한 것을 가장 좋게 평가한다. 다음은 낮은 점수에서 꾸준하게 발전한 경우이다. 처음 1학년 1학기에서 3.0으로 출발하여, 2학년 때는 3.6, 3학년 들어 4.2, 그래서 평균이 3.8을 나타낸다면 간호학과 적응이나 자기 직업에 대한 적응을 잘 하고 있다고 평가받는다.

그렇다면 가장 안 좋은 평가를 받는 성적 그래프는 어떤 것일까? 그것은 높은 점수에서 점점 떨어지는 그래프가 아닌, 들쑥날쑥한 그래프다. 병원 입장에서는 오랫동안 성실하게 일할 지원자를 골라내고 싶다. 그런 의미에서 굴곡이 심한 성적 그래프를 갖고 있는 학생이라면 당연히 불리하게 작용할 것이다.

자격사항

종류	취득일자	면허, 자격번호	발행지	지우기
검색	📅			지우기

행추가

경력사항(과거순)

근무기관	고용구분	기간	근무부서	직위	지우기
	선택 ▼	📅 - 📅			지우기

행추가

가족사항

관계	성명	생년월일	동거여부	지우기
선택 ▼		📅	선택 ▼	지우기
선택 ▼		📅	선택 ▼	지우기
선택 ▼		📅	선택 ▼	지우기
선택 ▼		📅	선택 ▼	지우기
선택 ▼		📅	선택 ▼	지우기

※ 본인은 제외하고 입력해 주세요.

자격사항

자격사항의 칸 수가 정해져 있고 기입할 것이 그 이상으로 많다면 간호사 직무와 관련성이 높은 자격증부터 작성해야 한다. 다만 BLS는 자격증이 아닌 수료증이라 자격사항에 적는 게 맞는지 묻는 경우가 많은데, 보통 자격사항 칸에 기입해도 무방하다. 역시 상세하게 취득일자와 면허, 자격번호, 발행처를 정확하게 적어야 하고, 서류 제출 시 확인에 문제가 없어야 한다.

경력사항

경력사항에는 보통 해외에 다녀왔던 경험이나 교육 수료 사항, 특별한 봉사활동 경험, 국토대장정 완주 등 다양한 것들을 적게 된다. 또한 상벌사항에 기입하지는 못했던 공모전 참여, 대회 참가 등도 경력사항에 적을 수 있다. 다만 서울아산병원은 과거순이라고 명시되어 있다. 적고자 하는 경력사항들이 정리되면 기간에 따라 순서대로 기입하라는 의미이다. 또한 가끔은 초중고 등학교 시절의 경험을 적는 학생도 있는데 대한민국 모든 대학병원의 지원서는 아주 특별한 사항이 아닌 경우 무조건 최종학교 중심으로 적어야 한다.

가족사항

가족사항에는 직계 가족을 적는다. 다만 정해진 룰은 없으니 지원자의 판단으로 결혼한 형제나 이혼한 부모 등의 경우 적어도 되고 빼도 된다. 하지만 빼는 것보다는 넣는 것이 유리하다고 본다. 부모의 경우 순탄하게 이어진 가정생활은 더 성격이 원만하다고 볼 것이며, 형제가 많다면 배려하고 협력하는 사회생활이나 소통 능력에 장점이 있을 것이라고 판단하기 때문이다.

2. 가톨릭대학교 서울성모병원

인적사항

인적사항에는 국문 이름과 영문 이름을 적는 칸이 있다. 예전에는 한자로도 적게 되어 있었으나 지금은 사라졌다.

사진을 등록할 때는 이미지 사진은 금지한다고 명시되어 있다. 포토샵으로 작업을 많이 또는 표나게는 하지 말라는 의미이다. 지원서 속 사진의 얼굴과 실제 면접에서의 얼굴이 달라 좋지 않은 인상을 줄 수도 있기 때문이다.

인적사항에 지원자의 휴대폰 번호 외에 병원에서 급하게 찾는데 휴대폰 연결이 안 될 때를 대비해 응급연락망을 기입한다. 보통은 부모님 휴대폰 번호를 기록한다.

취미와 특기는 앞에서 언급한 바와 같이 간호사 직무와 관련된 것으로 적도록 한다. 내가 적은 취미가 '캘리그라피'인데 면접에서 이와 관련된 질문이 들어온다면 단순히 글씨를 정성들여 쓰면서 집중력도 기르고 스트레스도 푼다는 식으로 얘기해서는 안 된다. 어떻게든 간호사 직무와 연관 지어 말해야 한다. 환자가 힘들어 할 때나 위로가 필요해 보일 때 필요한 격려 문구를 개발해서 직접 예쁜 글씨를 선물하며 응원하겠다고 답하면 아주 훌륭한 취미나 특기로 인정될 것이다.

'피아노'가 특기인 지원자는 병원 행사나 환자를 위한 힐링의 시간이 마련된다면 자원해서 피아노 연주를 선물하고 싶다고 말해 보자. 내가 이것저것 많은 것을 할 수 있는 능력자임을 잘 어필해야 한다.

기본정보

기본정보를 보면 응급연락망과 주민등록지, 현주소에 별 표시가 되어 있다. 무조건 기입하라는 의미이다. 하지만 취미나 특기, 종교나 소속 교회, 세례명에는 별 표시가 없다. 해당되는 지원자만 기입하라는 것이다. 하지만 지원서 평가의 핵심은 얼마나 열심히 적극적으로 학교생활을 했는지이다. 그렇기에 취미나 특기, 종교와 소속 교회 등은 작성하는 것이 더 바람직하다.

보훈 · 병역사항

보훈사항과 병역사항, 기타 장애여부 등은 해당되는 지원자에 한하여 정확하게 작성한다.

학력사항

학력사항을 기재할 때는 졸업과 졸업예정으로 구분된다. 정확하게 졸업예정으로 체크해야 하며, 서울성모병원의 경력사항은 정확한 업무에 한하여 작성하도록 되어 있다. 주요 봉사활동이나 아르바이트, 인턴십 활동 등 간호업무와 직간접적으로 관련된, 설명할 수 있는 업무로만 작성하도록 해야 한다. 또한 서울아산병원과 마찬가지로 대학입학 후 과거에서부터 날짜 순서대로 기재하여 평가자의 이해를 돕도록 하고 있다.

경력사항 및 자격면허

서울성모병원 지원서의 경우 자격면허 기입과 교육연수 기입 칸을 구별하고 있다. 자격면허는 돋보기로 조회해서 BLS부터 간호술기, 컴퓨터 관련, 각종 민간자격을 기입할 수 있고 조회불가의 자격증인 경우 기타를 입력하여 상세 입력을 하면 된다. 작성 시에는 간호직무와 연관성이 큰 것부터 순서대로 기입하여 일의 순서를 아는 센스 있는 지원자임을 보여 주자.

외국어 및 교육연수

자격증과 다르게 교육연수에 넣는 내용들은 지원자의 자기계발 의지와 부지런함을 보여 주기도
한다. 적극적인 교내 및 대외활동은 결국 간호사가 되고 나서도 얼마나 자기계발을 열심히 할
것인지를 보여 주는 과거 척도이기에 간호대학 입학부터 학교에서 주최한 교육 프로그램, 혹은
단 하루 몇 시간의 교육이라도 내가 증명할 만한 서류(이수증, 수료증)가 있다면 모두 기입한다.

3. 삼성서울병원

삼성서울병원의 2021년 지원서를 살펴보자. 삼성서울병원은 서류접수 후 직무적합성평가와 필
기전형(GSAT) 시험이 있다. 보통 이 시험에서 거의 탈락하게 되는데 그래서 '삼성고사'라고 불
린다. 그 다음으로 1차 면접과 2차 면접이 이루어지는데 최종 합격자의 세 배수 면접과 두 배수
면접으로 생각하면 된다.

지원구분 및 희망부서

위의 지원 구분은 간호직 공통이다. 희망부서는 3지망까지 적을 수 있는데 부서는 병원 홈페이
지에 있는 조직도를 보고 적어야 한다. 기본적으로 지원하고자 하는 병원의 정보를 알기 위해
홈페이지를 확인하는데 여기서 비전, 미션, 인재상 확인 다음으로 중요한 것이 '진료부서 및 조
직도'이다. 예를 들어 어떤 지원자의 1지망이 '정신과'일 경우, 삼성서울병원의 진료과를 검색해
보면 '정신과'는 없고 '정신건강의학과'가 있다. 이를 정확하게 확인하고 '정신건강의학과'라고 적

어야 한다. 이 정도는 찾아 보고 확인하여 기입하는 것이 지원하는 병원에 대한 예의이다.

희망부서를 적을 때 합격하면 지금 적는 희망부서로 보내 줄 것인지, 합격하기 위해서는 지금 적는 희망부서가 연관성이 있는지가 궁금할 것이다. 우선 특별히 실수한 경우가 아니면 희망부서를 잘 썼다고 합격 여부가 달라지지는 않는다. 다만 근무처 배치에 참고사항으로 작용할 것이다. 이는 병원의 입장에서 신규의 병원 적응을 돕고 본인의 장점과 성향에 잘 맞는 부서로 간호사 생활을 시작할 수 있도록 하기 위한 배려이다.

개인이력사항

삼성서울병원은 사진을 넣지 않는다. 비상연락처는 앞의 서울성모병원 지원서에서 언급한 것처럼 하면 된다. 이메일 주소를 적을 때 지원자의 생년이 들어간 아이디의 이메일은 병원 취업에서는 사용하지 말자. 블라인드 채용이 많아지면서 서류에서 불합격할 수 있는 중요 금지사항 중하나가 나이를 가늠할 수 있는 이메일 주소이다.

동아리 활동 칸은 무조건 적어야 한다. 당연히 삼성서울병원의 간호사가 되기 위해 도움이 될만한 동아리로 적어야 하며, 먼저 동아리명을 적고 괄호 안에 동아리 성격을 적는다. 어떤 지원자는 동아리명만 적기도 하는데, 예를 들어 동아리 활동 칸에 '물레방아'가 적혀 있다면 평가자의 입장에서 어떤 동아리인지 감이 오지 않고 읽는 사람을 배려하지 않는다고 부정적으로 평가할 수 있다. '물레방아(간호학과 봉사)'까지 기입해야 제대로 평가받을 수 있다.

그렇다면 삼성서울병원은 왜 동아리 활동 칸을 만들었을까? 우리 병원은 동아리 활동을 열심히 한 사람을 선호한다는 의미일 것이다. 최근 병원들은 개인의 역량이나 아이디어가 뛰어난 지원자보다는 단체 활동이나 공동체 활동의 경험과 성과를 많이 냈던 지원자를 선호하는 경향을 보이고 있다. 간호는 팀워크가 뒷받침 되어야 하는 공동의 작업이다. 그렇기에 협력과 배려의 능력이 뛰어난 '조직원'인 간호사를 선발하기를 원한다.

특별히 동아리 활동 경험이 없다면 '활동 없음'이라고 적으면 될까? 절대 안 된다. 정말 삼성서울병원의 간호사가 되고 싶다면 동아리 활동에는 간호학과를 다니는 동안 팀을 만들어서 해 왔던 각 과목의 조별활동 중 하나를 기입하는 것은 어떨까? 동아리 활동을 해석하자면 '삼성서울병원의 간호사가 되기 위해 했던 동아리 경험이 무엇인가?'라고 묻는 것이다. 예를 들어 정신간호학 수업 중 조별 활동으로 논문 5편에 대한 연구로 마지막에 공통점과 유의점을 발표했던 경험을 말하고 싶다면, 당시의 조 이름인 '불사조(정신간호 연구)'라고 적으면 되고, 만약 면접에서 이와 관련한 질문이 들어올 것을 대비해 '언제 어떤 과정을 통해 어떤 공부가 되었고, 어떤 결과를 얻었다. 그리고 이 경험이 앞으로 삼성서울병원 간호사로 일하는 데 어떤 도움이 될 것이다.' 까지 답변을 준비해야 한다.

학력사항

삼성서울병원의 학력사항은 먼저 언급한 병원들과 다르게 고등학교부터 기재하게 되어 있다. 또한 대학교도 최종학교만 쓰면 된다. 학점도 6학기(1학년 1학기부터 3학년 2학기) 평균 점수만 기입한다. 다만 졸업한 취업준비생은 4년의 성적이 전부 들어가므로 끝까지 성적 관리에 힘써야 한다.

경력사항

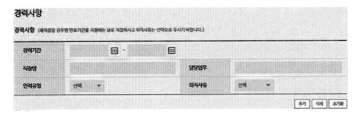

경력사항도 정식 업무를 본 내용만 해당한다. 정규직은 아니라도 간호사 업무와 관련하여 설명할 수 있는 경력이 있다면 기재하고 해당되지 않으면 비워도 된다. 아래는 편입생이나 석사 졸업, 박사 졸업을 위한 내용이다. 해당되지 않으면 기입하지 않고 넘어간다.

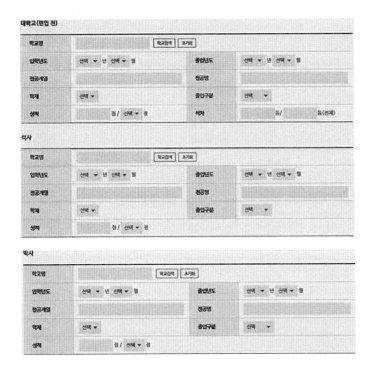

외국어

TEST명	취득점수	취득일자
선택		
선택		
선택		
선택		
선택		

외국어의 경우 최대 다섯 칸까지 기입할 수 있다. 삼성서울병원은 공인 영어 성적 중 1개 이상의 유효한 성적을 보유한 사람만이 지원할 수 있는데 성적 커트라인은 TOEIC 620점, TOEFL 65점, TEPS 283점, 토익스피킹 LV 5 이상, OPIC IL 이상이다. 특별한 점은 영어 점수가 없어도 제2외국어 점수가 있으면 서류접수가 가능한 것이다. 중국어, 일어, 러시아어, 아랍어 이렇게 4개 국어의 공인 어학 점수를 보유하면 지원 자격이 된다.

자격/면허사항

자격과 면허사항은 최대 5칸까지 작성할 수 있다. 가장 완성도 높은 지원서는 5칸을 다 채운 지원서일 것이다. 만약 정말 적을 것이 없다면 더 늦기 전에 온라인 강의로 취득할 수 있는 병원 관련 민간 자격증이라도 취득하길 바란다. 병원 서비스 과정이나 병원 코디네이터, 병원 커뮤니케이션, 병원 웃음치료, 진료상담 교육 등이 있다. 또한 간호사 직무와 관련성 우선순위로 적는 것도 잊지 말자.

해외연수 및 수상경력

해외연수의 경우 따로 카테고리가 지정되어 있다. 해외에서 공부했던 경험을 높이 산다는 의미이다. 봉사활동이나 어학연수, 인턴십이나 교환학생 등 놀러 간 것 빼고는 다 적을 수 있다. 다만 여기서 가산점을 받으려면 증빙이 가능해야 한다. 날짜, 지역, 활동 내용이 나와 있는 수료증이나 이수증과 같은 증빙서류를 미리 준비하자.

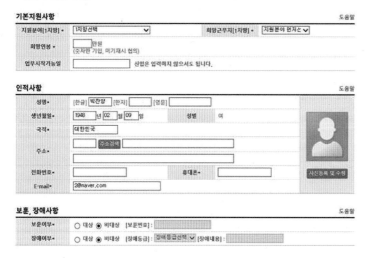

4. 고려대학교의료원

고려대학교의료원은 2023년의 채용전형을 살펴보면 서류 접수 후 인적성검사를 시행했고, 면접을 두 차례 치러 합격자를 선발했다. 9월 중순에 접수를 시작해서 11월 말에 합격자를 통보하니 말 그대로 석 달에 걸친 대장정이다.

기본 지원사항

고대의료원도 사진은 입력하지 않는다. 희망근무지는 3개 병원 중 근무하고 싶은 곳으로 정하면 된다. 병원 규모는 서울에 있는 안암병원 본원과 구로병원은 모두 1,000병상 이상의 대형이며, 안산병원은 그보다 조금 작은 규모이다.

희망연봉에 난감해 하는 경우가 많다. 너무 적게 적기도 어렵고, 많이 적자니 건방져 보일까봐 주저된다. 중요한 것은 고대의료원 신규 간호사의 초봉이 얼마인지 모르니 더 어렵다. 받고 싶은 연봉이 있으면 적어도 좋고, 그냥 비워 놔도 된다. 5,000만 원 정도 적으면 적당한 자신감을 보이는 태도라서 긍정적인 이미지를 줄 수 있다고 판단된다.

자격사항

고대의료원의 자격사항은 병원 내 인정되는 약 15개의 자격 발행처 기관 중에 검색되는 자격증만을 기입할 수 있다. 특히 무분별한 민간 자격증 취득과 인정범위를 제한하는 것으로 주로 의료관련 교육기관들은 모두 포함되어 있다. 자격인증번호(취득번호)까지 상세하게 적어야 한다.

컴퓨터활용능력

컴퓨터 활용능력은 자격사항을 기입하는 것이 아니다. 자격사항은 이미 위에서 묻고 있다. 이 칸에는 내가 운영할 수 있는 컴퓨터 관련한 프로그램과 그 활용 가능 수준을 써야 한다. 당연히 세 가지 정도를 선택하고 수준은 상급으로 해야 한다. 무엇이든 활용 가치가 높다는 것은 자신의 경쟁력을 높이는 방법이다. 서류에서는 최대한 나를 포장하여 보여 주어야 한다. 서류를 붙어야 다음의 기회를 얻을 수 있다. 이런 부분은 일단 가능하다고 쓰고 그 다음에 배워도 무방하다.

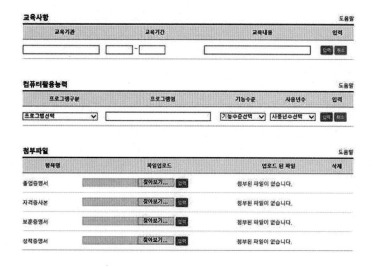

5. 연세대학교의료원(세브란스병원)

세브란스병원은 신촌 세브란스병원과 강남 세브란스병원 통합 채용으로 영어 점수의 제한 없이 지원할 수 있다. 2023년 신입 공채에서는 1,000명 이상의 간호사를 선발했다. 입사 지원 시 희망근무지를 선택해야 하는데 1번이 신촌 세브란스, 2번이 강남 세브란스, 3번이 모두 가능이다. 정말 집이 가까워서 선택하는 것이 아니라면 모두 가능이라고 하는 것이 좋다.

채용과정 기간은 2023년 채용일정을 살펴보면 6월 7일까지 서류를 접수하고 8월 말에 결과를 발표하며, 이 역시 세 달간 진행된다고 예상하면 될 것이다.

인적사항

인적사항 ☀항수항목

☀지원서 사진등록 (권장사이즈 : 가로 160px X 세로 200px 혹은 가로 4 : 세로 5 비율)

사진등록   삭제

☀주소   현주소:

☀연락처   이메일주소: peritoneum1@naver.com

핸드폰번호: 2-2-2

먼저 모집정보에서 2024년도 신규 간호사 모집을 선택해서 개인정보수집에 동의한 후에 인적사항 정보 기입부터 시작한다. 연세대학교의료원의 경우 사진을 등록한다. 주소는 현재 내가 살고 있는 주소로 기입해야 하지만, 학교가 멀어 따로 나와 사는 경우 주민등록상에 있는 본가 주소를 기입해도 상관없다.

학교 소재지

연세대학교의료원의 지원서에는 학교 관련 소재지를 기입하는 칸이 있다. 이는 자대(연세대) 캠퍼스가 두 곳이라 구분하기 위한 것으로 이해된다. 물론 학교 이름이 생소한 경우에도 어느 지역에 있는 학교인지를 몰라서 묻는 것이기도 하다.

교육 및 경험

학위 구분이나 입학 구분, 전공이나 학과 계열 등은 간호사 직무는 공통이고 굳이 물어보지 않아도 될 사항이지만 거의 모든 대학병원은 하나의 채용지원서 양식을 사용하여 의료진 외에 의료기사, 행정파트 등 모든 직종을 접수하여 평가기준으로 활용하고 있으니 그렇게 이해하면 될 것이다.

자격 및 기타정보

연세대학교의료원의 경우 토익 점수를 제한하지 않고 기준 학점 이상이면 누구나 지원 가능하다. 영어점수는 있지만 점수가 부족해 기입하는 게 나을지 고민될 수 있다. 다른 대학병원도 마찬가지이다. 보통 토익 600점은 넘어야 가산점이 인정된다고 하는데 점수가 520점이라면 어떻게 할까? 이 기준에 대하여 많은 간호부장님들과 의견을 나눈 적이 있다. 결론은 혹시 가산점을 못 받더라도 500점 이상이면 적으라는 것이다. 500점 미만은 공부를 안 한 것으로 보고, 500점 이상이면 그래도 영어 공부를 한 것으로 평가한다고 볼 수 있다.

컴퓨터 활용능력은 고려대학교의료원 지원서에서도 언급되었다. 지금 할 수 있는 능력이 부족하더라도 일단 최상으로 적고 배워서 가도록 하자.

앞에서 언급했지만 일반의 대학병원 채용은 지원서 접수 시 자격증이나 면허증 등을 사전에 제출하지만 국공립 병원 등 블라인드 채용을 하는 병원의 경우 블라인드 처리해서 내거나 최종합격자에 한하여 추후 제출하는 경우가 많으니 이것도 병원에 따라 준비해야 하는 사항과 시기가 많이 다름을 알고 있어야 한다.

마지막으로 블라인드 채용을 하는 국립대 병원의 지원서를 살펴보자.
지원서의 양식과 자기소개서의 질문까지도 거의 비슷하니 예시 하나로 이해가 될 것이다. 우선 묻지 않는 것들이 많으니 지원서가 간단하다. 그리고 작성 시 유의사항도 많으니 조심해서 써야 한다. 잘못 작성하면 서류 탈락의 원인이 된다.

6. 부산대학교병원

부산대학교병원의 지원서 작성 시 유의사항에서 가장 눈에 띄는 항목은 '자기소개서 등에 본인의 출신 지역, 가족관계, 출신학교 등을 직간접적으로 표현하거나 이를 유추할 수 있는 내용을 기재하는 경우에는 불합격 처리되오니 유의하시기 바랍니다.'라는 내용이다. 이에 따라 항목별 작성요령 및 주의사항도 반드시 확인하라고 되어 있다.

인적사항

인적사항	성명	한글		이메일		
		한자		연락처	전화번호	
					휴대전화	
		영문	예: HONG GIL DONG	우대항목	☐ 장애대상 ☐ 보훈대상	
	주소(자택)					

성명 입력칸에는 한자도 입력하게 되어 있다. 한자는 한글파일 등에서 변환하여 가져오는 형태로 입력이 가능하다. 단, 한글 이름일 경우는 성만 한자로 표기해서 기입해야 한다. 이메일은 학교나 나이, 출신 지역 등 개인정보가 나타나는 이메일 주소를 기입하면 절대 안 된다. 주소는 꼭 주민등록지를 기준으로 도로명으로 기입해야 한다.

직업교육 및 기타

직업교육 및 기타	구분	교육과목명	교육기관(학회)명	이수(수료)시간	이수(수료)여부
	☐직업교육 ☐기타				▼
	☐직업교육 ☐기타				▼
	☐직업교육 ☐기타				▼
	☐직업교육 ☐기타				▼
	☐직업교육 ☐기타				▼
	☐직업교육 ☐기타				▼

직업교육 및 기타는 간호사라는 직업을 갖기 위해 배운 교육 프로그램을 적으라는 것으로 이해된다. 다른 병원에 지원할 때와 같이 이수사항이나 수료사항에 적었던 것들을 중요한 순서대로 작성한다. 다만 작성 시 교육기관에 학교명을 기재해서는 안 된다. 역시 개인정보를 드러내는 것으로 필요하다면 '간호대학' 정도로만 적도록 하자.

그리고 위에 언급한 모든 직업교육과 기타교육은 입력한 모든 사항을 증명하는 이수증이나 수료증을 제출해야 하며, 미제출 시 합격이 취소될 수 있다고 경고하고 있다.

경험 및 경력사항

경험 및 경력 사항	구분	소속조직	활동기간	담당역할 및 활동내용
	■ 경험 □ 경력			
	□ 경험 ■ 경력			
	□ 경험 □ 경력			
	□ 경험 □ 경력			

경험 및 경력사항 칸에는 동아리 활동이나 학회 활동, 임원 활동, 재능 기부나 봉사활동 등 일반의 경력사항에 넣을 만한 모든 것들을 기록할 수 있다. 물론 응시직종인 간호사 업무와 관련된 경험으로 작성해야 한다. 여기서 담당 역할 및 활동 내용은 아주 간략하게 한 줄로 적어야 하며, 더 상세한 내용을 어필하고 싶다면 자기소개서를 활용하도록 한다.

다만 여기에 경험과 경력을 구분해야 하는데, 이렇게 구분하는 대학병원이 여럿 있다. 구분하는 방법은 무보수로 활동한 것은 경험이고, 고용주와 근로계약을 맺고 금전적 보수를 받은 것은 경력이다. 따라서 근로계약을 받고 금전적 보수를 받은 인턴이나 아르바이트는 경력에 해당한다.

어학사항 및 자격사항

어학사항	외국어명	TEST명	취득일자	성적	자격 (면허) 사항	자격(면허)명	취득일자	발급기관
	▼							
	▼							
	▼							

부산대학교병원의 공인 영어 점수 커트라인은 토익 600점, 토익스피킹 110점, TOEFL-IBL 68점 이상이다. 어학점수는 정확하게 기재해야 하며, 공인 영어 점수가 없으면 지원할 수 없다. 자격증은 본인이 취득한 주요 자격증을 기입하며 지원 시 필수 자격인 BLS부터 순서대로 기입한다. 졸업예정자인 경우 간호사 면허는 해당되지 않는다.

PART 3

자기소개서

CHAPTER 1 ─── 자기소개서 작성법

자기소개서의 핵심은 '이 병원에서 충분히 일할 수 있는 능력 있는 예비 간호사'로 인정받는 것이다. 따라서 누가 봐도 '참 괜찮은 지원자'라는 것을 자기소개서로 보여주어야 한다. 주어는 '김민수'가 아닌 '간호사 김민수'로 작성되어야 한다. 성장배경의 경우 일반적으로 쓰는 부모님의 가르침과 집안 분위기, 성장 과정이 아닌 '간호사'라는 직업을 선택하게 된 계기와 가족이나 주위 사람들의 격려, 응원 등을 기본 소재로 구성하여 적어야 한다. 그래야 한 병원의 간호사로 일하기 위한 자기소개서가 완성된다.

중요한 것은 자기소개서와 실제 병원 면접의 내용이 다르지 않다는 점이다. 면접 역시 나를 적극적으로 뽑아 달라고 어필하는 것으로 자소서는 글로 적고, 면접은 입으로 전하는 방식일 뿐 콘텐츠나 구성 방식은 매우 똑같다.

1. 5W 1H 공식

각 병원은 자기소개서를 통해 지원자가 우리 병원의 간호사로서 적합한 사상과 철학, 장점들을 갖고 있는지를 알고자 한다. 이것은 단순한 각오나 비전만을 언급해서는 인정되지 않는다. 자기소개서에서 꼭 필요한 것은 과거 나의 경험과 스토리이다. 그것을 통해 적합한 간호사라고 검증받는 것이다. 검증을 받기 위해서는 꼭 언제, 어디에서, 누구와 무엇을, 왜, 어떻게 했는지에 대한 상세한 내용 설명(5W 1H 공식)과 그 경험이 앞으로 지원하는 병원의 간호사가 되었을 때 어떤 도움이 될 수 있는지까지 연결해서 마무리하면 된다.

```
5W 1H 자기소개서 작성 공식 ✏️

언제(When)
어디서(Where)
누가(Who)
무엇을(What)
왜(Why)
어떻게(How)
+
위의 경험과 연결지어 '각오'로 마무리
```

이 공식을 알면 자기소개서를 쓰는 것이 훨씬 쉬워진다. 예를 들어보면 쉽게 이해할 것이다. 지원자의 장점을 물어보는 질문에 지원자 A와 B 둘 다 '체력'을 적었다. 두 지원자의 글을 비교해보자.

지원자 A   **저는 체력이 장점입니다.**

간호사에게 체력은 무엇보다 중요합니다. 준비된 간호사는 3교대에도 끄떡없이 일할 수 있는 강한 체력을 갖고 있어야 합니다. 저는 이런 체력에 자신 있는 지원자입니다. 앞으로 입사해서도 틈틈이 체력 관리를 병행하며, 지치지 않고 늘 뛰어다닐 수 있는 건강한 간호사가 될 것입니다. 감사합니다.

지원자 B   **저는 체력이 장점입니다.**

간호대학에 입학하면서 꼭 배우고 싶었던 것 중 하나가 수영이었습니다. 마침 학교생활 적응을 마친 1학년 여름 방학에 엄마와 함께 집 근처 스포츠센터에 등록하였습니다. 3년간 시험 기간을 제외하곤 주말마다 열심히 운동했더니, 처음에는 물에도 뜨지 못하다가 지금은 50m 풀을 5번 이상 왕복할 수 있을 만큼 강한 체력을 갖게 되었습니다. 앞으로 건강한 몸과 마음을 가지고 환자들에게 긍정적인 영향을 주는 간호사가 되겠습니다. 감사합니다.

지원자 A는 자신이 내세운 장점을 평가자에게 인정받기는 어려워 보인다. 근거가 없는 주장이기 때문이다. 언제 어디에서 무엇을 통해 체력이 좋다는 점을 인정받았다는 사실이 없다. 그냥 본인의 주장으로 체력이 좋고, 앞으로도 체력 관리를 열심히 하겠다는 것이 전부이다. 평가자의 입장에서는 어떠한 경험을 통해 데이터의 변화나 결과물, 칭찬이나 상을 받았던 경험, 또는 본인이나 타인을 긍정적으로 변화시켰던 무엇이라도 근거로 남아야 인정해 줄 것이다.

지원자 B의 장점 설명은 대학에 입학해서 꼭 배우고 싶었던(왜), 여름방학 때부터 3년간(언제), 집 근처 스포츠센터(어디서), 엄마와 함께 내가(누가), 배우고 싶던 수영(무엇을), 시험 기간을 제외한 주말마다 엄마와 함께(어떻게)를 모두 담고 있다. 이렇게 구성하면 평가자를 깔끔하게 이해시키고 설득할 수 있다. 5W 1H 공식에 맞춰 구체적으로 작성해야 체력이라는 장점이 확실한 지원자로 인정되는 것이다.

2. 자기소개서 내용의 본질은 '자기 자랑'

자기소개서에는 내가 다른 지원자보다 '더 나은 부분만' 적어야 한다. 단점을 묻는 경우에만 나의 부족한 점을 적는데, 이때에도 간호사로 일하는 데 치명적이지 않은 단점만 적어야 한다. 내가 다른 지원자보다 경쟁력이 떨어지는 부분을 군이 기입하는 건 상대에게 질 패를 오픈한 것과 같다. 서류에서 떨어져도 할 말이 없는 것이다. 본인이 다른 지원자보다 부족함을 실수로 기술한 자기소개서 예시를 보자.

> **성장 배경 1** 저는 어려서부터 부모님과 떨어져서 조부모님과 함께 살았습니다. 그래서 동네 어르신들과 접할 기회가 많았습니다.
>
> **성장 배경 2** 편안했던 집안은 제가 초등학교 6학년 때 아버지 사업이 부도가 나면서 기울기 시작했습니다. 그래서 가족들이 뿔뿔이 흩어져 살게 되었고, 어린 시절 눈물을 흘리는 날이 많았습니다.
>
> **가장 힘들었던 일** 여섯 살 때 부모님이 이혼했습니다. 그래서 엄마와 함께 살았는데 초등학교 시절에는 아빠와 함께 놀러 다니는 친구들이 부러워 많이 울었습니다.
>
> **좌우명** '작은 고추가 맵다.'라는 속담이 있듯이 저는 비록 키는 작지만 생각하는 씀씀이와 꿈은 2m 넘게 큽니다.
>
> **지원동기** 남들보다 3년 늦게 출발했지만, 늘 앞서가기 위해 4년간 열심히 공부해서 우수한 성적을 갖고 있는 지원자입니다.
>
> **학교생활 1** 처음 간호학과에 와서는 적성에 맞는 건지 안 맞는 건지 잘 몰랐습니다. 공부를 하는 데 어려움이 있었고, 학교를 계속 다녀야 하는지 방황도 했습니다.
>
> **학교생활 2** 대학을 다니면서 간호학 공부 외에 다른 경험을 해보고 싶었습니다. 그래서 2학년을 마치고 1년을 휴학하면서 아르바이트 경험을 많이 쌓았습니다.

병원의 평가자 입장에서는 보통의 집안 분위기에 형제나 남매가 있어 화목하게 살아온 지원자가 성격도 평탄하고, 배려할 줄 알며, 타인들과 협력할 줄 알 것이라는 편견 아닌 편견이 있다. 그런 의미에서 봤을 때 부모님이 아닌 조부모님의 손에 의해 성장했다는 점, 아버지의 사업이 부도나서 가족들이 모두 떨어져 살았다는 경험, 부모님이 이혼해서 아빠 없이 학창시절을 보냈다는 것도 모두 핸디캡이 될 수 있다. 그런 의미에서 보면 굳이 언급할 만한 사항은 아니라는 것이다.

또한 작은 키, 동기들보다 많은 나이, 간호학과가 적성에 안 맞아 고생했다는 점, 1년의 휴학 등도 내세울 만한 사항은 아니다. 다만 나중에 면접에서 "입사하면 선배가 나이가 더 어린데 괜찮겠나?"라든지 "1학년 성적이 너무 안 좋은데, 왜 그런가?", "휴학을 왜 했는가?" 등의 질문이 들어올 수는 있다. 이런 질문들은 자기소개서가 아닌 지원서 어딘가의 자료로만 묻게 되는데 지원자의 입장에서는 묻지 말았으면 하는 어려운 질문일 것이다.

하지만 이런 것들을 자기소개서에 먼저 쓰는 지원자들이 많다. 앞에는 이런 어려움이 있었지만 후에는 내가 잘 극복했다는 극적인 효과를 주고자 함인데, 생각해보면 1학년 때 간호가 적성에 안 맞아서 학점이 바닥이다가 3학년 때 장학금을 받을 정도로 성적이 좋아졌다는 지원자보다는 1학년부터 3학년까지 꾸준하게 우수한 성적을 유지했던 지원자가 더 매력적일 것이다. 병원의 입장에서는 학교에서 병원이란 환경이 바뀌면서 또 다시 적응력이 부족한 모습을 보일 수 있다고 생각하기 때문이다.

또한 자소서는 간호사라는 직업, 간호직무를 잘 수행할 수 있다는 '방향성'이 확실해야 한다. 예를 들어 내가 설명하고자 하는 어떤 것이 장점이 맞기는 한데 직접적으로 간호사와 어떤 연관성을 갖고 있는지 설명하기 애매한 경우가 있다. 내가 확실하게 설명하지 못할 때는 빼는 것이 더 나을 수 있다. 다음의 사례를 보자. 직무와 어떤 연관성이 있는지에 대한 궁금증이 생기는 자기소개서 내용이다.

> **지원동기**
> 저는 대학 시절 강북삼성병원 응급실을 목표로 공부를 하였습니다. 신규 간호사가 되었을 때 헤매지 않도록 강북삼성병원의 위치와 건물 구조를 파악하기 위하여 3학년 겨울방학부터 주말마다 병원에 방문하였습니다. 계획만 세우던 2학년 때와 달리 직접 발로 뛰어 병원을 파악하였습니다. 그래서 지금은 병원에 처음 오는 환자와 보호자에게 병원 구조에 대한 질문을 받았을 때 바로 답할 수 있게 되었습니다. 생각하기보다 실천을 하는 습관을 들인 후, 무언가를 선택할 때 주저하지 않게 되었습니다.

지원자의 절실함을 어필하는 지원동기이다. 글쓴이는 간호학과 3년 내내 오직 강북삼성병원 응급실 근무를 꿈꿔 왔고, 그 준비 과정으로 주말마다 가서 병원의 위치와 건물 구조 등을 외웠다고 한다. 물론 이런 경험을 하지 않은 다른 지원자보다는 간절함이 많이 느껴진다. 하지만 기왕 방문해서 자신이 한 일을 어필하고자 한다면, 응급실을 목표로 했기에 의료진이 어떻게 움직이고, 활동하는지를 눈여겨보면서 꿈을 키웠다는 것이 건물 이름, 위치 등을 외웠다는 것보다는 적합하다. 간호사로 지원하는 것이지 건물 관리자로 일하고자 하는 것이 아니기 때문이다.

> **동아리 활동**
>
> 저는 대학교 1학년 2학기 때 남들보다 늦게 태권도 동아리에 가입하게 되었습니다. 처음 운동하러 나갔을 때는 남학생들이 많고, 혼자 들어온 사람이라 주눅이 들 법도 했지만 처음 보는 사람들 앞에서 인사도 먼저하고 운동할 때 기합도 남들보다 크게 넣어 원래부터 그 동아리 단원이었던 것처럼 행동했습니다.
>
> 두 번째 운동을 나갔을 때부터 처음 있었던 사람들과는 스스럼없이 행동하게 되었고 그때 처음 만났던 동기들이 군대를 가서도 꾸준히 전화통화를 하며 우정을 키워 3년이 지난 지금도 여전히 허물없는 사이로 지내고 있습니다.
>
> 동아리 활동을 하면서 여러 성격을 가진 사람들을 많이 만났습니다. 저와 10살 차이가 나는 까마득한 선배님들도 만난 적이 있었는데 자기소개도 잘하고 옆에 붙어 애교도 떨며 저는 그날 나이 많은 선배님들의 재롱둥이가 되었습니다. 지금도 동아리 모임이 있으면 가장 먼저 찾는 사람이 되었습니다. 동아리 지도 교수님이 방문했을 때에도 대화도 재밌게 잘 해서 몇 년이 지난 지금도 교수님은 다른 동기들을 볼 때 '그 태권도 잘하는 여학생은 잘 있나?'하고 물어보는 사람이 되었습니다.

태권도 동아리 가입으로 시작해서 동아리 활동을 오래 잘했다고 마무리했다. 문제는 간호사로서의 직무를 잘 할 수 있는지에 대한 답이 없다는 것이다. 동아리 활동이 지원한 병원의 간호사로 일하는 데 어떤 장점으로 발휘될 것인지로 마무리해야 한다. 예를 들면 태권도 동아리 활동을 통해 동기, 선후배들과 잘 어울리면서 소통과 배려, 협력을 배웠고, 운동을 통해 자신감과 건강한 체력을 갖게 되었으니 모두 간호사로서 일하는 데 큰 도움이 될 거라 생각한다고 풀어 내야 한다.

그냥 태권도 동아리 활동을 열심히 하고 인정받았다고 하면 읽는 사람이 그렇게 긍정적으로 평가해 줄 것이라는 고차원적인 해석은 하지 말자. 평가자는 수백 통의 자기소개서를 단시간에 읽고 평가해야 하는 사람이다. 이해하기 쉽도록 직접 표현을 써주는 것이 훨씬 효과적인 동시에 읽는 사람에 대한 예의이다.

3. 소제목 달기

500자 이상의 자기소개서를 작성할 경우에는 본문의 이해를 돕기 위해 소제목을 달아야 한다. 하지만 삼성서울병원(600바이트)이나 서울대학교병원(200~300자)처럼 분량이 적으면 소제목 대신에 첫 문장을 결론식으로 써야 한다. 아래 예시를 보면 소제목 유무의 차이를 알 수 있다.

 첨삭 전

행동 없이는 아무것도 변하지 않는다. 대학교 2학년 때, 계획만 세운 후 실천하지 않는 자신을 느낀 후 소지품마다 써 놓았던 문구입니다. 생각하는 대로 행동한 덕에 환자분을 보호해 드린 적이 있습니다. 3학년 여름방학에 친구와 1박 2일로 부산여행을 간 적이 있었습니다. 노인간호학 수업을 이수한 후 떠난 여행인 이유에서인지 해변가에 있는 요양병원을 눈여겨 봐 두었습니다. 잠시 후 해변을 따라 걷던 중 요양병원 환자복을 입은 어르신이 알아듣지 못하는 소리를 내며 걷고 있는 모습을 발견하였습니다. 옆에서, 뒤에서 눈치 채지 못하게 따라가 보았으나 정상적인 노인의 모습이 아닌 것으로 판단하여 다가가 인사를 드린 후 성함을 여쭈어 보았습니다. 저는 바로 요양병원에 전화하여 환자 명단에 이 어르신이 있는지 확인 후 해변에 나와 있다고 말씀드렸습니다. 요양병원 측에서는 환자를 내 보낸 적이 없다고 하였습니다. 저는 곧바로 어르신을 모시고 요양병원으로 가서 내원시켜드린 기억이 있습니다. 만약 제가 주저하다가 어르신을 그냥 지나쳤으면 어떤 일이 생겼을지도 모르는 일이었습니다. 주저하지 않은 선택으로 환자분의 안전을 지켜드렸습니다. 그때의 경험은 저에게 행동하는 것이 얼마나 중요한 것인가를 깨닫게 해 주었습니다.

 첨삭 후

'여행지에서도 빛나는 간호사 정신'

3학년 여름방학에 친구와 1박 2일로 부산여행을 간 적이 있었습니다. 노인간호학 수업을 이수한 후 떠난 여행이라 그런지 해변 근처에 있는 요양병원을 눈여겨보게 되었습니다. 잠시 후 해변가를 따라 걷던 중 요양병원 환자복을 입은 어르신이 알아듣지 못하는 소리를 내며 걷고 있는 모습을 발견하였습니다. 옆에서, 뒤에서 눈치 채지 못하게 따라가 보았으나 정상적인 노인의 모습이 아닌 것으로 판단하여 다가가 인사를 드린 후 성함을 여쭈어 보았습니다. 저는 바로 요양병원에 전화하여 요양병원 환자 명단에 이 어르신이 있는지 확인 후 해변가에 나와 계신다고 말씀드렸습니다. 요양병원에서는 환자를 내보낸 적이 없다고 하였습니다. 저는 곧바로 어르신을 모시고 요양병원으로 가서 내원시켜드린 기억이 있습니다. 만약 제가 주저하다가 어르신을 지나쳤으면 어떤 일이 생겼을지 모르는 일이었습니다. 주저하지 않은 선택으로 환자분의 안전을 지켜드렸습니다. 그때의 경험을 통해 행동하는 것이 얼마나 중요한 것인가를 깨닫게 되었습니다.

이처럼 소제목을 달아서 본문의 내용이 어떤 식으로 흘러갈지를 미리 예고하면 평가자도 훨씬 쉽게 읽고 이해가 되어, 괜찮은 지원자임이 설득될 것이다. 그럼 지금부터 주요 상급 종합병원의 실제 자기소개서 질문들을 통해 어떻게 풀어내야 하는지 알아보자.

CHAPTER 2 — 강북삼성병원

1. 자소서 집중 포인트

모든 병원의 자기소개서에는 병원이 추구하는 이상적인 방향과 인재상이 들어 있다. 각 병원의 자기소개서 항목을 보면 병원의 성격을 이해하는 데 도움이 되며, 내가 어떤 장점 키워드를 선택하고 풀어야 하는지 답이 나온다.

강북삼성병원의 미션은 최상의 진료와 연구로 환자의 건강과 행복을 실현하여 신뢰받는 의료기관이고, 핵심가치는 지식탐구와 최상의료, 환자안전과 동기부여, 미래지향이다. 꼼꼼히 생각해보면 아래 자기소개서 질문은 모두 이와 관련된 질문이다.

주요 질문 1	본인의 가치관을 형성하는 데 가장 큰 영향을 끼친 경험

작성꿀팁 💬 질문 속 본인을 '직업인으로서의 간호사'라고 생각해야 한다. 그러니 해당 질문은 역량 있는 간호사의 가치관을 갖는 데 가장 큰 도움이 되었던 경험을 묻는 것이다. 간호사 가치관에서 가장 많이 언급되는 것은 헌신, 봉사정신, 희생, 사명감, 책임감 등이다. 이런 가치관과 연결되는 경험을 찾는다. 다만 모든 자기소개서의 내용은 최종학교 중심으로 기술해야 한다. 간호 대학에 입학해서 경험했던 것 중 간호사의 가치관이 되는 것이니, 가장 만만한 소재는 병원실습이고, 또는 봉사활동 경험도 좋은 예시가 될 것이다. 작성할 때는 꼭 5W 1H 공식에 맞추어 작성하고, 연관되는 각오로 마무리하자.

아쉬운 원문

저는 저의 아버지가 45세, 어머니가 40세 때 세상을 보게 되었습니다. 제가 어렸을 때부터 부모님은 동네 친구들과 크게 싸워 때리거나 맞고 오는 날에도 나서는 일이 없으셨습니다. 부모님이 찾아와서 해결하는 다른 아이들과는 달리 저는 어떡하면 친구와 화해할 수 있을까 하는 생각에 밤낮을 고민했고 내 스스로 친구에게 직접 찾아가 잘못을 인정하고 친구와 다시 관계를 회복했습니다. 어린 마음에 '나도 엄마가 다른 친구를 찾아가 혼내줬으면 좋겠다.'라고 생각한 적도 있지만 지금 와서 생각해보니 저희 부모님은 '내 딸이 그런 일쯤은 스스로 해결할 수 있는 능력이 있을 것이다.'라는 생각을 갖고 계셨던 것이 아닌가 싶습니다.

위의 성장과정은 본인이 어떻게 성장하였는지가 아닌 부모님이 어떤 분들이었는지에 포인트를 두고 있다. 물론 이런 부모님 아래 올바르게 성장한 본인이라는 것을 강조하고 싶었겠지만 어디에도 가족에게 영향을 받아 간호사가 되고 싶었는지, 또는 간호사로서의 어떤 장점을 갖게 되었는지까지 직접적인 설명이 없어 아쉬움이 남는다. 또한 멋진 소제목도 필요하다. 필자가 소제목을 쓴다면 끝문장에서 발췌하여 달고 싶다. '스스로 해결할 수 있는 능력자' 정도가 어떨까?

주요 질문 2 　직무수행에 대한 본인의 발전 가능성

작성꿀팁💬 여기서 말하는 직무는 당연히 간호직무이다. 간호사라는 직업으로 업무를 하는 데 있어 본인의 어떤 장점이 어떻게 발휘될 수 있는지를 묻는다. 본인의 장점 키워드를 5W 1H 공식에 맞추어 설득하고, 이 장점으로 업무를 해서 어떻게 결과를 낼 건지까지를 예측하여 설명해야 한다.

주요 질문 3 　입사 후 시기별 계획

작성꿀팁💬 시기별 계획을 쓸 때 가장 주의해야 할 점은 내 입장에서 풀어내는 계획이 아닌, 평가자의 입장에서 읽고 싶은 내용으로 작성하는 것이다.

 첨삭 전

1년 차에는 병원생활에 잘 적응할 수 있도록 열심히 할 것이며, 5년 차에는 대학원에 진학해서 제가 공부하고 싶었던 응급전문 간호사 공부를 할 것이고, 10년 차에는 책임간호사, 15년 차에는 동기들 중에 가장 빠르게 진급해서 수간호사가 되겠습니다. 그리고 장차 저의 목표는 간호부서장까지 되는 것으로, 그만큼 업무에 있어서 인정받고, 동료들에게도 인정받는 간호사가 될 것입니다.

 첨삭 후

1년 차에는 병원생활에 잘 적응할 수 있도록 열심히 배울 것입니다. 5년 차가 되면 병원에 새로 입사하는 후배들의 병원생활 적응에 많은 도움을 주는 프리셉터로 자원하고 싶습니다. 또한 후배들에게 가장 보고 배울 것이 많은, 롤 모델로 삼고 싶은 선배가 되는 것이 제 목표입니다. 그리고 장차 저의 최종 꿈은 간호부서장이 되는 것입니다. 그래서 환자의 곁에서 진심으로 간호하는 역량 있는 후배들을 직접 키워 병원 발전에 이바지하고 싶습니다. 이를 위해 업무에 있어서도 인정받고, 동료들에게도 사랑받는 간호사가 꼭 되겠습니다. 감사합니다.

원문의 문제는 오직 본인의 입장에서만 작성했다는 점이다. 병원의 입장이나 평가자의 입장에서 만족스러운 답변은 무엇일지 생각해 봐야 한다. 병원에서 묻는 것은 병원의 입장에서 필요한 입사 후 계획이다. 이것을 이해하고 이에 맞게 작성한다면 어떤 평가자라도 좋게 평가할 자기소개서가 될 것이다. 만약 질문이 '시기별 계획'이 아닌 '입사 후 포부'를 작성할 때도 마찬가지이다.

 첨삭 전

> 항상 생기 넘치는 간호사가 되겠습니다.
>
> 간호를 하면서 힘든 일이 있을 때 동료들을 격려하고 저의 에너지를 모두에게 전파시킬 수 있는 간호사가 되겠습니다. 5년 내에 고객들이 뽑은 친절간호사가 되도록 하겠습니다. 대상자들이 불편함을 호소하기 전에 먼저 알아봐 주고 따뜻한 미소와 전문적인 간호로 대상자뿐만 아니라 가족들의 마음까지 치유하여 대상자들이 뽑는 가장 친절한 간호사가 되도록 하겠습니다. 마지막으로 제가 간호한 대상자에게 편지를 받을 수 있는 간호사가 되겠습니다. 편지란 마음을 다해 자기의 안부를 알리는 글입니다. 대상자가 퇴원을 해서도 따뜻하면서도 전문적인 간호를 받았던 기억으로 인해 안부를 전해주고 싶은 간호사가 되도록 하겠습니다.

 첨삭 후

> 대상자들에게 가장 친절하고 신뢰받는 간호사가 되겠습니다.
>
> 환자들이 불편함을 호소하기 전에 먼저 알아봐 주는 관심과 전문적인 간호로 환자와 가족들 마음까지 치유할 수 있도록 열심히 공부하겠습니다. 그리고 제가 간호한 대상자에게 감사의 편지를 받을 수 있는 정성과 마음을 다하는 간호사가 될 것입니다. 또한 항상 생기 넘치는 간호사가 되겠습니다. 저의 긍정 에너지로 동료들을 응원하며, 모두가 즐겁고 보람 있게 병원 생활을 할 수 있도록 노력하겠습니다. 마지막으로 환자들과 동료들에게 최선을 다하고 나서 얻는 친절간호사상도 꼭 받고 싶습니다.

순서를 조금 바꾸었다. 말하고자 하는 키워드인 친절, 감사편지, 에너지를 순서대로 나열하되 개인의 욕심이 아닌, 병원에서 원하는 인재상의 느낌으로 정리해 보았다. 이런 작은 수정이 같은 내용을 더 매력적으로 보이게 만든다.

다섯 번째 줄의 '환자에게 편지를 받을 수 있는 간호사'라는 표현은 감성적이고 인간적으로 느껴진다. 또한 친절직원상은 그 결과물을 위해 친절했던 것이 아니므로 환자들과 동료들에게 최선을 다하고 얻는 결실이라는 정도로 마무리하는 게 매끄러울 것이다.

CHAPTER 3 건국대학교병원

1. 자소서 집중 포인트

건국대학교병원의 미션은 '구료제민의 창립정신을 발전적으로 계승하고 수준 높은 진료, 교육, 연구를 통하여 인류공동체의 건강한 삶에 기여한다.'는 것이다. 여기서 나오는 구료제민은 건국대학교병원과 관련한 언론자료에 항상 반복되어 나오는 단어로 그 뜻을 정확하게 이해하고 자소서를 작성해야 할 필요가 있다.

구료(救療)는 '병을 치료할 능력이 없는 가난한 병자(病者)를 구원하여 치료한다.', 제민(濟民)은 '어려움에 빠진 백성을 구제한다.'는 뜻이다. 건국대학교병원은 1931년 상허 유석창 박사가 구료제민(求療濟民)의 이념을 바탕으로 설립한 병원으로 봉사와 헌신, 나눔과 기부, 희생정신 등이 병원의 설립 및 운영이념이라고 할 수 있다.

이는 병원의 최신뉴스에도 '간호부, 저소득층 노인 대상 봉사활동 펼쳐(2020. 4. 1.「청년의사」)', '유방암센터에 직접 만든 가방 기부(2020. 1. 3.「후생신보」)' 등으로 잘 나타난다. 순서대로 질문을 분석해 보자.

주요 질문 1 본인의 성장과정에 대하여 기술하여 주시기 바랍니다.

 첨삭 전

> 부모님께서는 항상 이웃을 돌아보는 삶을 살자고 얘기하며, 작은 음식이라도 이웃들과 즐겁게 나누어 드셨습니다. 이 과정에서 음식뿐만 아니라 크고 작은 일들도 함께 나누는 모습을 통해 매달 1,000원씩 불우이웃을 위해 기부하였습니다. 이웃에 대한 관심과 돕고자 하는 마음에서 시작된 저의 나눔에 대한 열정은 재능기부로 이어졌습니다. 한 톨의 씨앗이 세상을 변하게 할 수 있다는 의미의 선물을 만들었습니다. 앞으로도 불쌍한 사람들과 소통하고 도와줄 수 있는 일을 앞장서서 하겠습니다.

나눔과 봉사정신을 갖고 있는 부모님을 따라 어려운 이웃을 돌보고 기부하는 모습은 아름답다. 다만 1,000원이란 명확한 금액은 쓰지 않는 것이 나을 것이다. 적은 금액이어서가 아니라 10만 원이라도 자기소개서에 명확한 금액 표기는 적합하지 않다. 그냥 '일정의 금액'이나 '용돈을 모아' 정도로 표기하자.

'불쌍한 사람'도 좋은 표현은 아니다. 도움이 필요한 분들께나 소외된 이웃들에게 정도로 언어를 순화하면 좋을 것이다. 그리고 마무리는 이런 봉사활동을 하면서 간호사의 꿈을 키웠다는 정도가 나와 주면 한다. 건국대학교병원이 묻고 있는 성장과정이란 바로 구료제민(求療濟民)의 정신으로 일하는 간호사가 될 지원자의 성장과정이다. 내용을 조금 다듬으면 아주 적절한 답변이 만들어질 것이다.

주요 질문 2   본인의 장단점에 대하여 기술하여 주시기 바랍니다.

작성꿀팁 💬 장단점을 묻는 질문에서는 장점을 우선으로 적어야 한다. 또한 장점과 단점의 비율은 7 : 3 정도로 장점을 더 많이 적어야 한다. 가끔은 장점 3줄에 단점을 7줄 적는 지원자도 있는데, 그냥 눈으로 훑어보기에도 단점의 내용이 많으면 장점보단 단점이 더 많은 지원자가 되기 때문에 지양하는 게 좋다. 또한, 장단점의 주제와 소재를 달리해야지, 한 가지를 가지고 장점이자 단점이라고 쓰는 것도 지양해야 한다.

우선 장점은 '건국대학교병원 간호사가 되기에 적합한 지원자의 장점은 무엇입니까?'로 이해하면 된다. 무조건 역량 있고 좋은 간호사로 인정될 만한 키워드와 내용이 들어가야 한다. 작성할 때는 결론을 먼저 제시하는 두괄식 작성법이 좋다. 결론을 먼저 꺼내고, 왜 그 결론을 장점이라고 한 것인지 덧붙여서 설명하는 방식이다.

 첨삭 전

간호사는 생명을 다루는 전문직입니다. 학교에서 간호학을 배우면서 배웠던 간호프로토콜을 늘 실전이라고 생각하고 연습하였습니다. 또한 병원에 실습을 나갔을 때도 항상 누구보다 먼저 달려가서 배우고, 몸에 익히려고 노력하였습니다. 이러한 노력을 통해 병원에 입사하였을 때 고객에게 높은 질의 간호를 제공할 것이라고 생각합니다.

공감해주는 능력은 간호사에게 큰 강점이라고 생각합니다. 예부터 늘 남의 말을 들어 주는 것을 좋아하는 것은 물론, 그럴 때마다 공감하면서 이해하는 능력이 많습니다. 고객을 만났을 때, 그들의 상황을 공감하고 그들의 입장에서 생각하며 소통하여 진정으로 원하는 가치를 파악해 간호를 제공하며, 외적인 치료뿐만 아니라 심적인 부분까지 관리해 줄 수 있는 간호사가 될 것입니다.

'진정으로 원하는 가치를 파악하고 간호'

경청하고 공감해 주는 능력이 저의 강점입니다. 예부터 늘 다른 사람의 말을 열심히 들어 주는 것을 좋아하는 것은 물론, 그럴 때마다 공감하면서 이해하는 능력이 높았습니다. 대상자를 만났을 때, 그들의 상황을 공감하고 그들의 입장에서 생각하며 소통하여, 진정으로 원하는 가치를 파악해 간호를 제공하며, 외적인 치료뿐만 아니라 심적인 부분까지 관리해 줄 수 있는 간호사가 될 것입니다.

우선 위의 첨삭은 1차 첨삭이지 최종첨삭이 될 수가 없다. 5W 1H가 전혀 들어있지 않기 때문이다. 다만 원문의 경우 질문은 장단점인데 첫 문장에서 '간호사는 생명을 다루는 전문직입니다.'와 같이 이론적 설명을 하거나 읽는 사람을 가르치는 느낌의 문장은 절대 금물이다.

'공감해 주는 능력은 간호사에게 큰 강점이라고 생각합니다.'와 같은 방식도 안 된다. 질문의 요지는 지원자의 장점이지 좋은 간호사는 어떤 유형인지를 묻는 것이 아니다. 그럼 당연히 '저의 장점은 공감을 잘 해 주는 것입니다.'로 시작해야 한다. 그리고 자기소개서와 면접에서 마무리에 '생각합니다.'라는 표현은 쓰지 말자. 간호사는 전문직이자 업무에 늘 큰 책임감을 가지고 임해야 하는 직업인이다. 불분명하고 믿음직스럽지 못한 표현보다는 그냥 '~입니다.'라고 확언을 사용하는 게 낫다.

아쉬운 원문

저는 자신감이 넘칩니다. 초등학교 3학년 때부터 5년 동안 태권도를 배웠습니다. 태권도를 배우며 자연스레 크게 기합을 넣고 어려운 동작들을 차근차근 익히다 보니 어느새 저는 남들보다 자신감 넘치는 아이가 되어 있었습니다.

저는 자기주장이 강합니다. 내 뜻을 굽히지 않고 상대방이 인정할 때까지 설득하고 대화합니다. 또 상대방의 말과 행동에 구애받지 않고 저의 생각 그대로 모든 일을 처리하는 경향이 있습니다. 이러한 점이 어렸을 때부터 저를 반장, 실장, 과대가 될 수 있게 만들어 주지 않았나 생각합니다. 앞으로는 상대방의 말을 잘 들어 내 의견에 보탬이 되는 주장으로 대상자들이 저의 강한 생각으로 저를 신뢰할 수 있게 할 것입니다.

우선 장점과 단점이 구분이 모호하다. 첫 번째 문단이 장점이니 두 번째 문단이 단점일 텐데, 자기주장이 강한 것이 단점을 의미하는 것인지 잘 모르겠다. 이를 '저의 단점은 자기주장이 강하다는 것입니다.'라고 수정하고 여기에 '조금'이라는 단어를 넣어 '저의 단점은 자기주장이 조금 강하다는 것입니다.'라고 조금 더 부드럽게 표현하는 게 좋다.

자기 장점을 자신감이 넘친다고 하는 것은 좋다. 하지만 그 예시를 들기 위해 초등학교 3학년 시절로 돌아간다면 곤란하다. 계속 반복하지만 병원 자기소개서는 모두 최종학교 중심으로 기술해야 한다. 만약 내가 초등학교 3학년 때부터 했던 5년간의 태권도 경력을 꼭 어필하고자 한다면, 덧붙여서 대학시절에도 어떤 운동 활동을 했다고까지 마무리해야 그 시절의 경험이 현재에도 긍정적으로 평가될 수 있다.

장점 '자신감'과 단점 '자기주장'에서 비슷한 연관성이 느껴진다. 여기서 '어렸을 때부터 저를 반장, 실장, 과대가 될 수 있게 만들어 주지 않았나 생각합니다.' 부분은 단점 부분에 적기에는 적합하지 않다. 단점은 단점이기에 지금은 보완하기 위해 어떤 노력을 하고 있고 어떻게 변화했다는 정도로 마무리해 주는 것이 좋은 구성이다. 분명 앞에서는 단점이라고 해놓고, 그것이 뒤돌아보면 장점이 될 수도 있다고 쓴다면 다른 사람의 의견이나 조언은 받아들이지 못하고 오직 자기 생각만으로 판단하는 고집 센 불통주의자로 보일 수 있기 때문이다.

병원 조직에서 가장 선호하는 유형은 다른 조직원들과 잘 협력하고 어울려서 조화로운 모습을 보여 줄 수 있는 사람이다. 개인의 능력이 탁월하여 독단적인 모습을 보일 가능성이 있는 사람은 피해야 할 유형에 속한다. 서류나 면접에서 주의해야 할 부분도 역시 마찬가지다. 서류는 읽는 사람으로 하여금 눈치 있고 배려할 줄 아는 지원자임을 느낄 수 있도록 작성하고, 면접에서는 다른 구성원들과 잘 어울릴 수 있는 예비 간호사라는 점에 확신을 주어야 한다.

주요 질문 3	당사에 지원하게 된 동기는 무엇이며, 입사 후 포부는 어떻게 되는지에 대하여 기술하여 주시기 바랍니다.

지원동기는 취업에서 정말 중요한 요소인 '절실함'을 어필하기에 좋은 항목이다. 질문을 조금 더 해석하면 지원자가 갈 수 있는 병원이 대한민국에 수백 개인데 그중에서도 '왜 우리 병원의 간호사가 되고 싶은지'를 묻고 있다. 이런 경우에는 무엇보다 '이유'가 분명해야 한다. 다른 지원자들보다 이 병원에 대해 많이 알고 있고, 공부해 왔고, 매력을 충분히 설명할 수 있고, 마지막으로 입사 후에는 어떤 존재감을 나타낼 것인지 목표와 포부까지 구체적으로 작성해야 한다. 그래서

병원의 지원 동기는 전체구성에서 단 두 가지로 구성된다.

우리 병원 지원동기 🖊

50% 지원하는 병원의 장점과 매력
(내가 꼭 이 병원 간호사가 되어야 하는 이유)
+
50% 병원에 적합한 맞춤 지원자라는 것을 설득
(이 병원이 꼭 나를 뽑아야 하는 이유)

먼저 '지원하는 병원의 장점과 매력'을 위해 단순히 병원의 슬로건이나 비전, 미션만을 가지고 설득한다면 이미 다른 지원자들이 반복해 온 비슷한 내용이기에 평가자 입장에선 크게 설득되지 않을 것이다. 앞에서도 강조했지만 내가 어필하는 내용이 다른 지원자들과 같은 내용이라면 나를 뽑아주지 않아도 할 말이 없다. 어떻게든 본인이 다른 지원자보다 더 낫다는 것을 보여 주어야 하며, 이 경우에는 병원에 대해 '더 많이 안다.'는 사실을 어필해야 한다.

그런 의미에서 이번 2024 채용시즌에선 코로나19를 잘 활용해 보면 좋을 것이다. 병원의 장점이나 매력을 찾기 위해서는 결국 병원의 최신정보를 꼼꼼하게 찾아보자.

주요 질문 4	대내외 주요 활동사항(학교생활, 사회활동, 실무경력 등)에 대하여 기술하여 주시기 바랍니다.

건국대학교병원의 능력 있는 신입 간호사가 되기 위해 간호대학 4년간 어떤 대내외 활동을 했는 지를 묻고 있다. 기억해야 할 것은 활동사항에서 인정되는 '범위'가 따로 있다는 점이다. 여기에 주말 알바로 카페 서빙이나 패밀리 레스토랑에서 주방보조, 또는 방학 때마다 웨딩홀에서 진행 보조를 하며 많은 경험을 쌓았다고 적는 학생들이 꽤 많다. 영화관이나 편의점, 백화점 매장 등 다양한 아르바이트 경험들은 모두 적지 않는 게 낫다. 물론 대학생활 중 아주 소중한 시간이자 경험이겠지만 앞에 언급했듯이 병원의 입장에서 다시 생각해 보자. 그런 경험은 간호사가 아닌 서비스나 판매 관련 업종을 희망하는 학생의 경험으로 적합하다.

간호사 취업에서 인정되는 대내외 주요 활동은 학교생활 중에서는 임원 활동, 동아리 활동, 봉사 활동 등으로 간호직무와 연관성을 가진 에피소드와 함께 설명하는 게 좋다. 사회 활동이라면 연합동아리, 봉사 활동, 인턴, 기관의 서포터즈 활동 등이 있다. 또한 같은 아르바이트라도 병원이나 보건소, 복지센터 등에서 했던 간호업무와 조금이라도 연관이 있는 것은 적극적으로 오픈하는 것이 좋다.

주요 질문 5 | 당 병원의 현재와 미래에 대하여 본인의 생각을 자유롭게 기술하여 주시기 바랍니다.

건국대학교병원만의 특별한 질문으로 지원자들에게는 가장 어려운 질문이다. 이 질문은 병원의 핵심가치인 '변화와 미래'와 연관이 있다. 병원은 지원자가 이곳에서 어떤 미래를 꿈꾸는지 궁금해 하는 것이다. 질문을 조금 더 해석하면 '건국대학교병원이 지금보다 더 발전하기 위한 아이디어(방법, 제언)는 무엇이 있을까요?'라고 할 수 있다.

이 질문에 많은 학생들이 하는 실수는 '지금은 병동 수가 적으니(878병상) 탑5가 되기 위해 병원 규모를 키워야 한다.', '간호사가 일하기 좋도록 간호사 수를 50% 이상 늘려야 한다.'라는 식으로 답변하는 것이다. 이는 지금 병원에 문제점이 있다는 것처럼 들리므로 조심스럽다. 그것보다는 '진료 중심, 환자 중심, 교육 연구'라는 병원의 핵심가치와 연관성을 가지면 어떨까? 이와 더불어 기존에 건국대학교병원이 어떤 진료부분과 사업에 공을 들이고 있었는지 최근 2년 정도의 보도 자료를 검토하면서 아이디어를 찾아보자.

예를 들어 암이나 종양에 관심이 있다면, 2020년 4월 27일자 신문에 나온 '암 질환 치료 잘하는 병원, 4대 암 1등급 병원'에 건국대학교병원이 들어가 있다. 그럼 이런 식으로 쓰게 된다.

🔊 취트키 답변

'건국대학교병원은 대한민국 암 질환 치료의 메카로 성장해야 합니다. 보건복지부가 올해 발표한 암 치료 중인 환자는 187만 명으로 일생 동안 국민 3명 중에 1명이 걸리는 것이 암입니다. 특히 건국대학교병원은 올해, 암 질환 치료 잘하는 병원, 4대 암 1등급 병원으로 발표되었으며, 병원과 5분 거리에 국내 최고의 시니어타운 더클래식 500을 운영하는 등 평소 노인성 특화질환 의료시스템에 앞장서 왔습니다. 저도 평소 종양 전문 간호에 관심이 많아 학과공부 이외에도 여러 관련 논문과 책을 보며 공부했으며, 앞으로 대학원에 진학하여 전문 간호사가 될 것입니다. 앞으로 건국대학교병원은 더 세분화한 진료체계와 연구 활동으로 모든 암 환자들이 가장 우선으로 찾는 신뢰받는 병원이 될 것입니다.'

CHAPTER 4 ──── 고려대학교의료원

1. 자소서 집중 포인트

고려대학교의료원은 안암, 구로, 안산 세 병원 모두 공통의 비전과 미션을 갖고 있다. 비전은 '미래의학, 우리가 만들고 세계가 누린다.', 미션은 '생명존중의 첨단의학으로 인류를 건강하고 행복하게 한다.'이다. 하지만 각 병원의 전략은 다르니 지원하는 병원이 본원이 아닌 경우 구로병원이나 안산병원에 맞게 찾아서 설명해야 한다. 질문은 총 4가지로 모두 500자 내로 작성해야 한다.

주요 질문 1	성장과정 및 자신의 장단점(본인에게 가장 큰 영향을 끼친 사건 포함하여 기술)

 첨삭 전

어릴 때부터 나이 차이 나는 남동생을 돌봐야 했기 때문인지, 이해심과 포용력이 넓은 성격을 가지게 되었습니다. 학창 시절 친구들에게 '너는 정말 어른스럽다.'라는 말도 제법 들었습니다. 동생이 갓 태어났을 때 저 또한 보살핌과 도움이 필요한 어린아이였지만, 아무래도 집안의 관심이 어린 동생에게 자주 쏠리면서 대부분의 일을 혼자 도맡아야 할 필요성과 책임감을 느끼고, 부모님께 받은 사랑을 동생에게도 베풀 줄 아는 그런 누나가 되고 싶었기 때문에 더욱더 배려하며 또래보다 성숙하게 성장해 왔습니다. 반면 모든 이에게 잘 보이고 싶은 욕심 때문인지 조금은 우유부단한 단점을 가지고 있습니다. 하지만 최근에는 결정을 내릴 때 좀 더 단호하게 행동하고 모든 이를 만족시킬 수 없다는 원칙을 따르며 단점을 고쳐 나가고 있습니다. 저는 이런 장점을 통해 의료원 환자들에게 편안함을 선사하고 환자를 향한 간호로 친근한 유대 관계를 쌓을 것입니다. 또한, 이를 기반으로 고려대학교의료원이 신체만이 아닌 마음의 아픔도 치료하는 의료기관이 되는 데 일조할 것입니다.

첨삭 후

'정말 어른스럽다.'

어릴 때부터 8살 차이의 남동생을 돌본 덕분에 이해심과 포용력이 넓은 성격을 가지게 되었습니다. 중고등학교 시절에도 친구들에게 '정말 어른스럽다.'라는 칭찬과 함께 책임감이 강한 학생으로 인정받았습니다. 부모님께 받은 사랑을 동생에게도 베풀 줄 아는 그런 누나가 되고 싶었기 때문에 더 배려했던 것이 생각이 깊고, 다른 사람부터 이해할 줄 아는 사람으로 성장하는 데 도움이 되었습니다. 이는 자연스럽게 간호학과에 지원해 저의 장점을 살린 간호사 직업을 갖고자 하는 목표를 갖게 되었고, 크게 만족하며 4년을 보내고 있습니다.

반면 모든 이에게 잘 보이고 싶은 욕심 때문에 조금 우유부단한 점이 있습니다. 그래서 최근에는 결정을 할 때 좀 더 단호하게 행동하며 단점을 보완해 가고 있습니다.

일단 글자 수가 500글자라고 해서 딱 500글자를 맞추려는 노력은 필요 없다. 300자든 400자든 내가 꼭 해야 하는 말만 잘 정리한다면 훨씬 임팩트 있는 내용이 될 것이다. 원문의 경우 '어린 동생을 돌보아야 했기 때문에'라는 부분을 '덕분에 이해심과 포용력이 넓은 성격을 가지게 되었다.'라고 긍정적인 풀이로 바꾸었다. 또한 이런 성장과정을 통해 얻게 된 장점이 간호사 업무에서 어떻게 활용될 것인지 자연스럽게 연결했다.

다만 단점은 위의 장점과 구별하기 위해 꼭 줄 바꿈을 해야 한다. 역시 읽는 사람을 배려하기 위함이다. 또한 단점은 짧게 정의하고, 어떻게 보완하기 위해 노력 중인지 단 두 문장으로 끝내는 게 좋다. 여기서 장황하게 쓰면 변명하는 느낌을 줄 수도 있고 평가자가 더 이상 궁금해 하지는 않을 내용이기 때문이다.

아쉬운 답변

수줍음이 많은 아이는 초등학교 시절 저의 모습이었습니다. 초등학교 3학년 때 담임선생님께서 잘못 한 일에 대해서 질책하기보다는 격려, 잘한 일에는 많은 칭찬을 해주셨습니다. 또한, 제가 하는 말을 경청해 주셨고 긍정적인 반응을 해 주셨습니다.
그렇게 저는 점점 자신감이 생기게 되었고 학교 대표로 대회에 출전하고 공연을 하는 등 소극적인 아이에서 매사에 적극적인 아이로 변하게 되었습니다.

원문의 주인공이 초등학교 3학년 담임선생님인 것 같다. 본인의 장점을 적으면서 '누군가의 개

입으로' 또는 '누군가에 의지해서'라는 식의 표현은 장점이라 하기에 부족함이 느껴진다. 차라리 '수줍음이 많은 초등학교 시절'보다는 '활동적이던 초등학교 시절'로 바꾸고, 담임선생님 덕분에 '점점 자신감이 생기게'보다는 '발표력이 향상되어' 정도로 바꾸는 게 낫겠다.

주요 질문 2	지원동기 및 입사 후 계획(지원 직무를 잘 수행할 수 있는 이유, 직무에 필요한 역량을 갖추기 위한 노력 등 구체적으로 기술)

 첨삭 전

대학에서 간호학을 전공하며 고려대학교의료원이 국내 유일의 연구 중심 병원을 보유한 단일 의료원으로서 '미래의학'과 '생명존중', '첨단의학'의 설립 이념을 실현하고 있음에 깊은 관심을 가졌습니다. 이는 평소 간호 실습과 의료 봉사를 통해 환자들에게 최첨단, 최선의 진료와 간호로 더 나은 미래를 선사하고 역량 있는 간호사로 함께 성장하고 싶은 저의 비전과 일치하여 지원하게 되었습니다. 스스로 모집한 교내 스터디그룹을 통해 간호술기와 간호 전문성 향상을 위해 꾸준히 노력해 3학년 평균 4.0의 우수한 성적을 획득하였으며 이런 노력 끝에 고려대학교의료원 간호사로 지원하게 되었습니다. 향후 고대병원의 간호사로 단기적으로는 꾸준한 간호 QI 활동과 정확한 간호술기로 환자가 신뢰할 수 있는 전문성을 갖춘 간호사가 될 것입니다. 장기적으로는 '고대병원 간호리더'로 성장하여 환자를 향한 '맞춤 간호 프로그램'을 개발하고, 최고의 간호 환경을 제공하는 고려대학교의료원을 만들 것입니다.

 첨삭 후

'참된 간호리더가 되겠습니다.'
고려대학교의료원이 연구 중심 병원으로 '미래의학'과 '생명존중, 첨단의학'의 설립 이념을 실현하고 있음에 깊은 관심을 가졌습니다. 특히 올해 코로나19가 발생했을 때 가장 빠르게 서울 대학병원 최초로 의료진 인력과 순회 진료버스를 파견하여 대구경북 지역 국민이 겪는 고통을 덜고 하루빨리 정상화될 수 있도록 큰 노력을 하였습니다. 이는 평소 의료봉사 활동에 적극적으로 참여하여 최선의 간호를 실현하고 싶은 저의 비전과 같습니다.
또한 저는 간호 스터디그룹을 통해 간호술기와 전문성 향상을 위해 꾸준히 노력했습니다. 6학기 평균 4.0 이상의 우수한 성적으로, 교수님과 동기들의 지지를 많이 받았습니다. 앞으로 고려대학교의료원에 입사하여 꾸준한 QI 활동과 정확한 간호술기를 위해 열심히 공부하여 신뢰받는 간호사가 될 것입니다. 또한 인정받는 후배, 배우고 따라가고 싶은 선배로서 고대병원의 참된 간호리더가 되겠습니다.

고려대학교의료원의 두 번째 질문이 길긴 하지만, 잘 생각해보면 '지원동기'라는 보통의 병원 질문과 같다. 지원동기를 작성하는 요령은 앞서서 단 두 가지로 구성이 된다고 정리하였다. 먼저 50%는 내가 이 병원의 간호사가 꼭 되어야 하는 이유로 병원의 장점과 매력에 대해 언급하며, 나머지 50%는 이 병원이 꼭 나를 뽑아 주어야 하는 내용으로 정리되는데, 질문에 나와 있는 '지원 직무를 잘 수행할 수 있는 이유, 직무에 필요한 역량을 갖추기 위한 노력'이 여기에 해당된다.

주요 질문 3	본인의 가장 큰 성취경험과 실패경험에 대해 기술(당시에 행동과 느꼈던 생각을 중심으로 기술)

 첨삭 전

하고 싶은 사람이 아닌 챙겨야 할 사람을 주제로 이루어진 팀 미션을 한 경험이 있습니다. 친구들과 거리낌 없이 어울리며 목표가 생기면 그것을 이루기 위해 후회 없이 최선을 다하는 성격인 저는 조장을 맡아 챙겨야 할 조원들을 위해 열심히 공부하여 친구들에게 모르는 것을 하나하나 알려 주곤 했습니다. 하지만 조원 한 명이 수업에 잘 나오지 않고, 참여하지 않아 한 번에 합격하지 못한 적이 있습니다. 하지만 포기하지 않고, 그 친구를 설득시켜 매일 도서관을 다니며 가르쳐 준 결과 저희 조가 제일 먼저 시험에 전원 통과한 경험이 있습니다. 향후 이런 경험을 바탕으로 스스로의 발전을 위해 시간과 노력을 아끼지 않으며, 조직원들과의 조화를 이뤄 능률적이고 생산적으로 업무를 수행해 나가는 유능한 간호사가 될 것입니다.

 첨삭 후

'조직을 우선 생각할 수 있는 배려와 협력'

3학년 1학기 전공교양 수업에서 내가 챙겨야 할 사람이란 주제로 팀 미션을 한 경험이 있습니다. 저는 조장을 맡아 친구들과 목표를 정하고, 좋은 점수를 얻기 위해 최선을 다하고자 했습니다. 하지만 조원 한 명이 따라와 주지 못하는 상황이 되었고, 저는 다른 조원들과 함께 그 친구의 부족한 부분까지 도와 가장 먼저 시험을 통과하고 전원 A학점을 얻을 수 있었습니다. 이런 경험은 앞으로 간호사를 함에 있어 나 보다는 조직을 우선 생각할 수 있는 배려와 협력의 장점으로 발휘될 것입니다.
+(실패 경험 2문장)

여기에서는 수정해야 할 것이 참 많다. 우선은 '성취경험과 실패경험'을 서로 다른 주제를 사용해서 구분해야 한다. 잘못하면 이것이 성취경험인지 실패경험인지 구분할 수 없기 때문이다. 또한 모든 사례의 경우는 5W 1H 공식으로 풀어야 한다. 학교 수업에서가 아닌, 3학년 1학기 때,

어떤 과목, 그리고 내용에는 나오지 않았지만 어떤 주제의 수업인지, 어떤 준비를 팀 활동으로 해야 하는 건지를 상세하게 써야 더 현실적으로 다가올 것이다. 이 정도의 글로는 내용이 추상적으로 보일 수 있다.

긍정적인 표현은 지원자의 기본 성향을 보여주는 것이기에 무척 중요하다. '긍정성'은 병원 생활이 어느 정도 힘들어도 꿋꿋이 이겨 내는 데 큰 힘이 되는 요소로 병원에서 신입 간호사를 뽑으면서 정말 중요하게 생각하는 부분이다. 원본에서 '목표를 이루기 위해 후회 없이'나 '포기하지 않고' 등의 부정적인 단어 사용은 주의해야 한다. 같은 내용이라도 부정적인 의미를 가진 단어를 사용하지 않고도 얼마든지 설명할 수 있다.

아쉬운 원문

> 저는 폐암으로 투병 중이신 할머니 곁에서 항상 밝은 웃음과 에너지를 주시는 간호사 선생님을 보며 간호사를 꿈꾸게 되었고 간호학과에 지원했습니다. 하지만 결과는 좋지 않았고 상실감에 빠졌습니다. 그러다 우연히 지금의 학교를 알게 되어 지원했고 합격하여 꿈에 다가갈 수 있게 되었습니다. 앞으로 하면 된다는 신념을 갖고 어떤 일에도 포기하지 않고 꿋꿋이 저의 꿈을 향해 나아갈 것입니다.

위의 내용 역시도 '성취경험과 실패경험'을 하나의 소재로 사용했다. 내용적으로 보면 성취경험은 간호학과에 합격했다는 것이고 실패경험은 원하던 학교에 붙지 못했다는 것인데, 내용 전체적으로 느껴지는 아쉬움은 지금 다니는 학교에 대한 자부심이 없다는 것이다. 과연 병원 평가자의 입장에선 '이 지원자가 우리 병원에 오면 만족하고 자부심을 가지고 일할 수 있을까? 혹은 다른 누군가를 만나서 본인이 하는 일에 대해 자랑스러워 할까?'라는 의심이 들 수 있다.

주요 질문 4 | 본인의 역량과 본원의 핵심가치(첨단, 혁신, 창의성, 국제화, 효율화)가 부합되는 항목을 기술(경험 및 사례를 중심으로 기술)

고려대학교의료원의 다섯 가지 핵심가치 중 한두 개를 골라 그것과 연결해서 지원자의 자랑을 해보라는 것이다. 꼭 한 가지만 사용하라는 말은 없다. 한 가지 주제로 두 개의 사례를 말할 수도 있고, 두 가지 핵심가치에 대한 설명을 요약하는 것도 가능하다. 경험 및 사례를 중심으로 기술하라는 것은 꼭 5W 1H 공식으로 작성하라는 의미이다.

CHAPTER 5 삼성서울병원

1. 자소서 집중 포인트

2020년 이전에는 거의 매년 신입 간호사 채용공고의 출발 신호탄을 쏴온 삼성서울병원의 설립 이념은 '최선의 진료, 첨단의학 연구와 우수 의료인력 양성을 통해 국민보건 향상에 기여한다.' 이다. 미션은 '우리는 생명존중의 정신으로 최상의 진료, 연구, 교육을 실현하여 인류의 건강하고 행복한 삶에 기여한다.'인데 여기에 나오는 '행복'이란 단어를 눈여겨볼 필요가 있다. 자기소개서의 4가지 질문 중에서도 유일하게 글자 수 1,200byte로 (다른 세 가지 질문은 600byte) 길게 답하도록 한 것이 '행복'이고, 병원의 비전도 '환자 행복을 위한 의료혁신, 디지털 기반 의료혁신으로 환자가 행복한 개인 맞춤 의학을 구현한다.'이다.

이렇게 삼성서울병원은 환자의 행복과 인류의 행복, 그리고 개인의 행복을 중요하게 생각한다. 그래서 자기소개서나 면접에서 가장 행복하게 일하는 간호사가 되겠다고 강조하는 것도 중요하다.

주요 질문 1	지원한 직무를 잘 수행할 수 있는 이유를 구체적으로 기술하십시오. (학교생활 중심으로)

 첨삭 전

> 첫째, 사소한 것도 놓치지 않는 관찰력을 가졌습니다. 3학년 1학기 내과병동 실습 시 몸을 떠는 환자를 보고 체온을 측정하고 냉찜질을 하는 등 빠른 대처를 하여 상태가 악화되는 것을 막았습니다.
> 둘째, Top-us 동아리 활동을 통해 의사소통능력을 배웠습니다. 특히 매년 2학기 때 열리는 인구 토론회에 참여하여 상대팀의 의견을 경청하고 다양한 의견을 받아들이는 연습을 하였습니다. 이를 통해 동료들과 원활하게 직무를 수행할 수 있습니다.

사소한 것도 놓치지 않는 관찰력과 의사소통능력이 저의 장점입니다. 3학년 1학기 내과병동 실습 시 몸을 떠는 환자를 먼저 보고 체온을 측정하여 냉찜질을 하는 등 빠른 대처를 통해 상태가 악화되는 것을 막았습니다. 또한 매년 열리는 인구토론회에 참여하여 상대의 다양한 의견을 받아들이고 설득시키는 과정을 많이 경험하였습니다. 이를 통해 동료들과 원활하게 직무를 수행할 자신이 있습니다.

글자 수가 600byte라면 약 240~250자므로 소제목은 필요 없다. 여기에 첫 번째, 두 번째로 나눌 필요도 없을 것이다. 그냥 '관찰력과 의사소통능력'이라고 한 문장으로 정리하고, 언제 어떤 경험을 했는지 기술하면 된다.

주요 질문 2 직무수행과 관련된 경력사항 및 기타활동에 대하여 기술하십시오.

아쉬운 원문

'돌발 상황에 대한 대처능력'
마라톤 행사에 참여하여 저출산 극복 피켓활동을 하던 중 한 아버님께서 아이를 낳는 건 자유인데 왜 낳으라고 강요를 하냐고 화를 내시던 일이 있었습니다. 먼저 기분이 나쁘셨으면 죄송하다고 사과하고, 저출산이 지금 큰 문제점이니 같이 극복하자는 의미였다고 설명해드렸습니다. 활동 후 팀원들과 동아리 활동이 강요처럼 느껴지지 않도록 어떤 점을 개선해야 할지 토론하여 다음 캠페인에 반영하였습니다.

이 정도만 쓸 수 있어도 어떤 활동이었는지가 충분히 짐작된다. 다만 활동의 핵심이 저출산 캠페인이니 이것이 어떤 사회적 문제인지, 지원자는 왜 마라톤 행사에서 저출산 캠페인을 하게 되었는지를 간략하게 추가하면 더 좋을 것이다.

첨삭 전

> 간호학과에 합격하였을 때가 가장 행복했습니다.
>
> 고등학교 3학년에 올라 오로지 간호학과만 바라보았고, 마침내 합격을 했을 때 스스로가 대견스럽고 '나도 할 수 있다.'라는 자신감을 느꼈습니다. 자신감을 가지니 뭐든 도전해 보고 싶어졌습니다. 가장 먼저 복싱과 검도를 배웠고 두 달만에 7kg 감량이라는 좋은 결과까지 있었습니다. 그리고 대학 생활 동안 여러 활동에 참여하였습니다. 그 중 2학년 1학기 때 과의 부스활동에 참여하여 사람들의 활력징후를 측정하였는데, 사람들이 감사하다며 인사를 건넬 때마다 간호학생으로서 한 번 더 자부심을 느끼게 되었습니다. 기회가 된다면 입사 후 병원에서 시행하는 CARE 캠페인, 간호주간행사 등에 적극적으로 참여하고 싶습니다. 그리고 쌓인 경험을 토대로 후배들에게 조언을 줄 수 있는 간호사가 되고 싶습니다.

 첨삭 후

> '간호사 김영란'
>
> 간호학과에 합격하였을 때가 가장 행복했습니다. 저는 중학교 2학년 때부터 간호사가 꿈이었습니다. 그래서 고등학교 3년 동안 간호학과 진학을 목표로 열심히 공부했고, 간호학과 진학을 꿈꾸는 또래 친구들과 함께 학교 근처 요양시설을 찾아 봉사활동을 3년간 지속적으로 해 왔습니다.
> 그래서 간호학과에 입학하니 자신감이 많이 생겼습니다. 자신감을 가지니 뭐든 도전해보고 싶어졌습니다. 먼저 검도를 배웠고 두 달 만에 7kg 감량이라는 좋은 결과까지 얻었습니다. 그리고 대학생활을 정말 열심히 했습니다. 2학년 1학기 때는 간호학과 부스활동에 참여하여 시민들의 활력징후를 측정하였는데, 사람들이 감사하다며 인사를 건넬 때마다 간호학생으로서 큰 자부심을 느끼게 되었습니다. 기회가 된다면 입사 후 병원에서 시행하는 CARE 캠페인, 간호주간행사 등에 적극적으로 참여할 것입니다. 이런 적극적인 모습으로 후배들에게 롤모델이 되는 간호사가 되겠습니다.

가장 행복했던 경험을 단순히 간호학과 입학으로만 정리하는 것보다, 이런 행복한 순간을 얻기 위해 지원자가 어떤 노력의 과정을 하였는지 덧붙이면 더 행복한 느낌을 전할 수 있을 것이다. 쓰면서 이것(중학교 2학년 때부터 간호사가 꿈)은 사실과 조금 다르다는 딜레마를 가질 수도 있지만, 선의의 거짓말이라는 것이 이렇게 자기소개서를 쓰고 다듬으면서 필요한 포장 작업이 아닐까 위안해 본다.

지원동기 및 입사 후 포부는 무엇인지 기술하십시오.

중환자실 실습 때 무의식 환자에게도 웃으며 인사를 건네는 간호사 선생님을 보면서 '간호는 마음을 담은 행동이다.'라는 생각이 들었습니다. 저는 환자를 생각하는 진심 어린 마음으로 ICU다이어리, 해피라운딩 같은 간호혁신을 만드는 SMC가 제가 꿈꾸던 병원임을 확신하였습니다. 입사 후 병원의 이념에 동참하여 환자 중심의 전인간호를 제공하는 간호사가 되겠습니다. 또한 최신 저널과 최신 간호정보에 대해 끊임없이 공부하겠습니다.

먼저 위의 사례가 삼성서울병원이 아니면 첫 두 줄은 빼야 할 듯하다. 대신 다른 삼성병원의 최신 뉴스를 활용하거나, 입사 후 포부를 한 줄 더 추가해 보자.

CHAPTER 6 ___ 서울대학교병원

명실상부 대한민국 최고라 할 수 있는 서울대학교병원의 자기소개서를 보도록 하자. 병원의 미션은 세계 최고 수준의 교육, 연구, 진료를 통하여 인류가 건강하고 행복한 삶을 누릴 수 있도록 한다는 것이다.

1. 자소서 집중 포인트

우선 서울대학교병원은 본원 외에 어린이병원과 암 병원으로 나누어져 있고, 모두 순환근무로 배치된다. 병원의 비전은 '최상의 진료로 가장 신뢰받는 병원, 생명의 미래를 여는 병원, 세계 의료의 리더를 양성하는 병원, 의료선진화를 추구하는 정책 협력 병원'이다. 2019년의 자기소개서 항목은 총 다섯 개이며 모두 200~300자 내외로 분량이 짧다. 본인의 생각이나 각오 등을 모두 빼고, 있었던 사실 그대로만 상세하게 작성하라는 의미이다.

이 중 첫 번째인 입사 지원동기와 자신의 역량(장점), 두 번째인 지원 분야와 관련하여 다양한 분야에서의 경력과 경험 활동, 세 번째인 지원 직무와 직접 관련한 경력, 경험 활동은 이미 앞에서 설명하였으므로, 네 번째 특별한 질문을 보자.

주요 질문 1	타인과의 관계 속에서 정서적으로 스트레스를 받은 경험이 있습니까? 스트레스를 관리하는 본인의 방법을 구체적인 사례를 기반으로 기술해 주십시오.

 첨삭 전

저는 가벼운 산책과 운동을 자주 합니다. 지치거나 기운이 없을 때 공원이나 동네를 한 시간 정도 돌아다니다 보면 기분이 좋아지고 편안해지는 느낌이 듭니다. 걷거나 운동을 하면서 심리적 안정을 많이 찾습니다. 그동안의 복잡한 일이나 신경 쓰이던 일들의 해결방안이 생각나기도 하고 반성해야 할 일, 기분 좋았던 일 등을 떠올리며 제 생각을 정리할 수 있는 좋은 시간이 됩니다.

저는 좀처럼 타인과의 관계로 스트레스를 받지는 않습니다. 늘 긍정적으로 이해하려는 편입니다. 하지만 스트레스가 생기면 가벼운 운동을 합니다. 집 앞 공원이나 학교 운동장을 찾아 한 시간 정도 열심히 걷다 보면 기분도 좋아지고 편해집니다. 그리고 반성해야 할 일이나 기분 좋았던 일 등을 떠올리며 제 생각을 정리하고, 다시 활기차게 하루를 시작합니다.

질문은 두 가지를 묻고 있으나 답변은 한 가지만으로 마무리되었다. 또한 취미를 얘기할 때도 간호사에게 필요한 역량 강화와 연관성을 가진 취미를 언급하면 좋겠다. 그래서 한 시간 정도 열심히 걷는 운동이라고 적어 보았고, 마무리로 다시 활기차게 하루를 시작한다고 하니 평가자의 입장에선 스트레스를 잘 관리할 수 있는 사람으로 평가할 것이다.

주요 질문 2	활동 혹은 업무 수행 중 예상치 못한 문제나 어려움에 직면하였으나, 원인을 파악하여 극복했던 경험을 기술해 주십시오.

자기소개서에 나온 이 다섯 번째 질문은 서울대학교병원 면접에서도 자주 나오는 질문으로 '컴플레인 고객(대상자)에게 어떻게 대처했는지'를 묻는다. 고객이라고 하니 아르바이트 경험을 묻는 것 같지만, 병원 실습 중에 만난 환자나 봉사활동 중의 대상자도 모두 같은 의미로 해석된다. 우리는 짧지 않은 실습이나 봉사 경험 속에 불만을 지속적으로 제기하며, 나를 힘들게 했던 몇몇의 대상자를 만난 경험이 있을 것이다. 이때 나는 어떻게 적절하게 대처하여 위기를 극복했는지 5W 1H 공식에 맞추어 작성해 보자.

간호사에게 위기대처 능력이나 순발력은 무척 중요한 능력이다. 취업 준비를 하면서 조금 더 적극적으로 환자들과 접촉했던 학생들은 스토리로 쓸 수 있는 경험들이 많을 것이다. 그렇지 않았던 학생들은 억지로 만들기가 힘들 수도 있다. 지금도 늦지 않았다. 4학년 1학기를 온라인 실습한 학교가 많지만, 2학기 실습이 지금 여름방학, 이때부터 시작이니 남은 실습시간을 소중하게 생각하고 열심히 환자와 보호자들을 도와주기 위해 노력해 보자. 분명 훌륭한 자기소개서 스토리가 개발될 것이다.

CHAPTER 7 서울아산병원

1. 자소서 집중 포인트

2,704개 병상의 서울아산병원은 대한민국 최대 규모의 병원이다. 초창기 병원의 이름이 현대아산병원이라 지금도 많은 교수진들은 그렇게 표현하지만 자기소개서에는 정확하게 서울아산병원이라 적어야 한다. 병원의 미션은 '끊임없는 도전과 열정으로 높은 수준의 진료, 교육, 연구를 성취함으로써 인류의 건강한 삶에 기여한다.'이다. 특히 병원 소개 부분에서 한국능률협회에서 선정한 14년 연속 국민들에게 가장 존경받는 병원 1위(2020. 2. 27)가 눈에 띈다.

또한 서울아산병원의 장점이라 하면, 삼성서울병원과 같이 기업병원이라 모대학이 없다. 개인의 역량 개발에 따라 얼마든지 성장하고 인정받을 수 있는 환경이라 자대를 갖고 있지 않는 꿈 많은 간호학생들에게 꼭 추천해 주고 싶다. 자기소개서의 질문은 오래 전부터 단 두 개이나, 자세히 들여다보면 첫 번째 질문에는 작은 질문 다섯 개를 2,500자 내로 작성해야 하고, 두 번째 질문은 본원의 핵심가치 중 한두 개를 골라 자신과 연관지어 설명해야 한다.

주요 질문 1	자신의 성장과정, 지원 동기, 장점 및 단점, 취미, 희망 업무 및 포부, 기타 특기사항 등을 자유롭게 서술하시기 바랍니다.

작성꿀팁 💬 첫 번째 질문은 작은 질문의 순서대로 답변을 작성해야 한다. 그리고 모든 글에는 소제목을 달아 이 본문이 어떤 질문에 대한 답변인지 쉽게 이해할 수 있게 해야 한다. 그러기 위해선 소제목이 질문의 답과 같은 역할을 하도록 하는 것이 좋을 것이다.

성장과정 '봉사활동을 통해 간호사의 꿈을 키우던 학창시절'
(본문)

지원동기 '뭉치면 산다.'
(본문)

장점 및 단점	'침착하고 정확한 판단력'
(본문)	

취미	'대학 4년간 배운 요가 전문가'
(본문)	

희망 업무 및 포부	'희망을 나누는 응급전문 간호사'
(본문)	

기타 특기사항	'한글에서 영상편집까지'
(본문)	

물론 이 모든 질문에 답을 할 필요는 없다. 질문은 '이런 종류 등을 자유롭게'라고 되어 있다. 하지만 처음 작성할 때는 되도록 다 적어 보고, 최종적으로 글자 수에 맞추어 내용이 빈약한 것들은 빼고 정리하면 된다. 그럼 아래 몇 가지 사례들을 확인해 보자.

 첨삭 전

'따뜻한 봉사정신으로'

고등학교 3년 동안 봉사동아리 활동을 통해 남을 돕는 일에 뿌듯함을 느꼈고 관심을 가졌습니다. 일주일에 한 번씩 노인요양원에서 어르신들의 말벗이 되어드리고, 식사하는데 도와드리며 식사 후에 양치질 돕기 등 일상에서 도움이 필요할 때 도와드렸습니다. 할머니들께서는 "고마워. 정말 고마워."라는 말씀을 정말 많이 해주셨습니다. 저에게는 별 것 아니고 쉬운 일이라고 생각했던 행동들이 누군가에는 큰 힘이 될 수 있고 제가 누군가에게 큰 도움을 줄 수 있는 사람이라는 것을 강하게 느꼈습니다. 또한 지역아동센터로 교육봉사를 나갔을 때에도 내가 할 수 있는 것, 잘하는 것들을 남을 위해 쓰고 나누면서 도움을 줄 수 있다는 사실이 굉장히 뿌듯했습니다. 이러한 봉사활동을 통해 나눔과 봉사의 따뜻함을 느꼈고 이제는 전문적으로 그들에게 더 도움이 되고 힘이 될 수 있는 사람이 되고자 하였습니다. 그렇게 저는 간호학도가 되었으며 나는 환자에게, 환자는 나에게 힘이 되어 긍정의 에너지가 돌고 도는 그러한 간호사가 되겠다고 다짐하였습니다.

일단 위의 글이 지원동기인지 장점인지, 희망업무인지 분명하지 않다. 앞부분에 적혀 있는 것을 보니 지원동기라고 구분되는데 만약 지원동기라면 가장 근본적인 문제가 있다. 서울아산병원의 지원동기인지 한국대학교병원(?)의 지원동기인지, 전혀 구분이 안 된다는 것이다. 모든 병원의

자기소개서에 들어있는 지원동기는 간호사라는 직업에 대한 지원동기가 아니다. 그것은 이미 대학 입학면접에서 말하지 않았는가? 대학병원 서류에 있는 지원동기는 '왜 우리 병원의 간호사가 되고 싶은지'를 묻는 것이다. 당연히 병원의 장점과 매력을 나만이 언급할 수 있는 내용으로 찾아서 준비해야 하는 것이다.

 ## 첨삭 후

> **'함께 살아가는 사회'**
>
> 최고의 의료 수준을 자랑하는 서울아산병원 간호사가 되기 위해 4년을 준비했습니다. 특히 의료 취약 지역과 긴급재난 지역을 찾아 꾸준하게 의료봉사를 시행하고, 전문치료를 요하는 환자에 대해서는 초청 진료사업을 시행하는 것에서 따뜻한 아산의 정신을 느낄 수 있었습니다. 그들에게 따뜻한 관심으로 새 삶을 선물한 아산병원에 감동받았습니다. 저 또한 그 일원이 되어 전 인류의 건강을 위해 따뜻한 손길을 펼치는 간호사가 되고 싶다고 강하게 느꼈습니다.

2019년 가을, 간호부장님들과 함께하는 자리에서 나온 이야기이다. 대한민국의 많은 대학병원들은 해외 진출을 했거나 진행 중에 있으며 전 세계의 병원과 교류하며 상부상조하고 있기도 하다. 따라서 지금의 학생들은 10년 뒤에 어떤 나라나 인종, 언어를 가진 환자를 케어하고 있을지 아무도 모른다. 이번 코로나19 사태에서 한국의 병원들이 다른 나라의 병원에 단순히 의료장비, 구호물품만 지원하는 데 그치지 않은 것만 봐도 알 수 있다. 지원하는 병원의 비전에 '글로벌 병원', '세계 유수의 병원들과 어깨를 나란히 하는 병원' 등의 문구가 있다면 자기소개서에도 그에 맞는 자신만의 비전을 보여 줘야 한다.

> **아쉬운 원문**
>
> 저는 활달하고 사교성이 많은 성격은 아니나 항상 주위에 친구나 선후배가 많았습니다. '네가 제일 편하다.'는 말을 자주 들었고, 조언이나 상담을 요청해 오는 친구들이 많습니다. 누군가 힘들거나 도움이 필요한 내색을 하면 얘기를 경청하고 공감해 주었던 것이 다른 사람들에게 작지 않은 위로가 된 것 같습니다. 그래서 고등학교 재학 중에는 반 친구들의 추천으로 상담선생님이 진행하시던 또래 상담 프로그램에 '상담가'로 활동하기도 했었습니다. 이 활동으로 경청의 긍정적인 효과와 적절한 의사소통을 하는 방법을 배웠습니다.
> 조금 부족한 점은 사람들이 많이 따르는 데 비해 낯을 많이 가린다는 것입니다. 모르는 사람에게는 제가 먼저 잘 다가가지 못하고 남이 제게 올 때까지 기다리는 편입니다. 또한 친해지기 전까지는 거

리를 많이 두고 어색해 하는 면도 많습니다. 간호사가 되어서는 환자에게 친근함과 익숙함을 주는 것이 필요할 것이라 생각해 고치려고 많이 노력하고 있습니다. 틈틈이 아르바이트를 해서 사교성과 사회성을 많이 기르려고 노력했습니다. 주로 서비스직을 하였고 병원 앞의 편의점에서 일하는 등, 손님으로 오는 환자나 의료진들과 대화도 많이 하려고 시도하였습니다. 또한 남들을 통솔해야 하는 일이 생기면 마다하지 않고 하는 등의 결과로 지금은 낯을 가리는 면이 많이 사라지고 웃으면서 먼저 말을 건넬 줄 알게 되었습니다.

본인의 장점은 따르는 사람이 많고, 공감을 잘 한다는 것이다. 그냥 그렇게만 적어도 되는데 굳이 '사교성이 많은 것은 아니지만'을 넣어 스스로 장점을 반감시키고 있다. 또한 고등학교 시절 상담가로 활동했다며 적절한 의사소통을 하는 방법을 배웠다고 했는데, 대학시절의 언급이 전혀 없어 아쉬움이 남는다. 조금 수정하자면 고등학교 시절 상담가로 활동했고, 대학 시절에도 봉사활동을 하며 의사소통에 자신감을 갖게 되었다는 정도로 마무리했으면 좋았겠다. 그리고 장점에서 간호업무에 어떻게 직접적으로 상관성이 있는지에 대한 이야기가 전혀 없었다.

단점의 경우는 낯을 많이 가린다고 했는데 이 부분은 간호사 업무를 하는 데 치명적인 단점이 될 수 있기 때문에 적어서는 안 된다. 물론 마지막에 지금은 낯을 가리는 면이 많이 사라지고 웃으면서 먼저 말을 건넬 줄 알게 되었다고는 하지만 타고난 성격이 내성적이고, 그것을 고치기 위해 대학시절 틈틈이 아르바이트를 많이 했다는 것으로 끄집어내자니 이것도 좋은 방법은 아닌 듯 하다.

간호사에게 치명적인 단점을 들자면 저질체력이나 심신허약, 소통의 부재, 불성실함, 끈기 부족, 목표의식 부재 등이 있다. 이런 단점은 고민할 것도 없이 소재로 사용하지 않는다. 그럼 무엇을 단점으로 정해야 할까? 업무상 큰 문제가 되지 않는 단점을 생각해 보았다.

'저의 단점은 무엇인가를 결정하는 데 있어 다소 시간이 오래 걸리는 것입니다.'
'저의 단점은 너무 적극적이라는 것입니다.'
'저의 단점은 모든 것을 너무 긍정적으로 판단한다는 것입니다.'
'저의 단점은 목소리가 너무 크다는 것입니다.'

여러 가지를 배우게 해주신 부모님 덕분에 장래희망을 다양하게 가질 수 있었습니다. 피아니스트, 서예가, 연예인, 의사, 산업디자이너 등 꿈이 셀 수 없이 바뀌었습니다. 그러던 중 고등학교 2학년 때, 아버지께서 편찮으셔서 병원에 입원을 하셨습니다. 아버지를 비롯하여 대상자 및 보호자와 가장 가까이 있으면서 그들에게 힘이 되어 주던 간호사가 멋있다고 생각하였습니다. 그 이후로 간호사를 꿈꿔 왔습니다. 진정한 꿈을 찾게 되어 행복했고, 이제는 제가 간호사가 되어 그들 옆에서 힘이 되고 싶습니다.

성장과정인데 서예가, 연예인, 산업디자이너 등은 필요 없는 내용이다. 고등학교 2학년 때 아버지께서 입원하신 것을 계기로 간호사를 하기로 했다면 그 이후 어떤 노력을 해 왔는지, 그리고 가족들은 어떻게 지지해 주었는지 등을 써야 한다. 또한 '가까이 있으면서 그들에게 힘이 되어 주던 간호사가 멋있다고 생각'이 들었다고 하는 표현도 조금 수정이 필요하다. 단순히 멋있다고 표현하기에는 약간 겉만 보고 판단한 느낌을 준다. 성취감이 크거나 보람 있어 보인다고 표현하는 게 더 낫겠다.

'성실함과 친화력이 나의 무기이다.'
지난 4년 동안 수업에 지각이나 결석을 하거나 과제 제출 기한을 넘긴 적이 단 한 번도 없었습니다. 간호에 대한 지식이 늘어감에 따라 꿈에 가까워지고 있다는 생각에 더 노력하였습니다. 친구들과 놀면서도 공부하는 것이 재미있었기 때문에 학교 및 실습하는 병원에서도 항상 즐거웠습니다. 제가 학교생활 동안 갖게 된 이 무기들은 간호사에게 꼭 필요한 덕목이라고 생각합니다.

지각하거나 결석이란 단어 자체가 부정적이다. 소제목의 '무기'라는 표현도 그렇다. 그보다는 수업시간 30분 전 일찌감치 학교에 도착해서 여유 있게 수업을 준비했다고 쓰는 것이 훨씬 더 긍정적으로 보일 것이다. 특히 지각이나 결석은 해서는 안 되는 일이고 과제 제출은 당연히 지켜야 하는 사항이다. 당연한 것을 장점이라고 언급한다면 병원에서는 시키는 일만, 정해진 룰만 잘 지키고 만족하는 지원자라고 평가할 수 있다.

현재 저는 의대 간호대 연합 기독교 동아리인 'CMF'에서 활동하고 있습니다. 다양한 대인 관계를 형성하고, 사회에 진출하기 전 공동체를 경험하기 위해 가입하였습니다. 선후배간의 정보 교류, 시험기간 응원 등으로 사람들 간의 정과 즐거움을 느낄 수 있었습니다.

종교 활동을 열심히 한다는 것은 평가자에 따라 호불호를 달리할 수 있다. 만약 가톨릭대학교 CMC 계열이나 연세대학교의료원, 계명대학교 동산병원처럼 특정 종교 재단이나 학교법인에 따라 운영되는 병원이야 더 강조할수록 유리하겠지만 그렇지 않은 경우 자기소개서를 읽고 평가하는 사람이 누구냐에 따라 불편한 소재가 될 수도 있기 때문이다. 어떤 평가자가 읽든 모두 좋게 평가할 수 있는, 무난한 자기소개서를 쓰는 것이 가장 바람직하다.

주요 질문 2	본원의 핵심가치(나눔과 배려, 정직과 신뢰, 공동체 중심사고, 사실 및 성과 중시, 미래 지향) 중 자신과 가장 부합하다고 생각하는 가치를 선택하여 그 이유를 경험을 토대로 서술하시기 바랍니다.

간호사는 사람들과의 관계가 중요하다는 것을 알고 있었기 때문에, '미래의 내가 궁금하면 현재의 나를 보라.'라는 관념을 가진 저는 간호학을 배우기 전 먼저 사회생활을 하는 데 필요한 대인관계 방법을 배우고 싶었습니다. 그래서 전공 수업을 듣기 전인 1학년 여름방학 때, 휴학을 하고 사람들을 많이 상대하는 사회생활을 경험할 수 있는 카페 바리스타로 1년 동안 아르바이트를 하였습니다.

본원의 핵심가치에 적합한 인재라는 것을 인정받기에 너무 가벼운 주제인 듯하다. 카페 바리스타로 1년 동안 아르바이트를 했다는 것도 불필요하지만, 이를 위해 1년간 휴학을 했다는 사실을 오픈한 것도 실수라고 느껴진다. 휴학은 할 수 있지만 병원의 입장에선 입학해서 4년간 성실하게 간호사 준비만을 했던 지원자를 더 선호하기 때문이다. 물론 다른 지원자들과 학번이 다르면 궁금해 할 수도 있다. 하지만 먼저 말할 필요는 전혀 없다.

CHAPTER 8 연세대학교의료원

1. 자소서 집중 포인트

'하나님의 사랑으로 인류를 질병으로부터 자유롭게 한다.'는 연세대학교의료원의 미션은 알렌, 에비슨, 세브란스의 정신을 이어받아 의료 소외지역에 의료와 복음을 전파하여 사랑을 실천하는 의료선교기관이 되자는 비전과 일맥상통한다. 신촌 세브란스는 2,442병상으로 국내에서 두 번째 규모이다. 자기소개서의 질문은 총 여섯 가지로 간단한데, 쓸 수 있는 글자 수조차 200~400자로 적어 꼭 써야 하는 핵심 사실만 잘 정리해서 소제목 없이 써내려 가면 된다.

주요 질문 1	성장과정 / 자기신조

작성꿀팁 💬 자기신조는 좌우명이나 생활신조와 같은 의미이다. 간호사라는 직업에 어울릴 만한 생활신조가 필요할 것이다. 예를 들어 '성공은 당신을 찾아오지 않는다. 나가서 획득해야 하는 것이다.'라든지, '더 크게 꿈꿔라. 그리고 더 크게 실행하라.'와 같은 사업을 하거나 영업을 하는 직종 사람들이 가져야 할 자기신조와 '성공한 사람보다 가치 있는 사람이 되자.'와 같은 의미 있는 것이 좋겠지만 아무래도 기독교 병원인 만큼 '내 생활은 하나님께서 한 평범한 여자를 봉사의 길로 인도하신 것이다. 오직 하나님이 다 하신 것이다.'와 같은 기독교 정신에 입각한 자기신조를 찾아보면 어떨까 한다. 그리고 마무리는 이런 자기신조를 지금 어떻게 실천하고 있고 앞으로 간호사 생활을 통해 어떻게 나눌 것인지까지 한 문장으로 작성해야 한다.

 첨삭 전

> 저희 집 가훈은 '우공이산'입니다. 하고자 하는 마음만 먹으면 못 할 일이 없다는 뜻입니다. 성실하고 최선을 다하는 자세와 매사에 준비해 두는 마음가짐 등 배우는 것이 많았고 신뢰도 얻을 수 있었습니다. 버킷 리스트를 완성하기 위해 현재 과대가 되었습니다. 소통을 통해 다양한 생각을 이해하고 존중하며 더 성장하는 사람이 되었습니다. 이렇게 하고자 하는 일에 최선을 다하는 습관은 더 큰 배움의 기회를 얻을 수 있게 하였습니다.

'우공이산', 하고자 마음 먹으면 못 할 일이 없다는 좌우명을 가진 저는 성실하고 최선을 다하는 자세를 부모님께 배웠습니다. 매사에 미리 준비하고 전심전력으로 실천하다 보니 교수님, 친구들 등 주변 사람들의 신뢰를 얻고 있습니다. 대학에 입학하면서 만든 버킷 리스트를 완성하기 위해 과대표 활동도 하며 다양한 경험과 책임을 갖게 되었습니다. 이런 적극성으로 많은 배움의 기회를 얻는 간호사가 되겠습니다.

물론 평소 갖고 있는 자기신조가 있다면 당연히 써야 한다. 그리고 간호사 직무와 연관 지어 설명할 수 있으면 좋다. 첫 머리에 '저희 집 가훈은 '우공이산'입니다. 하고자 하는 마음만 먹으면 못 할 일이 없다는 뜻입니다.'로 시작하니 꼭 읽는 사람을 가르치는 듯해서 부드럽게 수정해 보았다.

매일 아침 어머니의 따뜻한 아침밥을 먹으며 10대를 보냈습니다. 대학생이 되고 나서 매일 밥 한 끼 차리는 것이 얼마나 힘든 일인지를 알았습니다. 어머니를 보고 배운 책임감을 바탕으로 간호학생으로서 책임을 다하기 위해 병원실습 동안 매일 20분 먼저 출근하여 배우려는 자세를 갖췄습니다. 선생님들에 발맞춰 움직이고 대상자들의 호소에 빠르게 움직였습니다. 어떤 일이 주어지면 책임을 다하는 저의 신조가 세브란스병원에 한 몫을 담당할 것이라 확신합니다.

아침이면 따뜻한 밥 한 끼로 하루를 시작해야 한다는 어머니의 정성으로 10대를 보냈습니다. 대학생이 되고 나서야 새벽 일찍 일어나 밥을 준비한다는 것이 얼마나 대단한 것인지를 깨닫게 되었습니다. 어머니의 책임감처럼 저도 간호학생으로서 소명을 다하기 위해 병원실습에는 늘 30분 먼저 출근하여 배울 것을 찾았습니다. 선생님들에 발맞춰 움직이고 대상자들의 호소에 빠르게 움직였습니다. 이런 부지런함으로 세브란스병원의 자랑스러운 일원이 되고 싶습니다.

수정된 내용 중 30분 먼저 출근하여 배울 것을 찾았다는 내용은 학교 등교도 마찬가지고, 병원실습도 일찍 도착했다는 것을 의미한다. 여기에 글자 수의 여유가 있다면 학교 창문을 열어 동기들이 상쾌하게 하루를 시작할 수 있도록 환기를 시키는 역할을 했다든지, 실습에 일찍 도착해서 선생님들께 도와 드릴 것이 없는지 묻고, 환자들과 인사를 나누며 하루를 시작했다고 마무리하면 더 좋을 것이다.

첨삭 전

> '질병으로 고통 받는 이들이 없는 그날까지'
>
> 홍보영상을 보던 중 저의 포부와 같은 문구가 있었습니다. 인간사랑을 바탕으로 하는 세브란스병원에서 환자의 고통을 공감하고, 세상의 빛과 소금인 이곳에서 근무하며 환자분들께 빛과 소금이 되겠습니다. 전문적인 역량을 키우고 신체적 질병뿐만 아니라 마음의 질병까지 고통 없도록 돕겠습니다. 학술활동을 통해 새로운 기술과 지식을 습득하여 임상에 적용하겠습니다. 또한 환자와 적극적으로 소통하여 행복을 줄 수 있는 간호사로 함께하겠습니다. 경험을 토대로 5년 후 정신 전문의료인으로 거듭나, 새로운 근거 연구를 통해 세브란스병원의 발전을 돕겠습니다.

첨삭 후

인간사랑을 바탕으로 환자의 고통에 공감하겠습니다. 세브란스병원은 국내 최초로 외국인 환자 유치를 위해 진료 과목별 전문의와 외국어 능력을 갖춘 간호사, 그리고 국별 코디네이터를 두고 있으며, 이번 코로나19 상황에서 국내 최대 규모의 경증 환자 격리시설을 지원하고, 의료진을 파견하여 사회적 책무를 성실하게 수행하였습니다.

저는 입사 후 꾸준하게 학술활동에 참여하며 새로운 기술과 지식을 습득하여 전문성을 키우겠습니다. 또한 환자와 동료들과 협력하며, 다방면에서 인정받는 간호사로 세브란스병원의 발전을 함께하고 싶습니다.

지원동기는 내가 지원하는 병원에 대해 갖고 있는 자부심과 매력을 잘 서술해야 한다. 2020년 가장 큰 사회적 이슈는 바로 신종 코로나19 바이러스이다. 앞으로 세계는 코로나19 전 시대와 후 시대로 나누어질 것이라는 말이 나올 정도로 전 세계직으로 큰 영향을 끼쳤다. 그런 의미에서 언급하는 것이 바람직하고, 국내 최초로 외국인 환자 유치를 위한 특별한 프로토콜이 만들어져 있다는 것 역시 코로나19 시대에 더 경쟁력 있는 산업이 의료서비스가 될 것이라는 최근 기사에 기반하여 만들어진 것이다.

PART

3

자기소개서

업무수행 기본 능력은 지원자의 장점과 같은 질문이다. 지원하는 연세대학교의료원의 간호사로 활동하기에 사용될 능력인 것이다. 그런데 아래의 내용은 어떤 문제가 있을까?

아쉬운 원문

항상 병원 실습을 가게 되면 어르신들께서 먼저 좋아해 주셨습니다. 설명을 꼼꼼하게 잘 해주고 항상 예쁘게 웃고 있는 모습이 보기 좋다고 하시며 손을 꼭 잡아 드리면 이것 좀 먹고 하라고 간식도 주시곤 하셨습니다.

할머니와 함께 살아서 어르신들께 어떻게 해드리면 좋아하시는지 알고 있고 어떻게 도와드리는 것을 가장 좋아하시는지 알고 있습니다. 이러한 저의 강점을 살려 간호한다면 고령화 시대에 걸맞게 최적의 간호를 시행할 수 있다고 생각합니다.

이것은 세브란스 지원서라기보다 (세브란스)노인병원의 지원서에 가깝다. 처음 '어르신들께서 먼저 좋아해 주셨습니다.'부터 '어떻게 도와드리는 것을 가장 좋아하시는지 알고 있습니다.'까지 잘 작성한 자기소개서이다. 하지만 마지막 문장까지 '고령화 시대에 걸맞게 최적의 간호'로 마무리 된다면 곤란하다. 앞부분부터 중반부까진 그대로 가더라도 마지막 문장은 '이러한 저의 강점을 살려 간호한다면 남녀노소 어떤 대상자든지 눈높이 맞춤 간호를 시행할 수 있다고 자신합니다.' 정도로 마무리해야 한다. 지원자가 만약 입사한다면 어떤 부서나 병동에 근무할지 모르는 상황에서 오직 어르신들 대상으로 장점이 있다고만 어필한다는 것에 모순이 있기 때문이다.

주요 질문 4 팀워크 / 협력

연세대학교의료원만의 특별한 질문이 있다. 팀워크와 협력, 몰입성에 관한 질문으로 지원자의 경험을 묻는 것이다. 이때 중요한 것은 결과물까지 제시해야 한다는 것이다. 팀을 만들어 어떠한 노력과 나의 역할이 있었고, 결국 어떤 결과(데이터 변화, 수상, 칭찬, 좋은 학점, 인정받음)가 있었는지 일목요연하게 설명해야 한다.

이 질문은 연세대학교의료원의 비전에 근거한다. '개척정신과 협동정신으로 새로운 연구영역을 창출하여 의학기술을 선도하는 연구기관' 부분에 해당되는데 글을 쓰기 전, 여러 가지 소재 중에 한 가지를 써야 한다면 차분하게 병원의 비전과 미션을 읽어보면서 판단해 보자.

첨삭 전

의사소통능력은 간호사로서 필요하다고 생각합니다. 동아리의 단장으로서 담당 교수님과 단원들 사이에서 의견을 전달하고 접점을 찾았습니다. 4년간의 활동으로 다양한 사람들과 대인관계를 형성하였고 경험을 바탕으로 병동의 선생님들과 친밀한 관계를 유지하겠습니다. 병원 커뮤니케이션 전문가 자격증을 취득하여 전문성을 더하였습니다.

상황대처능력 또한 있습니다. 실습 중 정맥주사 제거 후 출혈이 멈추지 않아 당황한 환자를 안심시키고 알코올 솜으로 5분 이상 지혈하여 대처하였습니다. 이러한 능력으로 세브란스 병원에 필요한 사람이 되겠습니다.

 첨삭 후

간호사로서 꼭 필요한 의사소통에 장점을 갖고 있습니다. 동아리 단장으로서 담당 교수님과 단원들 사이에서 의견을 전달하고 접점을 찾았습니다. 4년간의 활동으로 다양한 사람들과 대인관계를 형성하였고 경험을 바탕으로 병동의 선생님들과 친밀한 관계를 유지하겠습니다. 병원 커뮤니케이션 전문가 자격증을 취득하여 전문성을 더하였습니다.

상황대처능력도 뛰어납니다. 실습 중 정맥주사 제거 후 출혈이 멈추지 않아 당황한 환자를 안심시키고 알코올 솜으로 5분 이상 지혈하여 대처하였습니다. 이러한 능력으로 세브란스 병원에 필요한 사람이 되겠습니다.

원문을 보면 '의사소통능력은 간호사로서 필요하다고 생각합니다.'로 시작하는데, 자기소개서에서 남 이야기를 하듯이 이론적 설명을 하면 안 된다. 무조건 나의 이야기로 풀어야 한다. 따라서 '간호사로서 꼭 필요한 의사소통에 장점을 갖고 있습니다.'로 수정했다. 따지고 보면 같은 의미지만 읽는 느낌은 상반된다.

첨삭 전

축제 때 연극을 하였습니다. 한 달간 친구들과 역할에 대해 이야기도 하고 시간이 나는 대로 대강 당에 모여서 연습하였습니다. 연극은 처음이었고 대사가 적은 편도 아니었기에 힘들기도 했습니다. 그러나 포기하지 않고 대본을 계속 보았으며 쉬는 시간과 하교시간을 이용해 연습하였습니다. 많은 사람들과 손발을 맞춘 결과 실수 없이 마무리할 수 있었으며 칭찬을 받았습니다. 열정을 가지고 도전하는 점을 토대로 세브란스 병원의 발전에 기여하겠습니다.

 첨삭 후

3학년 1학기 축제에 연극을 하였습니다. 한 달간 친구들과 역할에 대해 이야기도 하고 시간이 나는 대로 모여서 연습하였습니다. 연극은 처음이었고 대사가 많아 높은 집중력을 필요로 했습니다. 그러나 열심히 대본을 보았으며, 쉬는 시간과 하교시간을 이용해 연습하였습니다. 많은 친구들과 손발을 맞춘 결과, 공연을 멋지게 해냈고 칭찬을 많이 받았습니다. 열정 그대로 도전하여 세브란스 병원의 발전에 도움이 되는 간호사가 되겠습니다.

첨삭 전후의 내용은 같다. 다만 표현을 좀 더 부드럽게 정리했다. 우선 부정적 의미로 사용되는 표현인 '대사가 적은 편이 아니었고', '힘들었고', '포기하지 않고' 등을 모두 삭제하고 보완해서 적어 보니 훨씬 읽기가 편안해졌다.

CHAPTER 9 한양대학교병원

1. 자소서 집중 포인트

한양대학교병원의 미션은 '사랑의 실천자로서 인류가 질병의 고통에서 벗어나 기쁨과 행복이 충만한 삶을 누리도록 한다.'는 것이다. '아시아 의료허브를 지향하는 최첨단 대학병원이자 미래의학을 선도하는 연구중심병원, 그리고 고객과 가족애로 하나되는 환자중심병원'은 한양대학교병원의 비전이다. 이 병원의 자기소개서 항목은 네 개로 그 중 두 번째 질문은 다른 병원에서 찾아볼 수 없는 특별함이 있다.

주요 질문 1	귀하가 지원한 직무를 잘 수행할 수 있다고 생각하는 이유를 본인의 경험과 관련지어 구체적으로 서술해 주십시오.

간호학과에 입학한 학생 중에 본인의 의사와 상관없이 정해진 경우도 있고, 아주 오랫동안 원해서 들어온 경우도 있을 것이다. 기본적으로 병원은 본인이 아닌 타인의 의지로 떠밀려서 대학에 오고 어쩌다보니 4학년이 된 학생보다 중고등학교 시절부터 수년 동안 간호학과를 준비하고 그래서 더욱 즐겁고 열심히 대학생활을 했던 지원자를 선호할 것이다. 이는 병원생활 적응도 다를 것이라 여겨지는 대목이다.

질문은 두 가지이다. 첫 번째 선택 동기는 분명하게 내가 어떤 특별한 이유로 간호사가 되고 싶었다고 적어야 하며, 간호사라는 직업에 적합한 지원자라는 것도 확실하고 정확하게 적어야 좋은 점수를 얻을 것이다. 이때 가장 필요한 단어는 '희생, 봉사, 헌신, 나눔, 사회공헌'과 같은 단어가 아닐까 판단된다.

CHAPTER 10 분당서울대학교병원

1. 자소서 집중 포인트

분당서울대학교병원의 비전은 '세계 의료의 표준을 선도하는 국민의 병원'으로, 2019년부터 토익 기준 750점 이상의 어학 점수가 있어야 지원이 가능하다. 병원의 미션은 '세계 최고의 교육과 연구, 진료를 통하여 인류가 건강하고 행복한 삶을 누릴 수 있도록 한다.'이다. 특히 분당서울대학교병원 간호사를 스누비안(SNUBHIAN)이라고 한다. 스누비안의 뜻은 분당서울대학교병원의 영문 약자 SNUBH에 사람을 뜻하는 'ian'을 붙여 만든 합성어로 분당서울대학교병원 종사자만의 자부심을 의미한다.

자기소개서의 질문은 2019년에 많이 바뀌었다. 2019년 이전의 자기소개서는 취미 또는 특기, 리더 주도 경험, 장학금 취득 경험, 아르바이트 경험 등을 아주 구체적으로 작성해야 했다. 하지만 바뀐 자기소개서는 네 개의 질문을 지원자가 알아서 분량 조절을 하여 글자 크기 11포인트, 한 페이지 이내로 모두 적어야 한다.

주요 질문 1	직무수행 관련 본인의 역량에 대한 강점 및 약점

아쉬운 원문

저는 창의적인 인재로 3학년 1학기 조별 활동 중 관절염을 주제로 정하고 교육홍보물을 만든 경험이 있습니다. 광고를 활용하여 제시한 '놓치지 않을 거예요, 관절!'이라는 주제가 조원들에게 채택되었습니다. 또한 중환자실 실습 중 간호사 선생님의 지도하에 친구의 팔에 정맥 천자를 한 번에 성공할 정도로 간호술기를 익혔습니다. 이러한 역량을 기반으로 입사 후 환자 및 의료진의 만족을 위해 끊임없이 도전하는 간호사가 되겠습니다. 단기적으로 수화 통역사 자격증을 취득하여 농인 환자와의 신속한 의사소통을 하겠습니다. 중기적으로 프리셉터로서 신규 간호사의 적응을 위한 지침서를 만들어 간호 분야의 생산성을 높이겠습니다. 또한 환자와 동료들의 기분을 알 수 있는 감정 어플을 개발하여 구성원들이 서로 이해하고 화합하는 간호 환경을 조성해 보고 싶습니다.

분당서울대학교병원은 세계에서 가장 권위 있는 의료 IT 연구 단체인 HIMSS로부터 최고 레벨인 7단계 인증을 받았다. 이는 의료기관 정보화 시스템의 최고 단계를 인증한 것으로 미국 이외의 지역에서는 분당서울대학교병원만이 유일하다. 이런 IT 헬스 융합기술을 선도하는 병원에 지원하면서 마지막에 제시한 '환자와 동료들의 기분을 알 수 있는 감정 어플을 개발'해 보겠다는 센스 있는 내용은 어필할 만하다. 또한 중간의 교육 홍보물도 흥미로운 주제였다. 다만 수화통역사를 취득해서 농인 환자들과 신속한 의사소통을 하겠다는 부분은 조금 숙고해야 한다. 앞으로 간호사가 되면 간호직무에 관련하여 더 전문적으로 공부를 엄청나게 해야 할 것이기 때문이다.

주요 질문 2	업무 수행 중 예상치 못한 문제나 어려움에 직면하였으나, 원인을 파악하여 극복했던 경험

이 질문은 이미 앞서 언급했던 서울대학교병원의 다섯 번째 질문인 '활동 혹은 업무 수행 중 예상치 못한 문제나 어려움에 직면하였으나, 원인을 파악하여 극복했던 경험을 기술해 주십시오.'와 같다. 이와 관련된 경험 하나는 꼭 있어야 할 것이다.

CHAPTER 11

전북대학교병원

1. 자소서 집중 포인트

전주시 덕진구에 위치한 전북대학교병원의 미션은 '생명존중의 정신으로 진료, 교육, 연구를 통하여 인류의 건강과 행복한 삶에 기여하자.'이다. 1,104병상의 대규모 병원으로 '미래의 핵심진료영역을 선도하는 병원, 창의적 연구로 첨단 의료산업을 육성하는 병원, 의료 소외계층에 대한 봉사를 실천하는 병원, 고객, 고객감동과 신뢰로 다시 찾고 싶은 병원, 주인의식을 갖도록 자긍심을 주는 병원'이란 구체적인 비전을 갖고 있다. 전북대학교병원의 자기소개서 질문은 총 4개인데, 질문이 모두 긴 데 비해 답변 글자 수는 적다.

주요 질문 1	전북대학교병원에 지원한 동기(관심을 가지게 든 계기, 시기 등)와 입사 후 실천하고자 하는 목표를 차별화된 본인의 역량과 결부시켜 기술해 주십시오. 언제부터 우리 병원에 관심을 가지게 되었으며, 그 계기는 무엇인지 구체적으로 기술해 주십시오.

첫 번째 질문에서 눈에 띄는 부분은 '언제부터 우리 병원에 관심을 가지게 되었으며, 그 계기는 무엇인지'이다. 이 병원에 지원하는 분명한 동기를 좀 더 상세하게 언제부터, 왜 오고 싶은지를 묻는 것이기에 구체적인 시기 및 지원 이유는 꼭 적어야 할 것이다.

주요 질문 2	다른 사람들이 어려워하는 일을 자신만의 노하우나 전문성(지식, 스킬)을 활용해 해결한 경험이 있다면 기술해 주십시오.

작성꿀팁 💬 '특기'에 대해 작성하면 된다. 물론 간호사 직무에 어떤 도움이 되는 지식이나 기술인지까지 마무리해야 한다. 특기가 거창하게 느껴진다면 내가 어떤 활동을 통해 칭찬을 들었던 그 사건을 생각해 보자. 아래와 같은 작은 행동부터 쓸 수 있는 소재가 된다.

첨삭 전

제가 생각하는 좋은 간호사란 상대방의 입장에서 생각하고 배려할 줄 아는 간호사, 끊임없이 노력하는 간호사, 정직한 간호사입니다. 실습할 때 이런 자세를 갖추기 위해 대상자와 의사소통을 하려고 노력했고 불편한 것이 없는지 항상 살폈습니다. 활력징후를 측정하러 병실에 들어갔을 때 환자의 신발들이 침대 밑으로 들어가 있거나 정리되어 있지 않을 것을 보고 신발이 제대로 놓여 있지 않으면 침대에 내려왔을 때 신발을 찾아야 하고 자칫하면 낙상사고로 이어질 수도 있다고 생각했습니다. 그래서 신발을 보이도록 꺼내놓는 작업을 통해 수간호사님과 환자들에게 최고의 간호학생이라고 인사를 받은 경험이 있습니다.

 첨삭 후

저는 상대방의 입장에서 생각하고 배려할 줄 알고, 끊임없이 노력하는 예비간호사입니다. 실습할 때 이런 자세를 갖추기 위해 대상자와 의사소통을 하려고 노력했고 불편한 것이 없는지 항상 살폈습니다. 3년 2학기 실습 중 활력징후를 측정하러 병실에 들어갔을 때 환자의 신발들이 침대 밑으로 들어가 있거나 정리가 안 되어 있는 것을 보고 신발이 제대로 놓여 있지 않으면 침대에 내려왔을 때 신발을 찾아야 하고 자칫하면 낙상사고로 이어질 수도 있다고 생각이 들었습니다. 그래서 신발이 보이도록 꺼내 놓는 작업을 했고, 환자들과 보호자들께 최고의 간호학생이라고 칭찬받은 경험이 있습니다. 앞으로도 늘 작은 부분에서부터 환자에게 도움이 되는 것을 찾는 간호사가 되겠습니다.

주요 질문 3	최근 5년 이내에 가장 도전적인 목표를 세우고 성취해 낸 구체적인 경험이 있다면 구체적으로 그 과정과 결과에 대하여 기술해 주십시오.

작성꿀팁 💬 이 질문에는 당연히 전북대학교병원 간호사가 되기 위해 단계적으로 준비했던 것들을 잘 설명하면 될 것이다. 예를 들면 높은 학점이나 영어 점수, 봉사활동, 공모전 등이다. 어떤 목표로 어떤 노력을 했고, 어떤 결과가 나왔는데, 결국엔 이 모든 경험의 최종 목표는 전북대학교병원 간호사로 합격하는 것으로 마무리하자.

CHAPTER 12 전남대학교병원

1. 자소서 집중 포인트

광주광역시 동구에 위치한 본원과 전라남도의 화순전남대학교병원이 있다. 미션은 '탁월한 진료, 교육, 연구와 헌신적인 봉사로 의학발전과 인류의 건강 증진에 기여한다.'이고, 비전은 '의료계의 표준이 되고 고객의 신뢰를 받는 스마트병원이 된다.'이다. 핵심가치로는 '사회공헌, 선진의료, 첨단학문, 신뢰경영, 창조적 사고'가 있는데 자기소개서를 작성하면서 미션과 비전, 핵심가치에 언급된 단어를 사용하기 위해 노력해야 한다.

주요 질문 1 전남대학교병원에 지원한 동기

 첨삭 전

'어제보다 더 나은 오늘, 오늘보다 더 나은 내일을 살자.' 제가 항상 가지고 살아가는 마음입니다. 간호학과에 입학하여, 4년간 배움을 통해 성장하고 그동안 더욱 발전하는 자신이 되기 위해서 노력했습니다. 이러한 4년간의 노력을 바탕으로 전남대학교병원에서 더욱 성장하는 제 자신이 되고, 이를 통해 전남대학교 간호부와 간호계의 진화, 혁신을 함께 선도하고 싶은 마음이 들었습니다.

실습을 하면서 전남대학교병원의 밝은 간호부의 모습과 소통하는 모습을 지켜보았고 저 또한 저기에 섞여 환자분들 중심의 간호를 제공하고 싶다는 생각을 하였습니다. 4년간 간호학을 배우면서, 제가 가장 중요하게 생각한 것은 '고객'입니다. 항상 환자가 먼저 우선시 되고, 그들 중심의 간호를 제공한다면 그들의 회복에도 더욱 크게 작용할 것이라고 느꼈습니다.

또한 전문적인 기술을 증진시켜 최선의 서비스, 최상의 서비스를 제공하도록 늘 배우는 자세로 동료, 선후배와 소통하여 어제보다 더 나은 자신이 되겠습니다.

첨삭 후

> **'항상 환자를 우선하는, 환자 중심의 간호수행'**
>
> 실습을 하면서 전남대학교병원의 밝은 간호부의 모습을 많이 보았습니다. 그리고 저 또한 저기에 섞여 환자 중심의 간호를 제공하고 싶다는 생각을 하였습니다. 특히 올해는 신종 코로나 바이러스 사태를 맞아 선별진료소를 운영하며, 감염 확산으로 물량이 부족한 일부 의료용 보호 장비를 직접 제작하면서 신속한 위기대처 능력이 빛을 발한 점은 정말 자랑스럽게 생각하고 있습니다.
>
> 4년간 제가 가장 중요하게 생각한 것은 '고객'입니다. 항상 환자를 우선하고, 환자 중심의 간호 서비스를 제공한다면 환자 회복에도 더욱 효과적일 것이라 느꼈습니다. 전문적인 기술을 증진시킨 최선의 서비스를 가지고 늘 배우는 자세로 동료, 선후배와 소통하며 인정받겠습니다.

지원동기는 병원의 입장에서, 왜 우리 병원에 지원했는지 가장 궁금해 하는 내용이기에 지원자는 우선 '저는 이 병원의 이런 점, 이런 장점, 이런 매력이 있어 지원합니다.'라고 설명해야 한다. 그런 점에서 봤을 때 원문의 구성은 위아래가 바뀌어야 한다. 또한, 앞의 지원동기 중 병원의 최신뉴스를 봤을 때 코로나19 사태와 관련된 우호적인 소식을 하나 언급해 주면 더 좋을 것 같다.

주요 질문 2	[직무전문성] 지원분야 관련 본인의 직무역량 및 직무전문성을 구체적으로 기술함

 첨삭 전

> 간호사는 생명을 다루는 전문직입니다. 학교에서 간호학을 배우면서 배웠던 간호 프로토콜을 늘 실전이라고 생각하고 연습하였습니다. 또한 병원에 실습을 나갔을 때도 항상 누구보다 먼저 달려가서 배우고, 몸에 익히려고 노력하였습니다. 이러한 노력을 통해 병원에 입사하였을 때 고객에게 높은 질의 간호를 제공할 것이라고 생각합니다.
>
> 공감 능력은 간호사에게 큰 강점이라고 생각합니다. 예부터 늘 다른 사람의 말을 들어 주는 것을 좋아하는 것은 물론, 그들의 입장에서 공감하면서 이해하는 능력이 있습니다. 고객을 만났을 때, 그들의 상황에 공감하고 그들의 입장에서 생각하며, 소통을 통하여 진정으로 원하는 가치를 파악하고 간호를 제공하여 외적인 치료뿐만 아니라, 심적인 부분까지 관리해 줄 수 있는 간호사가 되겠습니다.

'진정으로 원하는 가치를 파악하고 간호'

경청하고 공감을 잘 하는 것이 저의 강점입니다. 어릴 적부터 늘 다른 사람의 말을 들어 주는 것을 좋아하는 것은 물론, 그들의 입장에서 공감하면서 이해하는 능력이 있습니다. 고객을 만났을 때, 그들의 상황에 공감하고 그들의 입장에서 생각하며, 소통을 통하여 진정으로 원하는 가치를 파악하고 외적인 치료뿐만 아니라, 심적인 부분까지 관리해 줄 수 있는 간호사가 되겠습니다.

간호사는 생명을 다루는 전문직입니다. 학교에서 간호학을 배우면서 배웠던 간호 프로토콜을 늘 실전이라고 생각하고 연습하였습니다. 또한 병원에 실습을 나갔을 때도 항상 누구보다 먼저 달려가서 배우고, 몸에 익히려고 노력하였습니다. 이러한 노력을 통해 병원에 입사하였을 때 고객에게 높은 수준의 간호를 제공할 것입니다.

지원분야 관련 본인의 직무역량 및 직무전문성도 마찬가지이다. 질문에 맞는 답변(결론)을 먼저 앞으로 꺼낸다. '간호사는 생명을 다루는 전문직입니다.'가 아닌 '경청하고 공감을 잘 하는 것이 저의 강점입니다.'로 시작해야 적절한 자기소개서가 되는 것이다. 다만 5W 1H의 구성에 맞는 구체적인 사례가 없어 100점 만점의 답변은 아니다. 자기소개서는 기본적으로 '현재에서 미래'의 이야기를 가지고 평가받는 것이 아니다. 내가 괜찮은 지원자로 인정받기 위해서는 '과거에서 현재'까지의 과정(경험)을 통해 인정받고 선택받는다는 점을 꼭 명심해야 한다.

주요 질문 3   **[직무이해도 및 직무수행계획] 향후 직무수행계획을 구체적으로 기술함**

작성꿀팁 💬   '직무이해도'는 전남대학교병원만의 특별한 질문이다. '직무이해도 및 직무수행계획'이라는 전체 질문을 보면 '입사 후 계획'과 같은 질문인데, 구체적인 질문의 지문이 이렇게 나왔을 때는 간호사 직무에 대해 정의하고, 왜 내가 이렇게 생각해서 언급했는지 설명해야 한다. 그리고 앞서 언급한 직무이해와 관련한 직무수행 계획까지 풀어내면 완벽할 듯하다.

첨삭 전

현대 사회는 급진적으로 변화하고 있습니다. 의학과 간호학 또한 빠르게 발전하고 있습니다. 제가 가장 중요하게 여기는 '발전하는 사람'이 되기 위해서는 항상 공부해야 한다고 생각합니다. 변해가는 상황에 맞추어 최선의 간호를 제공하기 위해 국내·해외 논문을 찾아보고 부지런히 공부하겠습니다. 고객이 병원에서 가장 많이 만나는 사람은 간호사입니다. 따라서 고객이 병원에 다시 방문하게 하려면 간호사의 역할이 큽니다. 향후 고객 만족을 위한 간호, 변해가는 시대에 맞는 최선의 간호를 제공하겠습니다. 병원 내 교육 프로그램에 참여하여 새로운 치료법과 발전된 간호에 대해 공부하겠습니다. 프로그램에서 배운 내용을 환자에게 적용함으로써 만족도를 높이겠습니다.

 첨삭 후

'의학과 간호는 빠르게 발전하고 있습니다.'

저는 빠르게 업데이트되는 의료 정보와 변화하는 상황에 맞추어서 최상의 간호를 제공하기 위하여 국내외 논문들을 찾아보고 늘 공부하는 자세로 준비하고 있습니다. 고객만족을 위해 모든 정성을 다하는 간호, 변해가는 시대에 맞는 최선의 간호를 제공하겠습니다. 국내외 논문뿐만 아니라, 병원 내 홈페이지에 올라오는 교육 프로그램에 참여를 하여 새로운 치료방법이나 간호를 공부하겠습니다. 프로그램에서 배운 내용을 환자에게 적용하여 만족도를 높이도록 하겠습니다. 이러한 내용을 혼자서 공부하는 것뿐만 아니라, 고객에게 내용과 처치에 대해서 자세하게 설명을 해줌으로써 고객에게 안심을 주고 신뢰감을 줄 수 있도록 하겠습니다.

여기서는 간호는 빠르게 발전하고 있는 분야여서, 늘 새로워지는 의료를 공부하고, 변해가는 상황에 맞추어서 최상의 간호를 제공하기 위해 부단히 노력할 것이라는 직무수행계획을 이야기했다.

최고의 간호를 제공하여 환자와 동료의 기억에 남는 간호사가 되겠습니다. 첫째, 긍정적인 마음으로 배려와 친절을 베풀겠습니다. 긍정적인 생각과 태도는 어떠한 상황에서도 극복할 수 있는 힘을 만들어내고 성장과 회복을 가져옵니다. 이러한 생각과 태도는 얼굴에서 여유와 미소로 나타납니다. 항상 웃는 얼굴과 친절함으로 성실하게 환자들을 돌보겠습니다.

둘째, 환자들에게 환영받는 간호사가 되기 위해 끊임없는 공부를 하겠습니다. 무엇이든 적극적으로 배우려는 자세로 임하여 전문성을 확보하고 역량을 늘려 업무 효율화에 기여하겠습니다. 제공되는 간호중재의 근거를 날마다 찾아 보며 예비간호사로서 근거 기반 간호의 기초를 다지겠습니다. 간호업무를 수행하는 데 필요한 간호이론과 기술을 습득하기 위해 끊임없이 노력하겠습니다. 업무에 필요한 지식을 공부하여 준비된 신규 간호사로서 임하겠습니다. 알고 있는 간호지식을 임상 경험과 성실함을 바탕으로 노력하여 더욱 발전시키겠습니다.

'자부심을 갖고 일하는 간호사'

최선의 노력으로 최고의 간호를 제공하여 동료들에게 인정받는 간호사가 되는 것이 첫 번째 목표입니다. 그러기 위해 첫째, 긍정적인 마음으로 상대를 대하고 배려와 친절을 베풀겠습니다. 이는 어떠한 상황에서도 여유를 갖고 극복할 수 있는 힘을 만들어내고 성장과 회복을 가져옵니다.

둘째, 환자들에게 환영받는 간호사가 되기 위해 끊임없는 공부하겠습니다. 무엇이든 적극적으로 배우려는 자세로 임하여 전문성을 확보하고 역량을 늘려 업무 효율화에 기여하겠습니다. 제공되는 간호중재의 근거를 날마다 찾아보며 예비 간호사로서 근거 기반 간호의 기초를 다지겠습니다. 간호업무를 수행하는 데 필요한 간호이론과 기술을 습득하기 위해 끊임없이 노력하겠습니다. 전남대학교병원 구성원으로서 큰 자부심을 가지고 전심전력을 다해 일하는 간호사가 되겠습니다.

자기소개서를 작성하면서 이렇게 첫 번째, 두 번째로 나누는 것도 좋은 방법이다. 읽는 사람이 더 편하게 읽고 평가할 수 있게 된다. 자기소개서를 작성할 때 사례나 표현 방식, 소제목이나 단어 사용 등을 모두 읽는 사람 입장에서 더 쉽고 이해되도록 작성한다면 설득력 있는 자기소개서라 할 수 있음을 명심하고, 설득이 되어야 본인이 좋은 자질을 가진 지원자임이 인정되는 것을 잊지 말자.

CHAPTER 13 계명대학교 동산병원

1. 자소서 집중 포인트

계명대학교 동산병원은 2019년 개원한 1,041병상의 병원으로 2020년 코로나19가 대구경북 지역에 급속도로 확산되고 있는 상황에서 지역거점 병원으로 지정되어 지역민들에게 큰 힘이 되었다. 특히 동산병원은 지역사회 코로나19 확산 예방과 치료를 위해 대구광역시와 공조하면서 비상대책본부를 꾸리고 확진자 격리병실 및 의료지원단 임시숙소 등을 신속히 마련하여 24시간 비상체제로 운영되었다. 대구의료원과 함께 코로나19 환자 치료를 위한 인력, 시설, 비품, 각종 시스템 등을 모두 갖추고, 밤낮으로 치료에 온 힘을 쏟아 많은 확진자들을 완치시키는 데 일조하였다.

계명대학교 동산병원은 코로나19 바이러스 치료병원이라는 부담을 안고 갈 가능성이 높음에도 불구하고 지역거점 병원으로 선뜻 나선 것은 헌신과 개척이라는 병원의 설립정신과도 관련이 깊다. 동산병원의 역사는 120여 년 전인 1899년 제중원에서부터 시작한다. 당시 의료 불모지와 같은 지역에 의료선교사들이 나눔과 봉사, 개척의 정신으로 인술을 펼쳤다. 1900년대 초에는 전국의 나병환자 치료사업뿐 아니라 결핵, 말라리아 기생충 등 전염병 예방과 풍토병 치료, 천연두 예방접종, 사회보건 계몽을 통해 우리 민족의 고난과 아픔을 함께 나누며 성장, 발전했다. 6·25전쟁 당시에는 부상당한 경찰관을 치료하는 경찰병원으로 지정돼 지역에 헌신해 왔다.

이런 오랜 역사와 자부심을 지닌 계명대학교 동산병원의 미션은 '우리는 기독교 정신에 따른 전인적 치유를 통해 인류행복에 기여하고 의료발전을 선도한다.'이다. 자기소개서 질문은 총 다섯 개이며 질문별로 500~600자의 글자 수 제한이 있다.

아쉬운 원문

다른 사람과의 관계에 있어 약속과 원칙을 지키며 신뢰를 형성했던 경험이 있습니다. 기말고사 직후 동기 두 명이 교수님을 도와 수기로 책자 작성을 하기로 했습니다. 빠른 시간 내에 끝낼 수 있도록 저도 남아서 도와주기로 했습니다. 그런데 예상한 시간보다 더 오래 걸렸고, 병원 예약이 되어 있었던 저는 중간에 갈까 생각했지만 끝까지 매듭을 짓고 가는 책임감 있는 모습을 보이고 싶었습니다. 맡은 일은 전가하지 않는 간호사가 될 것입니다.

단점은 한 가지 일에 몰두하면 상대가 불러도 잘 듣지 못하는 경우가 있습니다. 하지만 이러한 단점은 간호 업무에서 더욱 정확한 결과를 내줄 수 있다고 생각합니다. 저의 장점을 살리고 단점을 보완하여 환자에게 신뢰할 수 있는 결과를 보이고 끊임없이 공부하는 간호사가 되겠습니다.

작성자는 약속과 원칙을 잘 지킨다고 하였는데 원문 중에 보면 '병원 예약이 되어 있었던 저는 중간에 갈까 생각했지만'이란 내용이 나온다. 교수님의 일을 돕는 것만이 약속이 아니고, 병원 예약 역시 중요한 약속이다. 특히 간호학생으로서 병원 예약을 중요하지 않게 생각하는 것이 아닌지 우려스럽기도 하다.

단점 역시 '상대가 불러도 잘 듣지 못하는 경우'는 간호사 직무를 수행하는 데 치명적인 단점이라 할 수 있다. 단점의 소재를 바꾸어야 하며, 이 단점을 간호 업무에 정확한 결과를 낼 수 있다고 뒤집어 장점화하는 것은 앞에서 언급한 것처럼 자기주장이나 고집이 강한 사람으로 느껴지니 조심해야 한다.

이렇게 주요 병원의 실제 자기소개서 질문을 통한 작성법과 첨삭 사례를 알아보았다. 자기소개서의 핵심은 '자기자랑'이다. 이를 잘 설득시키기 위해서는 5W 1H의 공식으로 작성해야 한다. 모든 주제를 본인이 지원하는 병원의 간호사로서 적합하다는 것과 연관지어야 함을 잊지 말자. 연습 삼아 자주 써 보고, 반복해서 첨삭하면 더 좋은 글이 될 것이다. 모두에게 행운을 빈다.

'나는 간호사다.'

취업을 앞둔 학생 여러분, 안녕하세요. 취업과 국시에 대한 걱정이 많겠지만 그럴 땐 '나는 간호사다.'를 외쳐보길 바랍니다. 얼마나 굳건하고 부드러운 마음이 생기는지 모른답니다. 여러분께 대학병원 간호사의 길을 추천합니다. 저는 대학병원에 입사하여 31년을 근무했습니다. 입사하기 전까지는 보이지 않는 길이었지만, 입사 후 인생에서 가장 아름다운 길을 만나게 될 거라 확신합니다. 대학병원은 함께 걸어갈 간호사와 여러 직장 동료들도 많으니까요. 이 길에 들어오려면 까다로운 채용 과정을 이겨내야겠지만 많은 노력으로 충분히 답을 찾길 기대합니다. 다시 한 번 여러분을 응원합니다.

전 서울대학교병원 CS팀 웃음치료 전담간호사
이 임 선

언제 어디서나 응원합니다.

이번 코로나19로 인해 간호사가 부족하다는 소식을 듣고, 전국에서 포항의료원으로 자원봉사를 와주셔서 큰 힘이 되었습니다. 간호사들의 빛나는 헌신과 노고를 지켜 보며 간호사라서 할 수 있는 일들이 있음에 참 감사했습니다. 지금도 몇 달간 음압병동에서 일하고 있는 동료들이 자랑스럽습니다.

나의 후배님들, 언제 어디서나 응원합니다. 내년에는 언제나 웃는 얼굴로 환자 및 보호자들을 맞이하고, 여러 분야에서 최선을 다하는 여러분의 모습을 기대해 봅니다.

포항의료원 보험심사부장
이 미 자

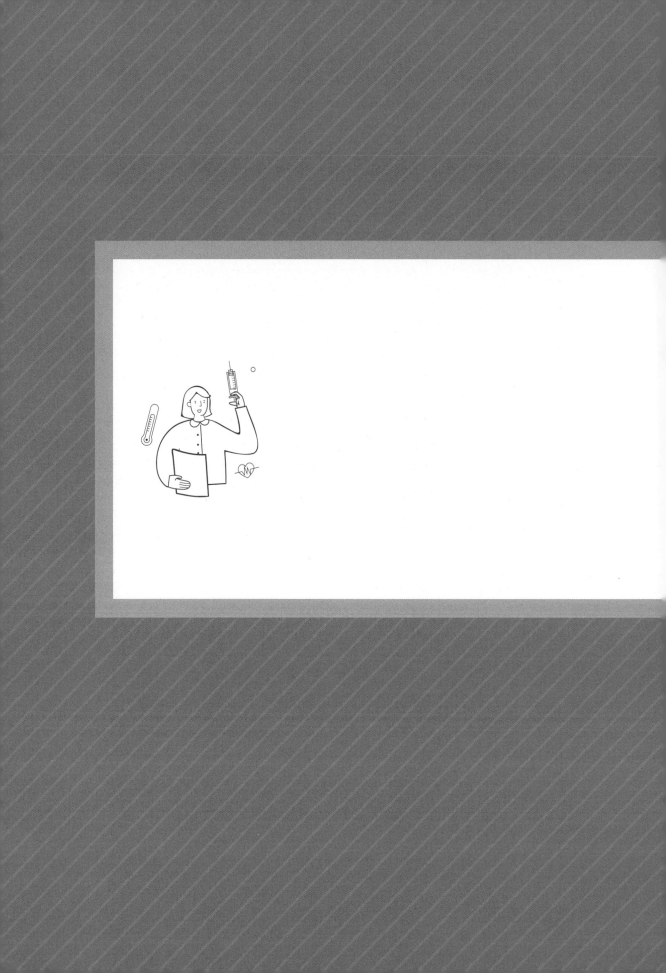

PART 4

인적성검사

CHAPTER 1 인적성검사 안내

우리나라 대기업 및 공기업의 취업 시 인적성검사는 필수 관문 중 하나이다. 보통 삼성, 현대, SK, LG, 롯데, GS 등 각 기업 맞춤형 인적성검사 문제집을 사거나, 동영상 강의를 들으며 준비한다. 병원 취업에서도 인적성검사는 빠질 수 없다. 인적성검사를 치르는 몇몇 병원들이 있기 때문인데 대표적인 예로 삼성병원이 있다. 삼성 계열의 병원 취업을 준비하는 학생들은 필수적으로 삼성병원 GSAT를 준비해야 한다.

인적성검사는 크게 인성검사와 직무적성검사로 나뉜다. 인성검사만 시행하는 병원들도 많다. 인성검사는 미네소타 다면적 인성검사(MMPI ; Minnesota Multiphasic Personality Inventory)에 기반하며 인사 선발 과정 중의 직업 후보 검사로 사용된다. 이 검사의 해석을 통해 성격의 여러 부분인 강박, 히스테리, 우울증, 외향성, 내향성, 정신병리적 등의 부분들을 알 수 있다. 일반적으로 200~400문항을 40~60분간 푼다. 정답은 없다. 나에 대한 물음에 소신껏 체크하면 된다. 단, '내가 희망하는 내 모습'이 아닌 '현재 내 모습'으로 진솔하게 답하기 바란다. 짧은 시간 내에 많은 문항을 빠르게 체크해야 하기 때문에 생각할 겨를이 없다. 예를 들어 '리더십'에 대해 여러 가지 유사한 상황으로 질문한다. 처음에는 내가 희망하는 내 모습으로 체크할 수 있지만, 시간이 지날수록 현재 내 모습으로 체크하게 된다. 비슷한 질문들에 대한 답이 갈리면 프로그램이 검사에 대한 반응을 왜곡해서 불리한 결과로 이어질 수 있다. 의도적으로 좋은 내용에만 체크하면 신뢰도에 문제가 생긴다. 반드시 솔직하면서 일관성 있게 체크하는 것이 최선이다.

CHAPTER 2 직무적성검사 가이드

병원마다 영역별로 출제되는 유형과 문항 수, 시험시간이 다르다. 따라서 지원하고자 하는 병원의 직무적성검사에 대해 확실히 알아둔 다음 학습을 시작해야 한다.

1. 출제 영역

1) 언어능력

- 글을 읽고 분석, 내용 파악 능력, 어휘와 어법, 정확히 알고 바르게 사용하는지는 평가
- 독해, 어휘, 어법, 언어이해, 언어논리, 언어 유창성

2) 수리능력

- 기본 수학 이론 공식을 이용한 계산 능력과 제시된 자료 분석 능력 평가
- 자료해석, 응용계산, 수리논리, 수리력

3) 추리능력

- 주어진 조건을 종합하여 논리적으로 사고하는 능력으로 숫자의 배열 규칙을 유추, 제시된 도형이나 암호 기호에 적용된 규칙 유추 능력을 평가
- 논리추리, 언어추리, 도식추리, 도형추리

4) 공간지각능력

- 다양한 도형의 상하, 좌우, 전후의 공간관계나 공간위치를 파악하는 능력을 평가
- 전개도, 종이접기, 블록, 도형회전, 투상도, 조각모음

5) 상식능력

- 한국사, 세계사, 경제, 경영, 사회, 문화의 최신 시사 및 일반상식능력을 평가
- 한국사, 경제/경영, 일반상식

2. 시험의 구성 예시

1) 삼성(2023년 기준)

영역	문항 수	시간
수리논리	20문항	30분
추리	30문항	30분
직무상식(간호사)	25문항	30분
총	75문항	90분

2) 포스코(2023년 기준)

영역	문항 수	시간
언어 이해	15문항	15분
자료 해석	15문항	15분
문제 해결	15문항	15분
추리	15문항	15분
인성검사	450문항	50분

3. 출제 영역별 예시

1) 언어능력

① 독해

- 수능의 언어능력의 축약판 같이 제시됨
- 논리적 흐름 유추, 빠르게 중심 내용을 파악하는 연습 필요

예시) **다음 주장에 대한 반박으로 가장 타당한 것을 고르시오.**

> 탄수화물은 지방, 단백질과 함께 3대 영양소의 하나로, 통상 사람들은 하루에 필요한 에너지의 50% 정도를 탄수화물에서 얻는다. 그러나 탄수화물은 체내에서 설탕처럼 당으로 분해되기 때문에 과도한 탄수화물 섭취는 비만, 당뇨와 같은 건강상의 문제를 일으킬 수 있다. 그러므로 건강을 위해서 탄수화물은 전체 식사의 15% 이하로 최소한의 양만 섭취하고, 그 대신 다른 영양소의 섭취량을 늘려 우리 몸에 필요한 에너지를 보충해야 한다.

① 탄수화물보다는 지방과 단백질을 많이 섭취해야 체중 감량 효과를 높일 수 있다.
② 탄수화물의 역할을 고려할 때 섭취 비중을 극단적으로 줄이면 문제가 생길 수 있다.
③ 우리 몸에 필요한 에너지는 탄수화물이 아닌 다른 영양소에서도 얻을 수 있다.
④ 3대 영양소 중에서 어느 하나라도 아예 섭취하지 않는 식이요법은 몸에 해롭다.
⑤ 탄수화물은 중독성이 있어 건강에 심각한 문제를 일으키므로 섭취를 피해야 한다.

 ②

② 어휘

- 한자어, 순우리말, 다의어, 유의어가 문맥에 따라 미묘한 의미 차이 파악 등
- 다양한 의미를 예문과 함께 학습 및 암기 필요

예시) **밑줄 친 단어와 같은 의미로 사용된 것을 고르시오.**

> 우리는 가족여행 일정을 8월 초로 <u>잡았다</u>.

① 우리는 그 의견에 찬성으로 <u>잡고</u> 반대 측을 설득하는 데 노력하였다.
② 그는 워낙 음치여서 음정 박자도 잘 못 <u>잡았다</u>.
③ 그녀는 길목에서 넘어질 뻔했지만, 다행히도 균형을 잘 <u>잡았다</u>.
④ 선생님은 사소한 실수도 꼬투리를 <u>잡고</u> 이야기를 하신다.
⑤ 어린 아들이 멋지게 포즈를 <u>잡자</u> 엄마의 얼굴이 절로 미소가 나왔다.

 ①

③ 문법

- 실생활에서 자주 틀리는 어휘나 표현 출제
- 맞춤법, 띄어쓰기, 헷갈리는 표준어와 비표준어를 예문과 함께 정리

④ 문장 배열/문단 위치 찾기

- 문장의 순서대로 나열, 주어진 문장이나 문단이 들어가기 적절한 곳 찾는 문제 출제
- 문장, 문단 간 유기적 관계와 내용의 흐름 파악 연습 필요

예시) 다음의 글을 논리적인 순서대로 바르게 나열한 것을 고르시오.

> (가) 심리학자 와이너는 부정적인 경험을 한 상황을 어떻게 해석하느냐에 따라 이러한 공포증이 생길 수도 있고 그렇지 않을 수도 있으며, 공포증이 지속될 수도 있고 극복될 수도 있다고 했다. 그는 상황을 해석하는 방식을 설명하기 위해 상황의 원인을 어디에서 찾느냐, 상황의 변화 가능성에 대해 어떻게 인식하느냐의 두 가지 기준을 제시했다. 상황의 원인을 자신에게 찾으면 '내부적'으로 해석한 것이고, 자신이 아닌 다른 것에서 찾으면 '외부적'으로 해석한 것이다. 또 상황이 바뀔 가능성이 전혀 없다고 생각하면 '고정적'으로 인식한 것이고, 상황이 충분히 바뀔 수 있다고 생각하면 '가변적'으로 인식한 것이다.
>
> (나) '공포증'이란 위의 경우에서 보듯이 특정 대상에 대한 과도한 두려움으로 그 대상을 계속해서 피하게 되는 증세를 말한다. 특정한 동물, 높은 곳, 비행기나 엘리베이터 등이 공포증을 유발하는 대상이 될 수 있다. 물론 일반적인 사람들도 이런 대상을 접하여 부정적인 경험을 할 수 있지만 공포증으로 이어지는 경우는 드물다.
>
> (다) 와이너에 의하면, 큰 개에 물렸지만 공포증에 시달리지 않는 사람들은 개에게 물린 상황에 대해 '내 대처 방식이 잘못되었어.'라며 내부적이고 가변적으로 해석한다. 이것은 나의 대처 방식에 따라 상황이 충분히 바뀔 수 있다고 생각하는 것이므로 이들은 개와 마주치는 상황을 굳이 피하지 않는다. 그 후 개에게 물리지 않는 상황이 반복되면 '나도 어떤 경우라도 개를 감당할 수 있어.'라며 내부적이고 고정적으로 해석하는 단계로 나아가게 된다.
>
> (라) 반면에 공포증을 겪는 사람들은 개에 물린 상황에 대해 '나는 약해서 개를 감당하지 못해.'라며 내부적이고 고정적으로 해석하거나 '개는 위험한 동물이야.'라며 외부적이고 고정적으로 해석한다. 자신의 힘이 개보다 약하다고 생각하거나 개를 맹수로 여기는 것이므로 이들은 자신이 개에게 물린 것을 당연한 일로 받아들인다. 하지만 공포증에 시달리지 않는 사람들처럼 상황을 해석하고 개를 피하지 않는 노력을 기울이면 공포증에서 벗어날 수 있다.
>
> (마) 한 아이가 길을 가다가 골목에서 갑자기 튀어나온 큰 개에게 발목을 물렸다고 하자. 아이는 이 일을 겪은 뒤 개에 대한 극심한 불안에 시달렸다. 멀리 있는 강아지만 봐도 몸이 경직되고 호흡 곤란을 느꼈으며 심할 경우 응급실을 찾기도 하였다. 이것은 한 번의 부정적인 경험이 공포증으로 이어진 경우라도 할 수 있다.

① (마)-(나)-(가)-(다)-(라) ② (가)-(마)-(나)-(다)-(라)
③ (마)-(가)-(라)-(다)-(나) ④ (가)-(다)-(라)-(마)-(나)
⑤ (다)-(라)-(마)-(나)-(가)

정답 ①

예시) 다음 글의 괄호 안에 들어갈 알맞은 문장을 고르시오.

물에 녹아 단맛이 나는 물질을 일반적으로 '당'이라고 한다. 각종 당은, 신체의 에너지원으로 쓰이는 탄수화물의 기초가 된다. 인류는 주로 과일을 통해 당을 섭취해 왔는데, 사탕수수에서 추출한 설탕이 보급된 후에는 설탕을 통한 당 섭취가 일반화되었다. 그런데 최근 수십 년 사이에 설탕의 과다 섭취로 인한 유해성이 부각되면서 식품업계는 설탕의 대체재로 액상과당에 관심을 갖기 시작했다.

포도당이 주성분인 옥수수 시럽에 효소를 넣으면 포도당 중 일부가 과당으로 전환된다. 이때 만들어진 혼합액을 정제한 것이 액상과당(HFCS)이다. 액상과당 중 가장 널리 쓰이는 것은 과당의 비율이 55%인 'HFCS55'이다. 설탕의 단맛을 1.0이라고 할 때 포도당의 단맛은 0.6, 과당의 단맛은 1.7이다. 따라서 액상과당은 적은 양으로도 강한 단맛을 낼 수 있다. 그런데 액상과당은 많이 섭취해도 문제가 없는 것일까? 이에 대한 답을 찾기 위해서는 포도당과 과당의 대사를 살펴볼 필요가 있다.

먼저 포도당의 대사를 살펴보자. 음식의 당분이 포도당으로 분해되면 인슐린과 함께 포만감을 느끼게 하는 호르몬인 렙틴이 분비된다. 렙틴이 분비되면 식욕을 촉진하는 호르몬인 그렐린의 분비는 억제된다. 그렐린의 분비량은 식사 전에 증가했다가 식사를 하고 나면 렙틴이 분비되면서 자연스럽게 감소하게 된다. 한편 과당의 대사는 포도당과는 다르다. 과당은 인슐린과 렙틴의 분비를 촉진하지 않으며, 그 결과 그렐린의 분비량이 줄지 않는다. 게다가 과당은 세포에서 포도당보다 더 쉽게 지방으로 축적된다. 이런 이유로 사람들은 과당의 비율이 높은 액상과당을 달갑지 않게 생각한다.

설탕과 액상과당은 어떤 차이점이 있는 것일까? 설탕은 과당과 포도당이 1 : 1로 결합한 구조이다. 반면, 액상과당은 과당과 포도당이 각자의 구조를 유지한 채 섞여 있는 혼합액이다. 설탕이 분해되면 50%의 과당이 만들어진다. 따라서 (   )

요즘에는 아주 적은 양으로도 단맛을 낼 수 있는 인공 감미료를 많이 쓰는데, 이것은 복잡한 화학 처리 과정을 통해 만들어진다. 아미노산 계열 감미료이면서 설탕보다 200배 단맛이 강한 아스파탐, 설탕을 화학 처리하여 설탕보다 600배 단맛이 강한 수크랄로스 등이 대표적이다. 그런데 이 새로운 인공 감미료도 천연적으로 생성된 물질이 아니기 때문에 유해성 논란에서 자유롭지 못하다.

① 액상과당은 설탕보다 포만감이 적게 느껴진다.
② 당뇨병 환자라면 설탕 대신 액상과당을 섭취하는 것이 더 낫다.
③ 과당으로 인해 발생하는 문제는 설탕이나 액상과당이나 별반 차이가 없다.
④ 액상과당을 섭취하면 설탕을 섭취했을 때보다 혈당 상승이 더 빠르게 진행된다.
⑤ 설탕의 분해과정에서 포도당이 과당보다 먼저 분해되어 인슐린과 렙틴의 분비를 촉진한다.

정답 ③

2) 수리능력

① 자료해석

- 단순히 증감 추이의 비교보다 수치 계산을 통해 옳고 그름을 판단하는 문제
- 변화량, 증감률, 비중, 평균 등 간단한 빈출 계산식 암기

예시) 다음 자료에 대한 설명으로 옳지 않은 것을 고르면?

[표 1] 응답자의 연간 성별 독서 실태

(단위 : %)

구분	전체	남성	여성
0권	23.3	23.2	23.4
1~2권	9.3	9.5	9.1
3~5권	19.6	19.6	19.6
6~10권	18.7	19.4	18.0
11~15권	8.9	8.3	9.5
16권 이상	20.2	20.0	20.4
계	100	100	100

[표 2] 응답자의 성별 구성 및 평균 독서량

(단위 : 명, 권)

구분	남성	여성
응답자 수	505	495
평균 독서량	8.0	10.0

1. 평균 독서량은 도서를 1권도 읽지 않은 사람끼리 포함한 1인당 연간 독서량을 의미
2. 독서자는 1년 동안 도서를 1권 이상 읽은 사람임

① 1년 동안 책을 한 권도 읽지 않은 사람의 비율이 전체에서 가장 크다.
② 1년 동안 책을 한 권도 읽지 않은 응답자는 여성이 남성보다 많다.
③ 1년 동안 16권 이상 읽는다고 답한 사람이 남성, 여성 모두 두 번째 높은 비율을 차지한다.
④ 1년 동안 3~5권 읽는다고 응답한 응답자는 196명이다.
⑤ 위 자료를 통해 1인당 하루 평균 독서량은 알 수 없다.

정답 ②

② 응용 계산

- 거리/속력/시간, 용액의 농도, 일의 양, 원가/정가, 방정식, 확률 문제
- 활용공식 암기 필요

예시) 상자 안에 하늘색 반지가 3개, 보라색 머리핀이 7개 들어 있다. 은지와 지영이가 순서대로 한 번씩 물건을 꺼낼 때, 둘 다 하늘색 반지를 꺼낼 확률을 구하면?

① $\dfrac{9}{16}$　　② $\dfrac{1}{15}$　　③ $\dfrac{3}{50}$　　④ $\dfrac{9}{13}$　　⑤ $\dfrac{9}{16}$

 정답 ②

예시) S병원에 입사한 신규 간호사는 병원 정문으로부터 7km 거리에 있는 후문까지 이동하는 데 1시간 30분이 걸렸다. 만약 시속 4km로 걷다가 시속 6km로 속도를 높였다면 시속 6km로 이동한 시간은 얼마인가?(단, 속도를 변경하는 데 걸리는 시간은 없다)

① 20분　　② 30분　　③ 40분　　④ 50분　　⑤ 60분

 정답 ②

예시) 소금물 700g에서 소금물 220g을 덜어내고, 덜어낸 소금물만큼 물을 부은 후 4%의 소금물을 섞어서 9%의 소금물 880g을 만들었다. 처음 소금물의 농도는 얼마인가?

① 10%　　② 13%　　③ 15%　　④ 18%　　⑤ 20%

정답 ③

3) 추리능력

① 언어추리

- 명제, 조건 추리
- 명제와 삼단논법에 대한 기초 논리 이론 학습 필요

예시) 다음 중 나열된 단어의 관계가 나머지와 <u>다른</u> 하나를 고르시오.

① 선생님 : 학생　　② 선장 : 조타수　　③ 의사 : 환자
④ 배우 : 관객　　⑤ 프로듀서 : 시청자

 정답 ②

예시) 다음 명제를 통해 얻을 수 있는 결론으로 바른 것을 고르시오.

> • 어떤 학생은 책 읽기를 좋아한다.
> • 책 읽기를 좋아하는 사람의 대부분은 어린이다.
> • 모든 어린이는 유치원에 다닌다.

① 모든 학생은 어린이다.
② 모든 학생은 유치원에 다닌다.
③ 책 읽기를 좋아하는 사람 모두가 어린이는 아니다.
④ 책 읽기를 좋아하는 사람 모두 학생이다.
⑤ 대부분의 어린이는 책 읽기를 좋아한다.

정답 ③

② **수추리 : 알맞은 숫자 찾기**
  • 등비수열, 계차수열, 계차수열, 반복수열 등 미리 학습 필요

예시) 일정한 규칙으로 나열된 수를 통해 빈칸에 들어갈 알맞은 숫자를 고르시오.

$$-14 \quad -6 \quad -12 \quad -4 \quad -8 \quad (\quad) \quad 0 \quad 8$$

① -6   ② -4   ③ -2   ④ -1   ⑤ 0

정답 ⑤

③ **도식**

  • 도형추리

  • 문자도식, 그림도식 추리, 박스형, 일렬나열형

  • 유사 패턴의 문제 반복 학습 필요

예시) 다음 도식에서 기호들은 일정한 규칙에 따라 문자를 변화시킨다. ?에 들어갈 알맞은 문자를 고르시오.

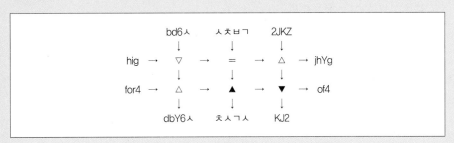

x3L4 → △ → ▼ → ▲ → ?

① 3Lx

② 4xL

③ 3xL

④ 4Lx

⑤ 2Lx

정답 ③

예시) 다음을 보고 그 규칙을 찾아 ?에 들어갈 알맞은 것을 고르시오.

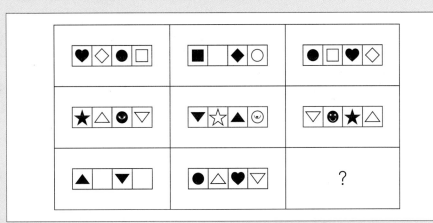

① ▲○▲♡

② ▲♡▼○

③ ▼○▲♡

④ ♥▽●△

⑤ ●△♥▽

정답 ③

4) 공간지각능력

① 전개도 : 입체도형 전개도, 종이접기, 뒷면유추

② 블록 : 블록결합, 블록분리

③ 도형회전 : 평면도형회전, 입체도형회전

④ 투상도, 조각모음 : 문제 푸는 방식 유사

5) 상식능력

① 한국사/세계사/경제/경영/시사상식

② 암기와 이해 학습 필요

예시) 다음 중 삼국시대 사건의 연결이 시대 순서로 바르게 된 것은?

> 가. 근초고왕의 평양성 공격   나. 소수림왕의 불교 공인
> 다. 장수왕의 평양성 천도   라. 법흥왕의 율령 반포

① 가-나-다-라   ② 나-다-라-가

③ 가-다-나-라   ④ 다-라-나-가

⑤ 나-라-가-다

정답 ①

예시) 마케팅의 기본이 되는 전략으로 고객군을 여러 가지로 분류해서 타깃을 맞춘 후 제품을 포지셔닝하는 등 세분화된 고객의 욕구를 만족시키기 위한 구체적인 분석을 요하는 마케팅의 요소는?

① 4p   ② STP   ③ MOT   ④ SWOT   ⑤ 3C

정답 ②

예시) 다음 중 과학적 원리가 <u>다른</u> 하나는?

① 놀이동산에서 롤러코스터를 탄다.

② 원심분리기를 이용하여 실험을 한다.

③ 젖은 옷을 탈수기에 넣고 탈수한다.

④ 정월 대보름 전날 밤에 쥐불놀이를 한다.

⑤ 김연아 선수가 스핀 기술 중에 팔을 접는다.

정답 ⑤

'아픔과 고통을 겪고 있는 환자들에게 꼭 필요한 간호사가 되자.'

간호사라는 직업을 갖게 된 것에 늘 감사한 마음으로 살아가고 있는 17년차 간호사입니다. 아픈 사람을 돕는 일은 아무나 할 수 있는 일이 아닙니다. 간호 업무는 매우 가치 있는 일이며 이를 통해 행복, 기쁨, 보람, 감동을 함께 느낄 수 있다는 것이 가장 큰 장점이자 매력입니다. 생명을 살리는, 세상에서 가장 가치 있는 일을 한다는 것은 지칠 때마다 오뚝이처럼 번쩍 일어날 수 있는 힘을 줍니다.

병원마다 원하는 인재상은 따로 있으며 성실하게 한 조직에서 오래 근무할 우수한 인재를 더 선호하는 곳이 많기 때문에 스펙보다는 인성이 우선적으로 중요하다고 생각합니다. 자신이 가진 매력과 강점을 파악하여 전략적인 계획으로 잘 준비하여 취업에 성공하시길 바랍니다. 오늘도 열심히 고군분투하며 살아가고 있는 여러분 힘들다고 포기하지 마십시오. 소중한 여러분들을 멋진 꿈과 도전을 선배간호사로서 힘차게 응원하겠습니다.

광화문자생한방병원 주임 간호사

'간호대로 가는 길' 저자

오 남 경

간호철학과 소명의식을 가지고 간호학을 선택하여 간호사가 되려고 하는 여러분!

간호사는 전문 지식을 기반으로 누군가를 돕고 의사소통하며 살아가는, 의미 있고 보람을 느낄 수 있는 직업입니다. 원하는 병원에의 입사는 다양한 정보와 많은 노력으로 이루어질 수 있습니다. 학생 시절 배운 지식과 실습 경험을 바탕으로 자신감을 가지고 도전한다면 최선의 결과가 있을 거라 생각합니다.

일하다 보면 지칠 때도 많겠지만 좌절하거나 포기하지 말고 목표를 가지고 열심히 해주세요. 이런 과정이 더 멋진 간호사로 만들어 준다고 생각합니다. 적극적인 자세로 임하셔서 자신이 원하는 행복한 간호사의 삶을 영위하시기를 응원하겠습니다. 파이팅!

전 고려대학교의료원 구로병원 간호부장

이 용 규

PART 5

면접

AI면접은 최근 몇 년 사이 한양대학교병원을 시작으로 서울 대형병원으로 확산되고 있다. 코로나19로 인해 사회적 거리두기가 일상화되면서 비대면으로 진행하는 AI면접이 병원마다 앞으로 더 확산될 것으로 예상된다.

강의 때마다 학생들은 'AI면접은 어떻게 준비하면 될까요?'라고 질문하는 동시에 AI면접에 대한 정보가 많이 부족하고, 취업 준비의 부담이 증가되었다고 말한다. 그도 그럴 것이 간호학과는 1차 직무 면접, 2차 인성 면접 또한 준비할 것들이 많다. 이 챕터는 'AI면접 정보 수집 시간 절약과 명확한 준비 안내서'로서 간호 취준생들의 부담을 줄여 주고자 한다.

1. AI면접의 이해

1) 병원 채용 전형 속 AI면접

✔ 서류 전형 합격 → AI면접 진행

✔ 기업체는 서류 전형+AI면접으로 진행되는 곳도 많지만, 병원은 일반적으로 위와 같은 프로세스로 진행

2) AI면접의 전체 과정

면접 일정 확인   환경 설정   필수 질문   인성 질문   상황극 질문   게임   심층 질문   PASS 후 1차 면접

——— pre ———   ——————————— AI면접 ———————————   — post —

✔ AI면접은 60~90분 진행

3) AI면접 환경설정

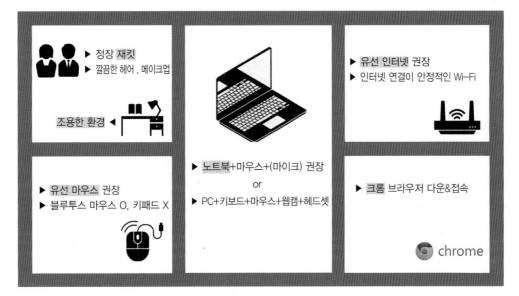

① 일반 PC는 웹캠과 헤드셋 권장

  • 스피커는 하울링이 있어 헤드셋을 권하지만, 헤드셋 대신 스피커+마이크도 가능

  • 장치 준비의 번거로움으로 웹캠+마이크+스피커 기능을 기본으로 가진 노트북을 권장

② 노트북은 마우스만 있으면 되지만, 노트북 자체 마이크 소리가 작을 때는 마이크 권장

③ 시간이 급박한 인성질문이나 게임으로 유선 마우스 권장

④ 인터넷 연결은 Wi-Fi로도 가능하나 끊어질 가능성으로 유선 인터넷 권장

⑤ 크롬브라우저에서만 가능하므로 미리 다운받아 확인

⑥ 기본적으로 안면만 인식하므로 복장과 메이크업은 상관없지만, AI면접 영상을 면접 시에 참고 자료로 활용할 수도 있으므로 재킷 착용 및 깔끔한 헤어와 메이크업 권장

⑦ 게임은 순발력 있게 진행되어야 하므로 모바일 기반 진행은 어려워 웹 기반 응시 권장

4) AI면접 FAQ

Q 정장을 입어야 하나요? 헤어와 메이크업도 해야 하나요? (용모)

A AI면접 시스템은 기본적으로 안면만 인식하므로 복장과 메이크업을 평가하지 않는다. 그렇지만 AI면접 영상을 면접 시에 참고 자료로 활용할 수도 있어, 카메라로 보이는 상의는 정장으로(재킷, 블라우스) 입고, 깔끔한 헤어와 메이크업을 권한다.

Q 어디를 보고 말하면 되나요? (시선처리)

A 노트북의 카메라를 보면서 자연스럽게 이야기 하는 것을 추천한다. 시뮬레이션을 해 본 학생들은 보통 시선이 자연스레 화면으로 간다. 이후 노트북 카메라와 화면 간 시선 이동이 잦게 된다. 이와 같은 시선처리는 자칫 불안해 보임으로 평가될 수 있어 유의해야 한다. AI면접 프로그램이 심박 수와 눈의 움직임까지 파악하고 있어 무엇보다 편안한 마음으로 하는 것이 중요하다. 자연스러운 시선처리를 위해 카메라를 응시하되 화면으로 시선이 이동한다면, 최소한 일정하게 보고 말하는 것이 필요하다. 곁눈질이나 허공을 보는 시선 또한 유의해야 한다. AI면접 연습으로 휴대폰 카메라를 보면서 면접 영상을 촬영해 연습하길 권한다.

Q 대본을 보고 해도 되나요? (시선처리)

A 대본을 참고하는 것보다 실제 대면 면접처럼 준비하는 것을 추천한다. 잦은 시선의 이동이 불안해 보임으로 평가될 수 있다. AI면접 프로그램은 실제 말의 내용을 평가하기보다 비언어적 요소(표정, 시선처리, 목소리 톤, 크기, 자세 등)로 응시자의 호감도를 평가한다. 말의 내용 평가는 향후에 충분한 응답 데이터가 쌓여 AI가 딥러닝 하면, 말의 내용을 명확히 이해하고 평가하는 것이 가능할 것이다. 하지만 현재는 문장 전체 분위기를 긍정, 부정, 중립 등으로 분류해 분석하는 일부처리만 하고 있다. 이와 같은 이유로 답변의 내용보다, 우선 비언어적 요소에 대한 철저한 준비가 필요하다.

Q AI면접은 어디서 보면 되나요? (장소)

A 인터넷이 준비된 조용하고 밝은 환경에서 보는 것을 추천한다. 보통은 60∼90분 정도 면접을 보는 장소로 집이나 스터디 룸을 선택한다. 집에서 면접을 본다면, 카메라로 보이는 주변 환경을 정리하자. 방음을 위해 창과 문을 닫고, 가족들이 갑자기 문을 열고 들어오지 않도록 미리 이야기도 해 놓자. 카메라가 인식하기 좋은 밝은 환경을 위해 전등을 모두 켜고, 때에 따라선 스탠드도 이용해 보자.

Q 중간에 중단하고 다시 들어가도 되나요? (재접속)

A AI면접이 시작되면 중단이나 쉬는 시간 없이 60~90분간 끝까지 진행된다. 가끔 불안정한 Wi-Fi로 접속이 중단되었을 때, 재접속하면 중단 시점에서 다시 시작된다. 보통은 재접속 횟수가 제한되어 있다. 이와 같은 이유로 유선 인터넷을 추천한다.

Q 마이크를 사용해야 하나요? (장치)

A 노트북은 기본적으로 마이크와 스피커가 내장되어 있다. 테스트 시 목소리 크기가 괜찮다면, 마이크 없이도 가능하다. 목소리가 작다면, 먼저 노트북 내장 마이크의 출력 음향을 높여 보자. 더 높이길 원한다면 이어폰 마이크(휴대폰 이어폰)나 헤드셋 마이크를 추천한다.

일반 PC의 경우 내장 마이크와 스피커가 없어 이어폰 마이크(휴대폰 이어폰), 헤드셋을 쓰길 추천한다. 일반 PC는 보통 외부로 출력되는 스피커를 사용한다. 이 스피커를 켜 놓고 마이크를 사용하면 하울링(소리 증폭 현상)이 생길 수 있어 추천하지 않는다.

무엇보다 면접 시작에 앞서 마이크 테스트를 사전에 확인하고, AI면접을 준비하길 바란다. 또 AI면접이 장시간 진행됨에 집중력이 떨어져 나도 모르는 사이 자세가 흐트러지고, 짜증스런 소리를 내기도 한다. 계속 녹화와 녹음이 되고 있는 사실을 잊지 말자.

Q 휴대폰으로 AI면접을 볼 수 있나요? (장치)

A 모바일 응시환경을 제공하는 AI면접 프로그램도 있지만, 기본적으로 노트북이나 일반 PC로 보길 추천한다. 게임과 같이 순발력을 필요로 하는 과제에서 웹 기반이 아니면 진행이 어렵다. 노트북 키패드 보다 유선 마우스를 추천하는 것도 이 때문이다.

Q 게임이 어려워요. 방법이 없을까요? (게임)

A 면접이 끝나고 나면 게임의 비중이 상당히 크게 느껴진다. AI면접의 게임은 단순히 우리가 생각하는 게임이 아니다. 인적성검사의 새로운 유형이다. 유형에 따라 정답이 있는 것과 없는 것도 있고, 정답이 없는 것은 의사결정 유형을 보고 성향을 파악하기 위함이다. 심리검사의 하나인 스트룹 검사를 통해, 정답률, 오·정답률, 응답 시간, 응답 속도를 파악해 집중력 변화 패턴의 평가 자료로 활용한다.

반면, 정답이 있는 게임은 사전에 규칙을 이해하고 연습한다면 정답을 맞출 가능성이 높다. 게임에서 좋은 점수를 얻는 것이 무조건 좋다고 말할 순 없지만, 유리하다고는 생각할 수 있다. AI면접의 게임은 시작 전 규칙을 보여 준다. 물론 규칙을 보여 주지 않고 패턴을 파악해서 선택해야 하는 유형도 있지만, 대부분 규칙을 보여 주고 진행한다. 규칙을 읽는 시간은 카운팅되지 않기 때문에 충분히 규칙을 이해하고 게임으로 넘어가자. 시간이 된다면 유형을 미리 파악해 연습해 보자.

2. AI면접의 준비과정

1) 필수 질문

얼굴 · 음성 인식

얼굴 인식

① 가지고 있는 장치들의 점검

- 인터넷 연결, 마우스, 카메라/웹캠, 헤드셋/휴대폰 이어폰

② 얼굴이 밝게 나오지 않는다면, 조명 조절

- 해당 장소의 밝기 조정, 스탠드를 조명으로 사용

③ 목소리 확인

- 크기와 소음 여부

필수 질문의 생각 / 답변 시간

① 생각 시간 : 30초

② 답변 시간 : 90초

③ 40초 내외 준비

④ 응시 꿀팁

- 이미지 관리(표정, 목소리, 시선처리, 자세)

- 긍정적인 단어 사용

기본적인 필수 질문 3개

① 자기소개

- 직무와 관련된 긍정적 경험

- 말끝 흐리지 않기

- 혼자 컴퓨터를 보고 말하는 게 어색할 수 있으므로 휴대폰 영상 촬영 연습 추천

② 성격의 장·단점

- 장점 먼저 시작
- 장점과 단점의 비율 7 : 3
- 업무에 치명적 단점 제외

③ 지원동기

- 병원의 인재상과 추진사업 등에 내가 필요한 이유
- 직무 수행의 각오

2) 인성 질문

인성 질문은 심리검사의 일종이며, '실제 내 모습'과 '보여주고 싶은 내 모습' 사이의 괴리가 큰 것을 거짓으로 본다. 모든 문항을 빠르게 체크해 나가야 하기 때문에 생각할 겨를이 없다. 실제 내 모습을 일관성 있게, 진실하게 체크해 나가길 추천한다. 10문항씩 보여주고 60초 이내 풀어야 한다.

문항 수 / 답변 시간

① 문항 수 : 160문항

② 답변 시간 : 15분(10문항을 60초 이내)

③ 응시 꿀팁

- 일관성 있게, 진실하게 답변

남은 질문 150 남은 시간 60초	매우 그렇다	그렇다	그런 편이다	그렇지 않은 편이다	그렇지 않다	전혀 그렇지 않다
1. 신중하고 주의 깊은 편이다.	○	◉	○	○	○	○
2. 사물을 신중하게 생각하는 편이다.	○	◉	○	○	○	○
3. 일주일의 예정을 세우는 것을 좋아한다.	○	◉	○	○	○	○
4. 막무가내라는 말을 들을 때가 많다.	○	○	○	○	◉	○
5. 매사에 신중한 편이라고 생각한다.	○	◉	○	○	○	○
6. 여행을 가기 전에 세세한 계획을 세운다.	◉	○	○	○	○	○
7. 신경이 예민한 편이며, 감수성도 예민하다.	○	○	◉	○	○	○
8. 여럿이서 여행할 기회가 있다면 즐겁게 참가한다.	○	◉	○	○	○	○
9. 장래의 일을 생각할 때면 불안해질 때가 있다.	○	○	◉	○	○	○
10. 자기주장이 강하다.	○	○	◉	○	○	○
			1/16			

PART 5 면접 165

3) 상황극 질문

상황극 질문 생각 / 답변 시간

① 생각 시간 : 30초

② 답변 시간 : 90초

③ 응시꿀팁

- 상황에 대한 설명하는 방식이 아닌 실제 같은 연기 필요
- 실제 같은 표정과 목소리 연기

상황극 기출 질문&답변

✔ 동료 간호사의 투약 실수를 알았습니다. 동료 간호사는 상급자에게 말하지 말아 달라 하고, 환자의 컨디션은 문제없는 상황입니다. 동료 간호사에게 어떻게 말하겠습니까? 실제로 대화한다고 생각하고 말씀해 주십시오.

🔊 아쉬운 답변 "저는 동료 간호사에게 (중략) 말하겠습니다."

🔊 취트키 답변 "선생님! 말씀처럼 하기 어렵습니다. 저는 어떤 경우라도 환자의 건강과 이익을 먼저 생각하는 책임감 있는 간호사이고 싶습니다."

상황극 기출 질문

Q 개인적으로 약속이 있는 날에 선배가 스케줄을 바꿔 달라 부탁합니다. 어떻게 이야기 하겠습니까? 실제 대화한다고 생각하고 말씀해 주십시오.

Q 동료 간호사가 업무량이 많고, 힘들어 더 이상은 못 버티겠다며 그만두겠다고 이야기합니다. 이러한 상황에서 동료 간호사에게 어떻게 이야기 하겠습니까? 실제 대화한다고 생각하고 말씀해 주십시오.

Q 동창 모임에 모두 도착했는데, 오늘도 매번 약속에 늦는 친구를 기다리고 있습니다. 이런 상황에서 그 친구에게 어떻게 이야기하겠습니까? 실제 대화한다고 생각하고 말씀해 주십시오.

4) 게임

많은 학생들이 가장 어려워하고 당황하는 것이 게임이다. 흔히 생각하는 '애니팡' 등의 게임과는 다르다. 정해진 시간 내에 풀어야 하고, 게임 풀이의 시간 비중이 크다. 정해진 답이 없는 것도 있고, 맞추면 점수가 올라가는 것도 있다. 막상 게임을 시작했는데, 어떻게 풀어야 할지 몰라 문제를 놓치는 경우가 있다. 게임의 충분한 이해를 위해 게임 시작 전 제시되는

규칙을 차근차근 읽어 보길 바란다. 사전에 게임 규칙을 보는 시간은 카운팅되지 않는다.

AI면접의 게임은 심리검사에 이론적 기초를 둔 것들이 많다. 예를 들어, 스트룹검사, N-back 과제는 반응률(정반응률, 오반응률, 반응시간)을 통계 내어 주의력을 평가하거나, 표정을 통해 뇌가 감정을 판단하는 인지에 대한 검사 등 웹 기반의 실험심리와 관계가 있다.

응시꿀팁 💬

① 모든 게임 시작 전, 규칙에 대한 안내와 제시된 예시를 차근히 읽고 패턴을 이해한 후 풀기

　• 사전 규칙을 보는 시간은 카운팅되지 않는다.

② 연습을 통해 정답률을 높이는 것이 가능한 게임도 있다.

게임 1 - 하노이 탑

① 게임 방법

　• 기둥에 다른 모양의 도형이 꽂혀 있고, 왼쪽 형태에서 도형을 한 개씩 이동시켜 최소 이동횟수로 오른쪽 형태를 만든다.

　• 라운드를 거듭할수록 도형의 개수도 많고, 이동 가능 횟수도 제한된다.

② 게임 꿀팁

　• 최소한의 이동 횟수를 머릿속에 미리 생각하고 시작하자.

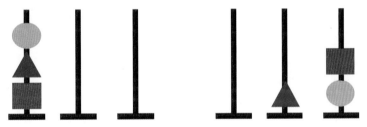

게임 2 – 카드 패턴

① 게임 방법

- 4장의 카드가 제시되고, 각 카드의 조합으로 정답을 유추하여 고른다.

- 카드 패턴 게임을 통해 집중력 변화와 난이도 적응의 결과를 산출한다.

② 게임 꿀팁

- 게임 초기에 어떤 규칙도 알 수 없다. 후반부로 갈수록 규칙을 이해할 수 있다.

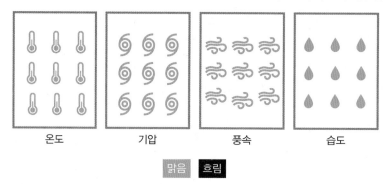

게임 3 – N-back

① 게임 방법

- 도형이 차례로 나타나고, 현재 보이는 도형이 현재로부터 N번째 이전에 제시된 도형과 같은지 판단한다.

- 같으면 ◀, 다르면 ▶(키보드 왼쪽/오른쪽 방향키)

② 게임 꿀팁

- 대표적인 난이도 높은 게임이다. 기억력과 판단력을 동시에 요하기 때문에 연습이 필요하다.

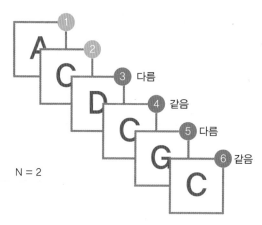

게임 4 - 스트룹

① 게임 방법

- 왼쪽의 글자의 의미와 오른쪽의 글자의 색깔이 일치하는지 판단한다.
- 일치하면 ◀, 불일치하면 ▶(키보드 왼쪽/오른쪽 방향키)

② 게임 꿀팁

- 오른쪽 글자의 색깔을 소리내어 말하고, 왼쪽 글자에 색깔이 그대로 쓰여 있는지 확인하자.

게임 5 - 분류코드

① 게임 방법

- 상자 안에 글자+숫자의 조합이 있다. 분류코드 안의 지시와 일치하면 ◀, 불일치하면 ▶(키보드 왼쪽/오른쪽 방향키)

② 게임 꿀팁

- 숫자는 홀수와 짝수를 구분하고, 문자는 자음과 모음을 구분한다.

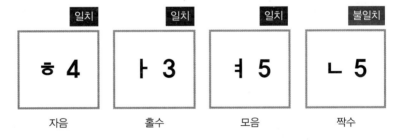

게임 6 – 감정

① 게임 방법

- 사람의 얼굴을 보고 어떤 감정을 나타내는지 5초 안에 정답을 선택한다.

② 게임 꿀팁

- 헷갈리는 표정도 나오지만, 즉각적으로 느낀 감정이 정답일 확률이 높다.

게임 7 – 무게

① 게임 방법

- 각기 다른 공 중 2개를 선택하여 저울에 올려 무게를 알아낸다.
- 권장 사용 횟수 이내에 저울을 사용하여 공의 무게를 알아내고 나열한다.

② 게임 꿀팁

- 실제 공 무게는 잊어 버려야 한다.

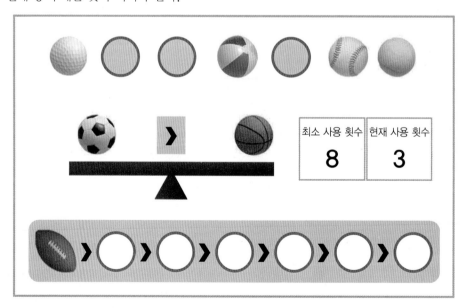

5) 심층 질문

보통 질문은 2~4개 정도이며, 연계질문이 2~3개 정도 추가될 수 있다. 질문 유형은 개인의 가치관 파악에 관한 게 많으며, Yes or No로 답변한다. Yes로 답변했다면, 그 이유와 관련 경험 등을 말하고 직무와 연결해서도 말해 보길 추천한다.

심층 질문 생각 / 답변 시간

① 생각 시간 : 30초

② 답변 시간 : 60초

응시 꿀팁

① 40초 내외 준비

② 이미지 관리

• 표정, 목소리, 시선 처리, 자세

③ 긍정적인 단어 사용

④ 직무와 연결

심층 기출 질문

선호도 질문

Q 결과가 과정보다 더 중요하다고 생각합니까?

Q 경쟁이 필요하다고 생각합니까?

Q 감정기복이 있는 편이라 생각합니까?

개인 맞춤형 질문

Q 어떤 부서에 배치받고 싶습니까?

Q 좋은 병원과 나쁜 병원의 차이점은 무엇입니까?

Q 롤 모델이 있습니까?

상황 질문

Q 본인의 실수로 투약사고가 났습니다. 환자는 문제가 없는데, 환자에게 설명하겠습니까?

Q 컴플레인 환자를 어떻게 대처하겠습니까?

CHAPTER 2 직무면접

간호사 직무면접은 간호 실무진과 함께하는 '1차 면접'이다. 간호학과 학생들을 대상으로 면접 시뮬레이션을 진행하면 긴장되어 대답하지 못하는 학생들이 있다. 질문 하나가 막히기 시작하면 나머지 질문도 머뭇거리다 끝내 울음을 터트리기도 한다. 직무면접을 준비할 때 시험공부하듯 '빡빡이'로 쓰면서 외우는 학생들도 있다. 머릿속에만 쌓는 것과 그것을 말로 표현하는 것은 각각 다른 뇌의 기능이다. 따라서 키워드를 머릿속에 넣고, 말로 표현하는 연습이 필요하다.

충분히 준비한 사람은 대답에서 자신감이 느껴지며 불안해하지 않기 때문에 안정적인 인상을 준다. 한 개 더 외워서 자세히 말하는 것보다 키워드 몇 개를 차근히 풀어 1분 이내로 말해 보자. 1분 말하기를 위해 40초 정도의 분량을 준비한다. 40초는 짧은 시간이다. 책에 있는 주요 키워드를 외우고, 두괄식으로 말하는 연습을 시작해 보자.

면접을 진행할 때 호감이 가는 학생들이 있다. 질문을 하자마자 외운 것을 빠짐없이 이야기 하는 학생보다 3초 정도 생각하고 면접관의 눈을 보고 침착하게 이야기하는 학생들이 그렇다. 하나 더 외우는 것보다 중요한 것은 말하는 태도에서 주는 인상이다. 면접을 보고 떨어진 학생들은 "제가 질문에 대답 못한 게 있었어요. 그것 때문에 떨어진 거 같아요."라고 한다. 그런데 면접관의 눈에는 질문에 응답하지 못한 것보다, 당시 지원자의 당황하고 머뭇거리는 태도를 보았을 것이다. 이어서 그 지원자가 응급상황에서 지금 같은 모습으로 대처하는 것을 상상했을 수도 있다. 기억하자! 대답은 못할 수 있지만, 당황하는 모습을 보이면 안 된다. 질문에 대답하지 못할 때를 대비한 멘트도 미리 준비해야 한다.

> **📢 면접 취트키**
>
> ✔ 키워드는 40초 분량으로 준비
> ✔ 외운 키워드를 차근히 풀어 1분 이내로 말하기 연습
> ✔ 태도 준비(3초 후 말하기, 면접관 눈 맞추기, 말의 속도, 목소리 크기)
> ✔ 대답을 못할 때를 대비해 미리 멘트 준비

1. 기본 간호

1) 활력징후

혈압(BP; Blood Pressure

✔ 120/80±20mmHg

구분	Systolic(수축기)	Diastolic(이완기)
정상 혈압	>120	>80
고혈압 전단계	120~139	80~89
1기 고혈압	140~159	90~99
2기 고혈압	160 이상	100 이상

① 본태성 고혈압/일차성 고혈압
   - 원인이 발견되지 않은 고혈압, 전체 고혈압의 95%

② 이차성 고혈압
   - 기저질환으로 발생한 고혈압

③ 저혈압
   - 본태성 저혈압
   - 이차성 저혈압
   - 기립성 저혈압 : 누워있거나 앉아 있다 갑자기 일어나는 등의 체위 변경 또는 장시간 서 있는 상황에서 발생된 저혈압

④ 맥압(Pulse Pressure)
   - 수축기압과 이완기압의 차이

⑤ 측정법
   - 혈압계 커프를 상완동맥 2~3cm 정도 위에 감고 청진기를 올려 놓고 압력을 가함
   - 커프압을 180mmHg까지 가한 뒤 초당 2mmHg로 풀어주며 처음 '툭-툭(Korotkoff Sound)' 소리가 들리는 압력과 사라지는 압력 확인

⑥ BP 측정 결과 abnormal 할 때
   - 자동혈압계로 쟀다면 수동으로 다시 측정
   - BP ↑ : 두통, 어지러움 확인 → Head Elevation → 30분 뒤 F/U
   - BP ↓ : 누워서 혈압 측정 → 어지러움 확인 → Legs Elevation → 30분 뒤 F/U

⑦ 특정 팔에 혈압을 재면 안 되는 환자
   - 유방절제술을 한 쪽

- 투석환자 AV-fistula한 쪽
- 어깨나 팔 수술한 쪽

맥박(Pulse Rate)

✔ 60~100회/min

① 측정법
- 맥박은 동맥벽 탄력성, 맥박 수, 리듬과 강도의 동일성을 함께 측정
- 2번째~4번째 손가락 이용(엄지손가락은 측정자의 맥박 수와 혼동)

② 자주 사용되는 말초맥박 측정 부위
- 상지 : 측두/경/상완/요골 동맥
- 하지 : 대퇴/슬와/후경골/족배 동맥

③ 맥박 결손 측정
- 심첨맥박과 말초맥박의 차이
- 측정법 : 한 간호사는 요골맥박, 다른 간호사는 심첨맥박을 동시에 측정해 두 수치의 차이를 비교해 2회 이상 차이 나면 맥박 결손

④ 심첨맥박
- 청진기로 맥박 수 1분간 측정

호흡(Respiration Rate)

✔ 12~20회/min

체온(Body Temperature)

✔ 고막 체온 36.5~37.5℃

① Fever 확인 시
- 오한(+) : 담요나 이불 제공
- 오한(-) : Ice bag
- Tepid Massage : 미지근한 물로 몸을 닦아 줌

키워드 완성 1분 답변

질문 특정 팔에 혈압을 측정하면 안 되는 경우에 대해 설명해 보세요. (부산대학교병원)

1분 답변 유방절제술을 한 쪽의 팔과 AV-fistula를 한 쪽의 투석환자 팔, 어깨나 팔 수술을 한 쪽은 혈압 측정을 하지 않습니다. 대신 다른 쪽 팔이나, 대퇴에 측정합니다. 이상입니다.

질문 기립성 저혈압의 정의, 처치방법에 대해 설명해 보세요. (한양대학교병원)

1분 답변 누워있거나 앉아 있다 갑자기 일어나는 등의 체위 변경 또는 장시간 서있는 상황에서 발생된 저혈압입니다. 누워서 다리를 올려주고, 30분 후 다시 혈압을 측정합니다. 어지러움을 사정하고 낙상에 주의토록 교육합니다. 이상입니다.

✓ 면접 기출 질문

상완혈압 측정 방법에 대해 설명해 보세요. (계명대학교 동산병원)

2) 배뇨 · 배변

단순도뇨(Nelaton)

① 목적

- 자연배뇨가 곤란할 경우 배뇨를 도움
- 무균적 소변검사
- 잔뇨량 측정

유치도뇨(Foley)

① 목적

- 장시간 자연배뇨 불가능
- 수술 환자 오염 방지
- 수술 환자 방광팽창 예방
- 방광 내 세척
- 약물 주입
- I/O 체크

② 준비물

Foley Set, Foley Cath(남 16~18Fr/여 12~16Fr), Urine Bag, Sugical Glove, 10cc Syringe, 멸균증류수, 반창고, 윤활제, 소독볼

③ 환자 교육 내용

- 소변주머니는 방광 위치보다 ↓, 바닥에 닿지 않게
- 장시간 잠그거나, 꼬이지 않게
- 소변이 차면 비우기
- 교차감염 예방 위해 소변통은 각자 소유

④ 환자 간호중재

- 환자교육 및 시범
- 삽입 날짜, 시간, 소변량, 색, 환자 반응 기록
- 손 씻고 도뇨관, 배액관 처치
- 매일 회음부 간호

⑤ Foley Training

- 목적 : Foley 제거 전 자의적 배뇨 기능 확인 위해 시행
- 방법 : Foley Cath. 잠그기 → 요의 있으면 풀기(배뇨량, 시간 확인) → 4시간 이상 요의 없을 시 방광팽만 예방 위해 Clamping 풀기

관장(Enema)

① 목적

- 배출관장(Solin / Saline / Glycerin / Finger Enema) : 배변, 장내 청결
- 정체관장(조영제 / 네오마이신 / 포도당 / 카리메이트) : 수분 섭취, 약물·영양 공급, 조영제 투입

② 체위

- Sim's position

③ 간호기록

- 날짜, 시간, 관장 종류, 배변 양상·양, 이상 유무

질문 유치도뇨의 목적 3가지 (인하대학교병원)

1분 답변 장시간 자연배뇨가 불가능한 경우에 배뇨시키기 위해, 수술 환자의 수술 부위의 오염 방지를 위해, 수술 환자의 방광 팽창 예방을 위해, 방광 내 세척이나 약물 주입을 위해 유치도뇨를 시행합니다. 이상입니다.

질문 잔뇨량 체크하는 방법 (순천향대학교의료원, 한양대학교병원)

1분 답변 단순도뇨를 시행하여 잔뇨량을 측정합니다. 이상입니다.

☑ **면접 기출 질문**

자연배뇨 촉진법에 설명해 보세요. (동아대학교병원)

요로감염 예방법을 말해 보세요. (경북대학교병원)

유치도뇨를 하고 있는 환자의 간호중재는 어떻게 하나요? (아주대학교병원)

환자가 이뇨제를 사용해야 해서 유치도뇨를 시행했는데 소변이 나오지 않습니다. 이때 어떻게 해야 합니까? (아주대학교병원)

혈뇨, 무뇨, 핍뇨를 설명해 보세요. (아주대학교병원)

소변 받을 때 환자에게 교육해야 하는 것은 무엇인가요? (한양대학교병원)

정상인의 하루 소변량은 얼마인가요? (한양대학교병원)

관장의 종류와 목적을 설명해 보세요. (경북대학교병원)

관장절차에 대해 설명해 보세요. (계명대학교 동산병원)

관장 간호 중재 방법에 대해 말해 보세요. (순천향대학교의료원)

3) 수혈

목적

① 혈액량과 혈액응고인자 보충

② 결핍성분 보충

③ 혈액의 산소운반 능력 증가

종류

① 전혈

② 적혈구 농축액

③ 신선동결혈장((FFP)

④ 혈소판 농축액

⑤ 동결침전제제

수혈 전 간호

✔ 라인 확보 및 검사 진행(Ab screening test, ABO&Rh 혈액형검사, Crossmatching) → 환자 확인 → 수혈의 목차, 절차 설명 → 과거력 조사 → V/S → 수혈 동의서 서명 확인 → 혈액 가져올 때 수혈기록표와 대조(이름/혈액형/혈액번호/유효기간) → 냉장 보관 → 2명의 간호사가 중복 서명 및 확인

수혈 중 간호

✔ 이름/성명/혈액형/혈액번호/유효기간 재확인 → V/S → 부작용 관찰

수혈 후 간호

✔ 잠그기 → 생리식염수 통과 → V/S → 종료시간, 수혈 종료, 혈액번호, 서명

부작용

① 용혈반응

- 원인 : ABO 부적합
- 증상 : 두통, 오한, 오심, 열, 저혈압
- 간호중재 : 혈액 부적합, 15분 이내 발생, Emergency → 수혈 중지하고 N/S Change, → Notify → 남은 혈액은 검사실로 보냄
- 발열
- 알레르기
- 패혈증
- 감염

수혈 시 사용 가능한 용액

① 등장성 용액 (○) : 생리식염수

② 5% D/W (×) : 용혈반응

③ H/S(×) : 혈액응고

키워드 완성 1분 답변

질문 수혈 시 함께 주입 가능한 수액은 어떤 것이 있습니까? (경북대학교병원)

1분 답변 등장성 용액을 주입할 수 있습니다. 등장성 용액의 종류에는 생리식염수가 있습니다. 그 밖의 고장성이나 저장성은 용혈반응이나 혈액응고가 나타날 수 있어 쓰지 않습니다. 이상입니다.

질문 수혈의 부작용과 수혈 부작용 시 대처방법을 설명해 보세요. (서울대학교병원, 한림대학교 성심병원, 순천향대학교 의료원, 아주대학교병원)

1분 답변 수혈 부작용으로 용혈반응, 발열, 알레르기 등이 있습니다. 그중 용혈반응은 수혈 15분 내에 ABO 부적합으로 발생하는 응급상황입니다. 용혈 발생 시 수혈을 멈추고 N/S를 주입하며, 노티합니다. 남은 혈액은 검사실로 보냅니다. 이상입니다.

✅ **면접 기출 질문**

수혈 전 간호에 대해 설명해 보세요. (인하대학교병원)

빈혈환자한테 적혈구를 수혈해 줄 때, 헤모글로빈 정상수치가 얼마인가요? (경북대학교병원)

빈혈의 병리적 정의에 대해 설명해 보세요. (경북대학교병원)

수혈을 시행할 때 가장 중요한 간호는 무엇입니까? (아주대학교병원)

지금 현재 알고 있는 혈액제제를 말해 보세요. (아주대학교병원)

4) 낙상

낙상 예방

① 침대 난간 올리기

② 자주 병실 순회

③ 바닥 물기 제거

④ 딱 맞는 신발

⑤ 환자 옮기기 전 잠금 확인

⑥ 밤에 적절한 조명, 통행 방해 물품 정리

⑦ 고위험군 관리(알림, 교육, 공유)

낙상 고위험군

① 노인이나 어린이

② 무의식 경련 환자

③ 감각지각 이상 환자

④ 낙상 기왕력자

⑤ 체위성 저혈압 환자

키워드 완성 1분 답변

질문 치매 환자가 병동에 있으면 제일 먼저 해야 할 간호는 무엇일까요? (영남대학교의료원)

1분답변 안전문제인 낙상을 주의해야 합니다. 이를 위해 항상 침대 난간을 올리고, 바닥의 물기를 제거합니다. 환자는 딱 맞는 신발을 신도록 하고, 밤에도 적절한 조명을 켜고 자도록 합니다. 낙상 고위험군은 공유하여 자주 회진토록 합니다. 이상입니다.

질문 낙상 예방을 위한 환자, 보호자 교육을 해보세요. (서울대학교병원, 경북대학교병원, 계명대학교 동산병원, 영남대학교의료원)

1분답변 항상 침상에서는 침대 난간을 올립니다. 바닥 물기가 있는 곳은 조심하고, 슬리퍼보다 딱 맞는 신발을 신도록 합니다. 휠체어를 탈 때는 잠금 상태에서 환자가 앉도록 하며 밤에는 조명등을 켜고 자고, 통행 방해 물품은 정리합니다. 이상입니다.

✓ 면접 기출 질문

환자를 휠체어로 이동시키는 방법을 설명해 보세요. (계명대학교 동산병원)

병원에서 발생할 수 있는 의료사고 종류에 대해 말해 보세요. (영남대학교의료원)

환자 안전사고에는 어떤 것들이 있습니까? (영남대학교의료원)

5) 욕창

욕창의 단계

① 1단계 : Redness

② 2단계 : Skin Ulcer, 진피 Abrasion

③ 3단계 : 피하조직 괴사

④ 4단계 : 근육, 뼈 피부 손실

욕창 예방

① 수시로 피부사정

② 2시간마다 자세 변경

③ 대소변 빨리 처리

④ 압박완화 기구(Air Mattress)

⑤ 구김 없는 침구

⑥ 고단백, 고비타민 식이

⑦ 피부색, 통증 관찰

욕창 간호

① 압력 원인 제거

② 개방과 건조

③ 항생제 및 드레싱 치료

④ 고단백 식이

체위 변경 이유

① 욕창 방지

② 경축 방지

③ 배액 촉진

④ 효율적 호흡

⑤ 근육 긴장 유지

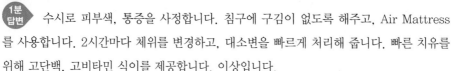

질문 욕창 예방 간호 방법에 대해 설명해 보세요. (영남대학교의료원)

1분 답변 수시로 피부색, 통증을 사정합니다. 침구에 구김이 없도록 해주고, Air Mattress 를 사용합니다. 2시간마다 체위를 변경하고, 대소변을 빠르게 처리해 줍니다. 빠른 치유를 위해 고단백, 고비타민 식이를 제공합니다. 이상입니다.

6) 감염

손 씻기

① 손 씻기가 필요한 경우
- 환자 접촉 전
- 청결, 무균 처치 전
- 환자 접촉 후
- 체액 노출 위험 후
- 환자 주위 접촉 후

② 손 씻기 6단계
- 손바닥 → 손등 → 손가락 사이 → 두 손 모아 → 엄지손가락 → 손톱 밑을 흐르는 물에 비누로 30초 이상 씻기

③ 내과적 손 씻기
- 일시균 제거 목적
- 비누 사용
- 손이 아래로 내림

④ 외과적 손 씻기
- 일시균, 상주균 제거 목적
- 소독제 사용
- 손을 위로 올림

무균법

① 내과적 무균법

- 위관영양, 관장 등 비침습적 처치 전
- Clean한 상태

② 외과적 무균법

- 아포 포함한 미생물이 전혀 없도록 하는 방법
- CVP, Foley 등 침습적 처치 전
- Aseptic한 상태

소독과 멸균

① 소독

- 병원성 균 사멸

② 멸균

- 모든 미생물 완전 사멸

염증

① 염증 반응

- 손상된 조직에 대한 비특이적 반응(기계적·화학적 열 손상, 세균 침입)

② 증상

- 발적, 열감, 종창, 통증

Triage 분류법

① 응급환자 분류체계 Triage 목적

- 응급상황에서 환자들의 중증도를 즉각적으로 평가하여 우선 순위를 정해 치료를 제공

② Triage 분류

- 응급 : 즉시 치료, 생명 위협

  Ex) 심폐정지, 신경 혈관계 손상, 흉통, 약물 중독, 과다한 화상 등

- 긴급 : 1~2시간 내 치료가 행해져도 생명에 지장이 없는 경우

  Ex) High Fever, Severe Pain, 의식이 없어지는 뇌손상

- 비긴급 : 치료가 필요하지만, 치료 시기가 결정적 요인이 아닐 경우

  Ex) Fracture, Sprain, Chronic Headache

① 격리

- 타인에게 전파 방지
- 음압병실 : 코로나, 메르스, 사스 등

② 역격리

- 환경으로부터 면역이 저하된 환자 보호
- 양압병실 : 백혈병, 에이즈, 조혈모세포이식 등으로 ANC 500/ul 이하

절대호중구수(ANC; Absolute Neutrophil Count)

① 원인

- 자가면역장애
- 골수기능저하
- 방사선
- 항암제

② 간호

- 손 씻기
- 조리된 음식
- 역격리
- 침습적 처치 최소화
- V/S
- 고단백, 고비타민, 고탄수화물 식이

전파 경로

① 비말감염(Droplet)

- 디프테리아, 풍진, 인플루엔자
- 코호트 격리
- 일회용 마스크

② 공기감염(Airborn)

- 홍역, 결핵, 코로나
- 음압병실

- N95 마스크

③ 접촉감염(Contact)

- VRE, MRSA

- 코호트 격리

- 장갑, 가운

코로나 19(COVID 19)

① 감염 경로

- 호흡기 비말(Airborn Droplets)

② 주 증상

- 발열(37.5℃) 및 호흡기 증상(기침, 인후통 등), 근육통

③ 잠복기

- 일반적 코로나 바이러스 계열 준용하여 최대 14일로 적용

④ 진단

- 임상양상에 관계없이 진단을 위한 검사 기준에 따라 감염이 확인된 자

- Real Time RT-PCR 검체 채취는 상기도(코) 1회, 하기도(입) 1회

⑤ 치료

- 렘데시비르+덱사메타손, 해열제, 수액공급

- 혈장치료제, 항체치료제, 고면역글로불린 치료, 백신 접종

⑥ 예방

- 손 씻기 등 개인위생 수칙 준수

- 씻지 않은 손으로 눈, 코, 입 만지지 말기

- 기침 시 입, 코 가리기

- 마스크 착용

- 의료기관이나 선별진료소 방문 시 해외 여행력 알리기

- 발열이나 호흡기 증상이 있는 사람과 접촉 피하기

- 마스크는 입과 코가 완전히 가려지는 것. 의료기관이나 많은 사람 접촉 직업군은 KF 80 이상 착용

- 병원에서는 클로셉트, 캐비드로 환경 관리, 코로나 환자 감염폐기물 관리, 레벨D 보호구 착용

⑦ 검사 대상

- 의사 소견에 따라 코로나19 임상증상으로 코로나19가 의심되는 자

- 해외 방문력이 있고, 귀국 후 14일 이내 코로나19 임상증상이 나타난 자

- 국내 집단발생과 역학적 연관성이 있는 자

⑧ 접촉자 관리

14일간 자가격리 코로나 증상 모니터링

⑨ 격리해제 기준

- 확진환자 중 증상이 있는 경우

  - 발병 후 10일 경과, 72시간 동안 해열제 복용 않고 발열 없음. 임상 증상 호전 추세

  - 발병 후 7일 경과, 해열제 복용 않고 발열 없음. 임상 증상 호전 추세에 PCR 결과 24시간 간격 2회 연속 음성 확인

- 확진환자 중 증상이 없는 경우

  - 확진일로부터 10일 후 증상이 없어야 함

  - 확진 후 7일 경과, PCR 검사 결과 24시간 간격 2회 연속 음성 확인

인플루엔자(Influenza)

① 구분

- H1~16, N1~19로 구분

② 진단

- Swab을 이용해 비인두, 비강 검체 채취

- 코로나 바이러스의 확진은 Swab 후 RT-PCR로 진행

결핵(TB; Tuberculosis)

① 감염 경로

- 호흡기 비말(Airborn Droplets)

② 증상

- 기침, 점액성 가래, 흉통, 객혈, 호흡 곤란, 피로, 식욕 부진

③ 진단

- Tuberculin skin test, AFB 도말검사

④ 약물

- Isoniazid : Vit B6와 길항작용으로, 피부염, 신경성질환 같은 결핍증상이 나타날 수

있기 때문에 Pyridoxine(vit. B6)과 함께 사용

- Rifampin : 체액, 소변이 오렌지색으로 변함을 환자에게 알림
- Pyrazinamide : 관절통
- Ethambutol : 시신경염
- Streptomycin : 이독성, 신독성

⑤ 퇴원 교육

- 코와 입 막고 기침, 재채기
- 증상이 호전되더라도 의료진 지시 없이 약물 중단하지 않음

HIV(Human Immunodeficiency Virus)

① 감염 경로

- 성 접촉
- 감염된 혈액 노출
- 모자 수직 감염
- 수혈

② 간호

- 역격리
- 환자의 점막, 손상된 피부, 체액과 접촉 예상될 때, 손에 상처가 있는 의료인은 장갑 착용

A형 간염(Hepatitis A Virus)

① 감염 경로

- 대변, 구강
- 사람
- 접촉 음식

② 증상

황달, 간수치 상승

③ 예방

- 손 씻기
- 음식물 익혀 먹기
- HAV Vaccination

B형 간염(Hepatitis B Virus)

① 감염 경로

- 전염성 혈액, 체액

- 수직 감염

- 성 접촉

② 증상

- 구토, 피로, 복통

③ 예방

- HBV Vaccination

④ 치료

- 인터페론, 제픽스, 헵세라, 바라크루드

C형 간염(Hepatitis C Virus)

① 감염 경로

- 전염성 혈액, 체액

② 증상

- 몸살, 메스꺼움, 식욕 부진

③ 예방

- Vaccination 없음

1군 전염병

✔ 콜레라, 장티푸스, 파라티푸스, 페스트, 세균성이질, 장출혈성 대장균

키워드 완성 1분 답변

질문 ANC가 의미하는 것과 수치가 낮은 환자에게 하는 간호방법은 무엇인가요? (경북대학교병원)

1분 답변 ANC는 절대호중구수로 자가면역장애나 골수기능저하 시 수치가 낮게 됩니다. 간호는 역격리를 원칙으로 하며, 항상 손을 씻고 환자를 케어하고 V/S을 체크합니다. 침습적 처치를 최소화하고, 조리된 음식을 줍니다. 이상입니다.

질문 공기매개 감염에는 무엇이 있는지 말해 보세요. (한양대학교병원)

1분 답변 공기매개 감염은 공기를 통해 감염되는 것으로 코로나, 메르스, 결핵, 홍역 등이 있습니다. 음압병실을 사용하게 되며, N95 마스크를 쓰고 환자 케어를 하게 됩니다. 이상입니다.

✓ 면접 기출 질문

결핵약물을 동시에 복용하는 이유는 무엇입니까? (동아대학교병원)

결핵약과 비타민 B6를 함께 먹는 이유는 무엇입니까? (한양대학교병원)

ANC 500 이하 환자는 어떻게 간호해야 합니까? (인하대학교병원)

혈소판 감소 환자가 집에 갈 때 어떤 교육을 하나요? (경북대학교병원)

혈소판 수치가 낮은 사람이 퇴원할 때 교육해야 할 내용은 무엇인가요? (경북대학교병원)

혈소판 수치가 3만일 때, 해줄 수 있는 간호방법은 무엇입니까? (경북대학교병원)

백혈병 역격리 간호중재방법에 대해 설명해 보세요. (한양대학교병원)

격리의 종류와 대처법에 대해 설명해 보세요. (영남대학교의료원)

염증반응 증상은 어떤 것이 있나요? (경북대학교병원)

손 위생이 중요한 이유에 대해 설명해 보세요. (서울대학교병원)

손 위생으로 예방할 수 있는 대표적인 균은 무엇입니까? (서울대학교병원)

WHO에서 제시한 손 씻기 기준에 대해 설명해 보세요. (영남대학교의료원)

병원 감염이 가장 많이 발생하는 계통에 대해 말해 보세요. (순천향대학교의료원)

감염 표준 지침에 대해 설명해 보세요. (세브란스의료원)

내과적 · 외과적 무균술에 대해 설명해 보세요. (영남대학교의료원)

Antigen(−), Antibody(+) 결과가 나왔을 때, 환자에게 뭐라고 설명해야 합니까? (한양대학교병원)

A, B형 간염을 비교하여 설명해 보세요. (한양대학교병원)

트리아제 분류법을 설명해 보세요. (한양대학교병원)

1군 감염병에는 무엇이 있나요? (한양대학교병원)

감염예방을 위해 할 수 있는 것은 무엇입니까? (한양대학교병원)

Aseptic Care를 위해 중요한 것은 무엇입니까? (한양대학교병원)

답변꿀팁 💬

다른 질문에도 같은 답이 있다. 키워드를 잘 이해하고 외워 두면, 다른 질문에도 적용해 충분히 대답할 수 있다.

PART

5

면접

PART 5 면접 189

7) 화상(Burn)

체표 범위(Rule of 9)

① 성인

- 머리 9% / 가슴 18% / 등 18%
- 오른쪽 팔 9% / 왼쪽 팔 9%
- 오른쪽 다리 18% / 왼쪽 다리 18%
- 생식기 1%

② 아이

- 머리 18% / 가슴 18% / 등 18%
- 오른쪽 팔 9% / 왼쪽 팔 9%
- 오른쪽 다리 13.5% / 왼쪽 다리 13.5%
- 생식기 1%

화상 분류

① 1도

- 표피 발적, 통증

② 2도

- 표피, 진피 물집, 통증

③ 3도

- 피하, 근육 괴사, 통증과 감각 없음

화상 간호

① 안면 화상

- 기도 확보

② 저혈량성 쇼크 징후 보기

③ 화상 부위 액세서리 제거

④ 의복은 느슨하게, 억지로 옷 벗기려 하지 않기

8) 투약

5/7 Right

✔ 정확한 대상자/약/용량/경로/시간(5) + 교육/기록(7)

경구투약(PO)

✔ 가장 안전하고 효과적·경제적인 방식

① 금기

- 연하곤란, 무의식, 금식, 위장관 흡인 등

근육주사(IM)

① 부위

- 측두근, 배둔근, 외측광근, 대퇴직근, 삼각근

② 방법

- 90°로 주입

- 좌골신경총 확인 위해 Syringe Back

피하주사(SQ)

① 부위

- 둔부, 상지 바깥, 대퇴전면, 복부, 견갑골

② 방법

- 45°로 주입

항생제 피부반응검사(AST)

① 목적

- 항생제로 알러지 반응으로 인한 아나필락틱 쇼크 예방

② 부위

- 전박 안쪽

③ AST 희석법

- 검사용량 : 2mg/ml

- 항생제 1g 1vial + 주사용 증류수 or 생리식염수 5cc

- 0.1cc 뽑은 후 + 주사용 증류수 or 생리식염수 0.9cc

- 0.1cc만 남기고 + 주사용 증류수 or 생리식염수 0.9cc

④ AST 방법

- 팔의 전박 안쪽을 10~15°로 0.02~0.05ml 수포가 형성될 때까지 주입 → 낭포 둘레를

볼펜으로 둥글게 표시 후 주입 시간 표기 → 15분 후 결과 판독

⑤ AST 결과 판독

- 음성

- 양성 : 15~20mm 이상 발적, 직경 9~10mm 이상 팽진, 두통, 이명, 호흡곤란, 빈맥, 두드러기, 가려움 호소 시 항생제 주입하지 않음

정맥주사(IV)

① 목적

- 수분, 전해질 불균형 예방

- 약물의 빠른 효과

- 약물, 영양, 혈액주입

② 부작용

- Phlebitis

- Hematoma

- Cellulitis

- Sepsis

- Embolism

- Pulmonary Edema

③ IV 놓으면 안 되는 경우

- 유방절제술한 쪽

- 투석환자 AV-Fistula한 쪽

- 어깨나 팔 수술한 쪽

Verbal Order 시

① 메모

② 재확인

③ 투약

④ 환자 이름, 병록번호, 처방 내용, 처방자명 기록

⑤ 24시간 이내 Order 받기

투약 방법

① 투약 준비 시 3번 확인
- 약 꺼낼 때, 준비할 때, 약장에 넣을 때

② 투약 전 기본 감염수칙 준수

③ 약 준비한 사람이 투약

④ 투약 후 증상 관찰, 기록

약물 계산

① 1ml = 20gtt

② 500ml over 24hrs = 20cc/hr = 5gtt
- 1L over 24hrs = 40cc/hr = 10gtt

③ 5% D/W 1L IV over 24hr
- 40cc/hr, 13.9gtt/min

④ H/S 1L over 10hr, 10am start, 2pm rounding 시 남은 수액량?
- 100cc/hr → 600cc 남음

⑤ 1g 항생제를 생리식염수 10ml과 mix, 400mg bid 처방 시 한 번에 뽑아야 하는 약 용량?
- 4cc

키워드 완성 1분 답변

 질문 항생제 반응 검사를 하는 이유 (서울대학교병원)

 1분 답변 항생제 알러지 과민반응 중 가장 치명적인 아나필락틱 쇼크를 일으킬 수 있는, IgE 매개반응을 확인하여 예방하기 위함입니다. 이상입니다.

 질문 투약 시 환자에게 주의해야 할 점 (경북대학교병원)

1분 답변 정확한 대상자에게, 정확한 약이, 정확한 용량으로, 정확한 시간에, 정확한 경로로 투여되는지 확인하며 투약해야 합니다. 이상입니다.

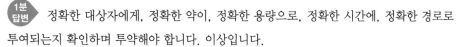

의사 처방이 이상하여 노티 하였는데도 계속 투여하라고 할 경우, 어떻게 대처하겠습니까? (고려대학교 의료원)

정맥주사 적응증에 대해 설명해 보세요. (동아대학교병원)

정맥주사 시 관찰해야 할 것은 무엇입니까? (인하대학교병원)

경구투약절차에 대해 설명해 보세요. (계명대학교 동산병원)

언제 약물 이름을 확인해야 합니까? (아주대학교병원)

두 시간에 걸쳐 들어가야 하는 수액이 30분 만에 들어간 경우 대처방법은 무엇이 있습니까? (서울대학교병원)

수액이 500ml 들어가야 하는데, 300ml 들어갔습니다. 어떻게 할 것입니까? (아주대학교병원)

IV주입속도에 영향을 미치는 것은 무엇입니까? (순천향대학교의료원)

주사기 이용 후 처치는 어떻게 해야 합니까? (순천향대학교의료원)

병동에 입원한 환자에게 항생제 Order가 났습니다. 수행해야 할 간호에 대해 설명해 보세요. (아주대학교병원)

눈, 코에 점적하는 약은 어떻게 투여해야 하나요? (아주대학교병원)

정맥염 발생 시 대처방법에 대해 설명해 보세요. (영남대학교의료원)

말초 정맥관 관리 방법에 대해 설명해 보세요. (영남대학교의료원)

패혈증이란 무엇인지 설명해 보세요. (한양대학교병원)

정맥주사를 놓으면 안 되는 경우에 대해 설명해 보세요. (한양대학교병원)

AST할 때의 과정에 대해 설명해 보세요. (아주대학교병원)

AST 결과가 8mm인데, 이 결과가 무엇이며 이후 어떻게 해야 합니까? (아주대학교병원)

9) 약물

칼륨제제

① 고위험약물

② 혈액 중의 칼륨 농도 상승으로 심실근 흥분 억제, 서맥, 심정지를 일으키므로 정맥에 투약할 때는 양, 농도, 속도에 주의

철분제제

① 위장관계 합병증이 있는 경우 식사 후 혹은 음식과 함께

② 액상철분제는 착색 → 빨대 사용

③ 오렌지 주스와 함께 복용하면 비타민 C가 철분의 흡수를 도움

④ 흑색변

디곡신(Digoxin)

① 강심제, 심부전증 치료제

② 효과

- 심근 수축과 심박출량 증가

- 심박동수 저하

- 이뇨 촉진으로 부종 감소

③ 부작용

- Bradycardia

- Arrythmia

- Anorexia

- N/V

- Headache

④ 주의사항

- 심첨맥박 60회 이하 시 투여 금지

- 서맥, 심박 수 변화 심할 시 중지하고 Notify

- 칼륨농도 모니터링(저칼륨혈증은 Digitalis 중독 증상 가중)

NTG(Nitroglycerine)

① 5분 안에 통증 완화시키는 혈관확장제

② 경로

- 설하(Sublingual) 투약(혀끝 작열감 있음)

③ 투여 방법

- 5분 간격으로, 3회/day 가능

④ 보관
- 갈색 유리병
- 건조하고 서늘한 곳
- 6개월마다 교체

⑤ 부작용
- 두통
- 저혈압
- 홍조
- 발한
- N/V

키워드 완성 1분 답변

 질문 디곡신 투여 시 주의사항에 대해 말해 보세요. (인하대학교병원)

1분 답변 심첨맥박 60회 이하 시 투여 금지하며, 서맥, 심박수 변화가 심할 시 중지하고 노티합니다. 저칼륨혈증은 Digitalis 중독 증상을 가중시키므로 칼륨농도 모니터링을 합니다. 이상입니다.

 질문 포타슘을 줄 때 무엇을 주의해야 하나요? (서울대학교병원)

1분 답변 포타슘은 고위험 약물이므로 쓸 때 주의를 기울입니다. 혈액 중의 칼륨 농도 상승은 심실근 흥분 억제, 서맥, 심정지를 일으키므로 정맥에 투약할 때는 양, 농도, 속도에 주의해야 합니다. 이상입니다.

✔️ **면접 기출 질문**

디곡신 투여 후 중독 증상에 대해 말해 보세요. (동아대학교병원)

Digitalis 제제 투약 시 주의사항은 무엇인지 설명해 보세요. (서울아산병원)

고위험 약물의 종류에는 어떤 것이 있습니까? (영남대학교의료원)

10) 마약

마약 관리

① 근무 교대 시 확인

② 사용약물 정확히 기록

③ 분실, 도난, 파손 시 즉시 보고

④ 이중 잠금장치로 보관

모르핀(Morphine)

① 중등도 이상의 통증 완화

② 주의사항

- 투여 전 호흡수 12회/min 이하 시 투약 금지
- 투약 후 어지러움 있어 운전이나 활동 제한
- 저혈압, 서맥, 동공축소 관찰

③ 부작용

- 어지러움
- 졸음
- 오심
- 서맥
- 저혈압
- 변비
- U/O 감소

통증 사정

① 수치평가척도(NRS)

- 0~10까지의 통증의 정도를 환자에게 물어서 수치화하는 것

② 시각 아날로그 평가척도(VAS)

- 소아나 노인환자 대상 통증 평가척도
- 통증을 느끼는 정도를 표현한 표정 그림을 주고 환자가 자신의 얼굴 표정을 선택하거나, 의료진이 환자 표정을 보고 평가하는 것

키워드 완성 1분 답변

 질문 ▶ 모르핀 부작용과 간호에 대해 설명해 보세요. (동아대학교병원)

1분 답변 어지러움, 졸음, 오심, 서맥, 저혈압, 호흡억제 등의 부작용이 있습니다. 투약 후 환자의 낙상에 주의하고 낙상 교육 및 운전을 하지 않도록 합니다. 또 호흡억제가 될 수 있으므로, 호흡수를 잘 측정하고, 투약 후 통증사정을 합니다. 이상입니다.

질문 ▶ 모르핀 투여 전 확인해야 할 것은 무엇입니까? (순천향대학교 의료원)

1분 답변 투여 전 통증에 대한 사정을 합니다. 또 호흡수 12회/min 이하, 저혈압, 의식저하가 있을 시 주치의에게 노티한 후 투약하지 않습니다. 이상입니다.

✅ **면접 기출 질문**

통증사정을 어떻게 할 것인지 설명해 보세요. (서울아산병원)

NRS의 Full term과 한국어로 하면 무엇인가요? (서울아산병원)

11) I/O

목적

① 수분을 적절히 섭취하는지 확인

② 체액 균형, 배뇨 습관, 비뇨기계 기능 사정

③ 배뇨량을 증가시키는 약의 효과 사정

적응증

① TPN으로 열량을 보충하는 NPO 환자

② 이뇨제나 뇌압하강제와 같은 약물을 사용하는 환자

③ 심한 수분 소실이나 결핍이 있는 환자

섭취량(Intake)

① 경구 또는 관으로 주입된 수분

② 투약된 수액, 혈액제재

③ 복막주입액

① 발한, 소변, 설사, 구토, 위 흡인물, 배액관을 통한 배액

체액 불균형 증상

① 체액 부족

- 갈증, 피부 건조, 피부탄력성 저하, 안구 함몰, 근육 약화, 불안, 대변 횟수 감소

② 체액 과다

- 부종, 체중 증가, 호흡곤란, 폐수종, 뇌부종으로 의식 수준 변화

키워드 완성 1분 답변

 질문 I/O를 체크하기 위한 내용은 무엇입니까? (계명대학교 동산병원)

 1분 답변 수분을 적절히 섭취하는지 확인하고, 체액 균형, 배뇨 습관, 비뇨기계 기능을 사정합니다. 또한 배뇨량을 증가시키는 약의 효과를 사정합니다. 이상입니다.

 질문 I/O에 어떤 것이 들어가는지 설명해 보세요. (서울아산병원)

 1분 답변 섭취량은 경구나 관으로 주입된 수분량으로, 식사, 수액, 혈액, 복막주입액 등이 있습니다. 배설량은 발한, 소변, 설사, 구토, 위 흡인물, 배액관을 통한 배액 등이 있습니다. 이상입니다.

---

12) 비위관

Levin Tube, NG(Nasogastric) Tube

① 목적

- 영양 공급
- 출혈 확인
- 위 세척
- 진단적 검사

② 삽입 길이

- 코끝+귓불+검상돌기까지의 길이
- 여자 55~60cm

- 남자 70cm

③ 식이 주기

- 반좌위 취하기
- 잔류량 확인
- 중력에 의해 천천히 진행(빠르면 N/V, Dizziness)
- 물 50cc 주입해 세척
- 30분~1시간 상체 올린 자세 유지

키워드 완성 1분 답변

 질문 L-tube를 하는 이유는 무엇입니까? (인하대학교병원)

 1분 답변 영양을 공급하고, 출혈의 확인, 위 세척, 진단적 검사를 위해 합니다. 이상입니다.

 질문 L-tube 삽입 목적과 삽입 길이, 길이 재는 법을 설명해 보세요. (한양대학교병원)

 1분 답변 영양을 공급하고, 출혈의 확인, 위 세척, 진단적 검사를 위해 삽입합니다. 삽입 길이는 남자는 70cm, 여자는 55~60cm이며, 코끝에서 귓볼, 검상돌기까지의 길이를 잽니다. 이상입니다.

---

13) 산소

목적

① 저산소혈증 치료
② 심근부담 및 환기작업량 경감

종류

✔ 비강캐뉼라, O₂ 마스크, 리절브 마스크, O₂ 후드, O₂ 텐트, 고압산소

산소요법 시 주의사항

① 멸균증류수 사용
② 활동 시에도 계속 흡입
③ 금연, 화기 주의

┌─ 키워드 완성 **1분 답변** ─┐

질문 산소 제공 시 가습하는 이유는 무엇인가요? (경북대학교병원)

1분 답변 산소가 반드시 물을 통과하도록 하기 위해 가습이 필요합니다. 이상입니다.

질문 흡인을 했는데도 환자 산소가 부족해 SpO_2가 떨어지는 경우 어떤 대처를 해야 하나요? (아주대학교병원)

1분 답변 주치의에게 알린 후 처방난 산소를 비강캐뉼라나, 산소 마스크 등으로 주입합니다. 산소 투입 후 SpO_2를 다시 체크해 봅니다. 이상입니다.

> ✅ **면접 기출 질문**

산소 요법 적용 방법에 대해 설명해 보세요. (경북대학교병원)

비강캐뉼라의 장단점은 무엇입니까? (울산대학교병원)

14) 검사

동맥혈 가스분석 ABGA 정상범위

① PaO_2 = 80~100mmHg

② $PaCO_2$ = 35~45mmHg

③ SaO_2 = 96~98%

④ PH = 7.35~7.45

⑤ HCO_3 = 22~26mEq/L

⑥ COPD ABGA 결과

　• O_2 감소, CO_2 증가, 호흡성 산증, 보상작용으로 HCO_3 증가

심전도 검사(EKG)

① P wave : 심방탈분극

② QRS complex : 심실탈분극

③ T wave : 심실재분극

④ PR간격 : 심실 수축 전까지 걸리는 시간

⑤ MI EKG

• T파 역전, ST분절 상승, 비정상 Q파

신기능 검사

① BUN/Cr(비유엔/크레아티닌)

② GFR

③ 크레아티닌 청소율

24hrs Urine Collection

① 목적

• 소변의 전해질, 포도당, 크레아티닌, 무기질 등 측정

② 방법

• 채취 전 방광을 비운 뒤 시간 기록 → 24시간 수집통에 소변 모으기

키워드 완성 1분 답변

 질문 ABGA 정상수치를 설명해 보세요. (서울대학교병원)

 1분 답변 ABGA는 동맥혈 가스분석으로 PaO_2는 80~100mmHg, $PaCO_2$는 35~45mmHg, SaO_2는 96~98%, PH는 7.35~7.45, HCO_3는 22~26mEq/L입니다. 이상입니다.

---

15) 내시경

위내시경 검사 전 환자 교육

① 목적, 방법 설명

② 동의서 받기

③ 검사 전날 자정부터 NPO

④ 당뇨환자는 인슐린 맞지 않기

⑤ 검사 시 의치, 안경 제거

위내시경 검사 후 환자 교육

① 일시적인 인후 불편감이 있을 수 있음

② 30분~1시간 뒤 구역반사가 돌아오면 부드러운 음식 섭취 가능(조직검사를 진행했다면,

3~4시간 이후 식사 가능)

③ 흑색변을 보거나 피를 토하면서 어지럽고 맥박이 빨라지면 응급실로 내원하여 진료

④ 자가운전 하지 않기

키워드 완성 1분 답변

질문 내시경 검사 후 환자에게 교육해야 할 주의사항에 대해 설명해 보세요. (한양대학교병원)

1분 답변 일시적인 인후불편감이 있을 수 있고, 30분~1시간 뒤 구역반사가 돌아오면 부드러운 음식을 섭취할 수 있습니다. 어지러움이 있으므로, 당일 자가운전은 피하고 집에 가서 흑색변을 보거나 피를 토하면서 어지럽고 맥박이 빨라지면 응급실로 오라고 주의사항을 교육하겠습니다. 이상입니다.

질문 내시경 검사 후 금식이 언제부터 풀리는지 말해 보세요. (한양대학교병원)

1분 답변 30분~1시간 뒤 구역반사가 돌아오면 부드러운 음식 섭취가 가능합니다. 단, 조직검사를 진행했다면, 3~4시간 이후 식사가 가능합니다. 이상입니다.

✅ 면접 기출 질문

위내시경 전후 간호방법에 대해 설명해 보세요. (경북대학교병원)

조직검사에서 유의하게 봐야 할 점은 무엇인가요? (한양대학교병원)

내시경 조직 검사 후 주요 간호중재에 대해 설명해 보세요. (한양대학교병원)

---

16) 흡인

흡인 목적

① 기도 청결 유지

② 가스 교환 용이

③ 진단 위해 분비물 채취

④ 감염 방지

흡인 압력

① 성인

- 110~150mmHg

② 아동

- 90~100mmHg

방법

① 삽입 길이는 환자 코에서 귓볼까지 13cm

② N/S에 카테터를 적셔 카테터 구멍 열고 삽입

③ 카테터 뺄 때 구멍을 막고 손으로 부드럽게 돌려 뺌

④ 흡입시간이 15초가 넘지 않고, 전체 5분이 넘지 않도록 함

키워드 완성 1분 답변

 질문 흡인은 어떤 경우에 합니까? (인하대학교병원)

 1분 답변 호흡기 환자분들의 기도 청결 유지 및 가스 교환 용이를 위해 시행합니다. 또 진단을 위한 분비물 채취를 위해서도 시행합니다. 이상입니다.

질문 Suction은 몇 초 내에 시행해야 하며, 그 이유는 무엇입니까? (아주대학교병원)

1분 답변 호흡기 마찰과 저산소증이 발생하므로 흡입시간이 15초가 넘지 않도록 하며, 전체 5분이 넘지 않도록 합니다. 이상입니다.

✓ 면접 기출 질문

흡인압은 소아, 성인에서 얼마인가요? (인하대학교병원)

Suction 시 돌려가며 흡인하는 이유는 무엇입니까? (아주대학교병원)

---

17) 수술

수술 전 간호

① 환자 교육

② Skin Prep

③ 8시간 전 NPO

④ 필요 시 유치도뇨 삽입

⑤ 의치, 액세서리, 손발톱 확인

⑥ 18G로 IV

⑦ 속옷 벗고, 수술복 입기

⑧ 수술 동의서, Op Lab 확인 후 서명

⑨ 처방난 Pre Medication, Injection 투약

수술 후 간호

① 환자 의식 확인

② V/S 측정

③ 마취방법에 따라 자유롭게 움직이거나(전신마취, 국소마취), 6~8시간 동안 머리 들지 않
   도록 교육(척추마취)

④ 심호흡, 기침, 조기 이상 격려

⑤ Oozing, Bleeding 관찰

⑥ 도착 시간, 환자 상태, 관찰 사항 기록

수술 후 심호흡, 기침 격려 이유

① 폐 분비물 제거

② 호흡기 합병증 예방

③ 무기폐 예방

수술 후 기침 금기 환자

① 뇌수술, 척추, 눈 수술 환자

   • 기침 대신 심호흡만

수술 후 8시간 동안 소변이 안 나오는 경우

① 방광팽만 사정 후 단순도뇨 실시

PCA 사용 교육

① 자가진통 조절 장치

② 통증 시 버튼 누르기

   • 단, 버튼을 누르지 않더라도 진통제는 들어가고 있고, 한 번에 여러 번 누르면 들어가
     지 않음. 일정 간격을 두고 눌러야 들어감.

질문 수술 후에 기침, 심호흡을 하는 이유는 무엇입니까? (울산대학교병원)

 1분 답변 폐 분비물을 제거하고, 호흡기 합병증 및 무기폐를 예방하기 위함입니다. 이상입니다.

 질문 수술 후 폐합병증 예방을 위한 교육을 해보세요. (서울대학교병원)

1분 답변 호흡기 합병증 예방을 위해 심호흡과 기침을 교육하겠습니다. 입을 다물고 코로 숨을 들이마셔서 3~5초간 멈춘 후 입을 오므려 천천히 숨을 내쉬고, 1시간에 5~10회 정도 실시하도록 교육하겠습니다. 이상입니다.

✅ 면접 기출 질문

조기이상을 하는 이유에 대해 설명해 보세요. (부산대학교병원)

수술 후 기침을 하면 안 되는 경우에 대해 설명해 보세요. (울산대학교병원)

유방절제술 후 림프부종 예방법은 무엇입니까? (울산대학교병원)

조기이상을 왜 해야 합니까? (울산대학교병원)

수술 후 감염증상과 검사결과에 대해 설명해 보세요. (울산대학교병원)

OP 전 방광을 비우는 이유는 무엇입니까? (경북대학교병원)

OP 후 간호중재방법을 설명해 보세요. (경북대학교병원)

수술 전후 간호중재에 대해 설명해 보세요. (계명대학교 동산병원)

OP 전 확인해야 할 사항은 무엇이 있습니까? (아주대학교병원)

복부 수술 환자의 간호중재 방법에 대해 설명해 보세요. (영남대학교의료원)

수술 후 폐합병증 예방을 위한 간호방법을 설명하세요. (경북대학교병원)

척추 마취 시 간호중재 방법에 대해 설명해 보세요. (계명대학교 동산병원)

OP 준비 중인 노인 환자에게 유치도뇨 시 주의할 점은 무엇이 있습니까? (아주대학교병원)

18) 억제대

목적

① 낙상예방

② 자해 위험 감소

③ 부착된 관이나 장치의 유지

④ 특별한 치료 시 환자 움직임 방지

간호

① 2시간마다 풀어 혈액 순환 및 피부 간호

② 뼈 돌출부위에 패드 대어 줌

키워드 완성 1분 답변

질문 억제대 적용 대상자는 어떤 경우들이 있나요? (경북대학교병원)

1분 답변 낙상예방 위험이 높은 환자나 자해 위험이 높은 환자, 부착된 관이나 장치의 유지가 어려운 환자, 수술과 같은 특별한 치료 시 환자의 움직임 방지를 위해 시행합니다. 이상입니다.

✓ 면접 기출 질문

억제대 간호에 대해 설명해 보세요. (울산대학교병원)

억제대 중재와 주의법을 설명해 보세요. (경북대학교병원)

억제대 간호 시행 시 어떻게 설명할 건가요? (영남대학교의료원)

억제대 적용은 언제 해야 하는 것인지 설명해 보세요. (한양대학교병원)

---

19) 항암 치료

부작용 및 간호

① 오심 및 구토

• 소량씩 자주 식사, 오심 시 크래커 권장, 고단백 식이

② 탈모

• 다시 난다는 것 설명

③ 구내염

　• 부드러운 칫솔로 양치질

항암제가 샜을 경우(일혈)

① 항암제 주입 중지

② 카테터나 바늘 제거

③ Notify

　• 해독제가 있는 경우 투여 후 바늘 제거

④ 냉찜질 및 해당 부위 상승

⑤ 처방난 스테로이드 연고 도포

⑥ Dressing

⑦ 사정 : Pain, Erythema, Induration, Necrosis

키워드 완성 1분 답변

질문 항암제 부작용에 대해 설명해 보세요. (서울대학교병원)

1분 답변 첫째, 오심 구토가 있습니다. 이는 소량씩 자주 식사하고 오심 시 크래커를 권합니다. 둘째, 탈모가 있습니다. 환자분들의 외모의 변화 때문에 힘들어 하는 부분인데 다시 자라난다는 것을 설명합니다. 셋째, 구내염이 있습니다. 부드러운 칫솔로 양치질하도록 권합니다. 이상입니다.

✔ 면접 기출 질문

TNM이 뭔지 각각 설명하세요. (경북대학교병원)

암 환자의 비약물 통증 관리 중재방법에 대해 설명해 보세요. (경북대학교병원)

방사선 치료 환자의 간호중재방법에 대해 설명해 보세요. (영남대학교의료원)

항암제를 맞고 있는 환자의 정맥 라인이 샜을 경우 어떻게 해야 합니까? (한양대학교병원)

항암제 주사는 왜 정맥주사와 다르게 한 혈관에 한 번씩만 사용하나요? (동아대학교병원)

---

20) 간호 과정

의학 진단과 간호 진단

① 의학 진단

• 질병, 병리에 초점

② 간호 진단

　　　• 인간반응 진술, 독자적 간호행위로 치료 예방 초점

간호 과정 5단계

✔ 사정 → 진단 → 계획 → 수행(중재) → 평가

✔ 면접 기출 질문

(상황 제시 후) 어떤 간호 진단을 내릴 수 있습니까? (고려대학교 의료원)

간호 과정의 순서에 대해 설명해 보세요. (한림대학교 강남성심병원)

간호 과정의 필요성에 대해 설명해 보세요. (세브란스의료원)

---

21) 간호기록

간호기록 내용

① 간호 행위, 처치

② 환자 반응, 상태

③ 교육 내용

간호정보시스템

① EMR : 전자의무기록

② OCS : 처방전달시스템

③ CP : 환자관리계획

④ PACS : 의료영상정보시스템

SOAPIE 챠팅

① 문제 중심 기록

품질관리(QI; Quality Improvement)

① 의료서비스의 질 향상을 위해 체계적 측정과 평가를 통해 지표를 관리

2. 성인간호

1) 심혈관계

협심증(Angina) / 심근경색(MI)

Angina	MI
5분 이내	30분 이상
가슴통증	견갑골, 팔, 턱으로 방사통
NTG 투여 후 통증 완화	NTG 효과 없음, 마약제제 사용

① 검사항목(Cardiac Maker)

- Troponin-I, CK-MB, Myoglobin, LDH

② Angina 간호중재

- Bed Rest
- V/S
- EKG 확인 : T파 역전, ST분절 하강 또는 상승
- Pain Assess
- NTG
- O_2 apply (산소요구량이 줄면 통증 덜함)
- 정서적 지지

③ MI 간호중재

- Bed Rest
- V/S
- EKG 확인 : T파 역전, ST분절 상승, Q파 비정상적
- Pain Assess
- 처방난 Morphine, Aspirin 투약
- O_2 apply
- NPO

심부정맥혈전증(DVT; Deep Vein Thrombosis)

① 원인
- 부동, 수술, 비만, 임신 등으로 정맥 울혈
- 정맥내 주사, 골절, 폐색성 혈전맥관염 정맥혈관 손상
- 탈수, 혈소판 증가 혈액 응고 항진

② 사정
- Homan's sign

③ 치료
- 항응고제 투약(Heparin, Wafarin)
- 혈전용해제(Urokinase)
- 다리를 심장보다 높게, 탄력스타킹

Fallot 4징후(TOF; Tetralogy Of Fallot)

① 폐동맥협착, 우심실비대, 심실중격결손, 대동맥 기시 등 4가지의 이상이 동반되어 나타나는 선천성 심질환

키워드 완성 1분 답변

 질문 협심증과 심근경색증의 차이에 대해 설명해 보세요. (인하대학교병원)

1분 답변 협심증은 가슴에만 국한된 통증이 5분 이내로 발생하고, NTG 투여 시 완화됩니다. 이에 반해 심근경색증은 가슴뿐 아니라 견갑골, 팔, 턱으로 방사되는 통증이 30분 이상 지속되고, NTG에 효과가 없어 마약제제를 사용합니다. 이상입니다.

 질문 혈전방지 목적으로 압박스타킹을 사용하는 이유는 무엇인가요? (서울아산병원)

 1분 답변 정맥혈전을 예방하여 혈전의 파급과정을 정지시키고, 심부정맥이 막혀 발생하는 폐색전증과 같은 치명적인 문제를 예방하기 위함입니다. 이상입니다.

✓ 면접 기출 질문

심도자술 후 간호에 대해 설명해 보세요. (부산대학교병원)

정맥류가 자주 호발하는 부위에 대해 설명해 보세요. (부산대학교병원)

부동환자에게 심혈관계 부작용을 예방하기 위한 간호에 대해 설명해 보세요.

EKG 리드를 붙이는 부위에 대해 설명해 보세요. (서울대학교병원)

2) 신경계

의식의 5단계

① Alert

② Lethargy

③ Stupor

④ Semi-Coma

⑤ Coma

두개내압(ICP; Intra Cranial Pressure)

① 정상 범위

- 5~15mmHg

② ICP 상승 3대 증상

- 두통
- 투사성 구토
- 유두부종

③ 간호중재

- 침상머리 올리기
- Valsalva 수기 금지
- 기침 ×, 구토 ×, 수분과다 ×

중심정맥압(CVP; Central Venous Pressure)

① 목적

- 우심방 압력, 정맥혈액량 평가

② 정상 범위

- 5~10cm H_2O(2~8mmHg)

③ 적응증

- 응급환자
- 중환자 정맥 주입로
- 말초정맥 확보가 어려운 경우
- 울혈성심부전 조기진단

- TPN 주입
- 혈액 투석

④ 측정 방법
- 앙와위
- 정맥 울혈 찾기 : 4 or 5th 늑간과 중앙선이 만나는 곳 표시
- 우심방 높이에서 압력계 눈금 '0'으로 맞춤
- 수액이 압력계의 20~25cm까지 채워지게 한 후 3-way 돌려 수액 차단
- 압력계 수액이 안정될 때 높이 측정

⑤ CVP 올라가는 경우
- 혈액량 증가, 심박출량 증가, 심기능 저하

⑥ CVP 내려가는 경우
- 혈액량 감소, 수축기압 감소(쇼크 상태)

글라스고우 혼수척도(GCS; Glasgow Coma Scale)

✔ Head trauma 환자 의식 수준, 의식 장애의 중증도 평가

① GCS 구성
- Eye Opening
- Verbal Response
- Motor Response
  → 최고 15점, 최저 3점
  → GCS 7점 이하 심한 뇌손상

뇌막염(Meningitis)

① 뇌막염 대표 증상
- Kernig Sign : 누운 상태에서 90°로 다리를 들어 무릎을 일자로 펴려고 할 때 통증 동반
- Brudzinski Sign : 머리를 굽힐 경우 엉덩이와 무릎 관절이 자동으로 굽혀짐

발작(Seizure)

① 간호
- Airway(측위, 고개 옆으로)

- O₂ apply
- 위험한 물건 치우기
- 낙상 예방
- 침대 난간 패드
- 조용한 환경
- 옷 느슨하게
- 처방난 항경련제, 진정제 투약

키워드 완성 1분 답변

질문 ICP 상승 환자 간호와 ICP의 Full term에 대해 말해 보세요. (인하대학교병원)

1분 답변 ICP는 Intra Cranial Pressure입니다. 간호중재로 침상머리를 올리고 압을 올리는 활동인 Valsalva와 기침, 구토, 수분과다를 금합니다. 이상입니다.

질문 경련 시 먼저 해 주어야 할 중재에 대해 설명해 보세요. (서울대학교병원)

1분 답변 경련환자 간호중재는 안전한 환경 제공이 중요합니다. 먼저 측위로 고개를 옆으로 돌려 Airway를 유지합니다. 주변에 위험한 물건을 치우고, 낙상되지 않도록 합니다. 옷을 느슨하게 해주고 조용한 환경을 제공하고, 처방난 항경련제, 진정제를 투약합니다. 이상입니다.

✓ 면접 기출 질문

CVP 목적 및 정상수치에 대해 설명해 보세요. (인하대학교병원)

의식의 5단계를 설명해 보세요. (인하대학교병원)

뇌손상 환자의 동공 검사 방법에 대해 설명해 보세요. (경북대학교병원)

CVP 측정 절차에 대해 설명해 보세요. (계명대학교 동산병원)

간질환자 간호중재 방법에 대해 설명해 보세요. (경북대학교병원)

ICP 상승에 관한 증상은 무엇인지 설명해 보세요. (서울아산병원)

CVP 측정 목적은 무엇입니까? (한양대학교병원)

CVP 저하 시 간호중재방법에 대해 설명해 보세요. (한양대학교병원)

3) 소화기계

간의 기능

① 담즙 생산

② 탄수화물, 단백질, 지방 대사

③ 응고작용

④ 해독

⑤ 순환

⑥ 배설

⑦ 방어 기능

간경화(LC; Liver Cirrhosis)

① 증상

- Jaundice

- Ascites

- Anemia

- 출혈

- 거미상 혈관종

- 손바닥 홍반

② Lactulose Enema 하는 이유

- 장 내 산도 감소 → 박테리아 억제 → 암모니아를 효소로 전환 배설

③ 복수(Ascites) 간호중재

- V/S

- 상체 올리고, 처방에 따른 O_2 apply(Ascites로 호흡곤란의 경우)

- 처방에 따른 이뇨제 투약 : I/O, 복부 둘레, B/W 체크

- 복수천자 시 알부민 보충, 배액은 조금씩 천천히

④ 식이

- 고비타민, 고탄수, 적정량 단백질, 저지방, 저염식

덤핑 증후군(Dumping Syndrome)

① 원인

- 위절제술 후 합병증, 고장성 음식이 장 속으로 급속 이동

② 증상

- Diarrhea, Sweating, Tachycardia, Palpitation

③ 식이

- 고지방, 고단백, 저탄수식 : 음식이 빨리 들어가 혈당의 급격한 상승으로 인슐린이 과도 분비되어 저혈당 초래
- 식전 1~2시간 수분 섭취 제한
- 조금씩 자주 천천히 식사

상부 위장관 출혈

① 발생 부위

- 식도, 위, 상부 십이지장 출혈

② 원인

- 소화성 궤양, 식도정맥류, 스트레스성 궤양, 위암

③ 증상

- 토혈, 흑색변

하부 위장관 출혈

① 발생 부위

- 소장, 대장 출혈

② 원인

- 혈관이형성증, 대장게실, 궤양성대장염, 대장암, 치질

③ 증상

- 선홍빛 혈변

키워드 완성 **1분 답변**

질문 상부 위장관 출혈과 하부 위장관 출혈의 차이에 대해 말해 보세요. (한양대학교병원)

1분 답변 상부 위장관 출혈은 식도, 위, 상부 십이지장 출혈이며, 소화성, 스트레스성 궤양에 의해 발생됩니다. 또 토혈과 흑색변이 주 증상입니다. 반면 하부 위장관 출혈은 소장과 대장의 출혈로, 궤양성대장염, 치질 등의 원인에 의해 발생되며 선홍빛 출혈이 특징적입니다. 이상입니다.

질문 덤핑 신드롬 환자의 간호방법에 대해 설명해 보세요. (한양대학교병원, 부산대학교병원, 인하대학교병원)

1분 답변 음식이 빨리 들어가면 혈당의 급격한 상승으로 인슐린이 과다 분비되어 저혈당을 초래할 수 있으므로 고지방, 고단백, 저탄수식을 조금씩 자주 천천히 식사하도록 합니다. 또 식전 1~2시간 동안 수분 섭취를 제한합니다. 이상입니다.

✓ 면접 기출 질문

장폐쇄 환자에게 비위관을 적용하는 이유에 대해 말해 보세요. (부산대학교병원)

노로 바이러스란 무엇인가요? (동아대학교병원)

간의 기능에 대해 설명해 보세요. (울산대학교병원)

간 기능에 대해 말해 보세요. (한양대학교병원)

황달을 알아볼 수 있는 수치는 무엇인가요? (서울아산병원)

4) 내분비계

당뇨(DM; Diabetes Mellitus)

① 3대 증상
- 다뇨, 다갈, 다식

② 발 간호
- 매일 상처 확인
- 발 씻기
- 발톱 일자로 자르기
- 잘 맞는 앞이 막힌 신발

③ 당뇨 퇴원환자 교육

- Glucose self-monitoring
- 규칙적 운동
- 균형 잡힌 식사
- 스트레스 조절
- 당뇨환자 인식표
- 금연, 금주
- 발 관리

저혈당(Hypoglycemia)

① 증상

- Sweating, Dizziness, Tremor, Hunger, Tired

② 간호중재

- 의식(+) : 단당류(초콜릿, 사탕, 주스)
- 의식(-) : 50% 포도당

인슐린(Insulin)

① 종류

- 속효성 1시간 이내 : 휴마로그, 노보래피드
- 속효성 : 휴물린 R
- 중간형 : 휴물린 N
- 지속형 : 란투스, 레버미어

② 방법

- 복부, 상완, 대퇴에 SC
- 주로 복부에 투여 이유 : 흡수가 일정하고, 많은 양을 간으로 이동하여 효과 최대화
- 같은 부위 반복 투여 안 하는 이유 : 지방위축증, 인슐린 흡수 방해

쿠싱 증후군(Cushing's disease)

① 원인

- 당질코르티코이드의 만성적 과다 분비

② 증상

   • 보름달 얼굴, 안면홍조, 목에 지방 축적, 여드름, 체모 증가, 고혈당, 고혈압, 면역력 저하

③ 간호

   • V/S, BST, 저당질 저염식, B/W, 부종 사정

전신성 홍반루프스(SLE; Systemic Lupus Erythematosus)

① 간호

   • 피부손상 예방, 감염 위험 저하, 모자, 햇빛 가리개

키워드 완성 1분 답변

질문 저혈당증상과 응급처치에 대해 설명해 보세요. (인하대학교병원)

1분 답변 저혈당 증상은 Sweating, Dizziness, Tremor, Hunger, Tired가 있습니다. 저혈당이 왔을 때, 의식이 있다면 초콜릿, 사탕, 주스와 같은 단당류를 먹입니다. 의식이 없다면 50% 포도당을 IV합니다.

질문 당뇨환자 퇴원 시 교육을 해 보세요. (서울대학교병원)

1분 답변 Glucose self-monitoring을 하도록 하며, 규칙적인 운동을 하되 식전보다 식후에 하도록 교육합니다. 스트레스를 조절하고, 저혈당이 왔을 때를 대비해 당뇨환자 인식표를 가지고 다니도록 합니다. 금연과 금주에 대해 교육하고, 발 관리법을 알려줍니다. 이상입니다.

✅ 면접 기출 질문

인슐린 투여 부위와 왜 복부에 투여하는지, 같은 곳에 투여 시 어떻게 되는지 말해 보세요. (한림대학교 강남성심병원)

인슐린이 체내에서 하는 역할은 무엇인가요?(혈당저하 제외) (부산대학교병원)

당뇨병 기준 수치와 저혈당 간호방법을 설명하세요. (경북대학교병원)

인슐린의 종류에 대해 설명해 보세요. (서울대학교병원)

인슐린을 투여하기 전에 확인해야 하는 것은 무엇인가요? (서울대학교병원)

5) 호흡기계

만성 폐쇄성 폐질환(COPD; Chronic Obstruction Pulmonary Disease)

① 간호
- 상체 올리기
- 저농도 산소 공급
- Pursed Lip 호흡 운동
- 기도 청결
- 충분한 수분 섭취
- 금연

천식(Asthma)

① 3대 증상
- 호흡곤란, 기침, 천명음

② 급성 발작 시 간호
- V/S
- 상체 올리기
- 정서적 지지
- 조용한 환경
- 처방난 Nebulizure, Inhaler 사용

폐부종(Pulmonary Edema)

① 증상
- 호흡 곤란, 기침, 객혈, 기좌 호흡

② 간호중재
- 수분 제한, 염분 제한, Inhaler 사용, 반좌위 유지

토혈(Hematemesis)과 객혈(Hemoptysis)

① 토혈
- 적갈색
- N/V

- 흑색변
- 식도 위장관 출혈

② 객혈
- 선홍색
- 기침 시 거품 섞인 가래
- 대변은 정상
- 기도, 폐 출혈

Chest Tube 관련 대처

① 배액병이 쓰러졌을 때
- 빨리 병을 일으켜 기능이 돌아오는지 확인
- 환자는 심호흡하게 하여 늑강 내로 들어간 공기 배출

② Disconnect 상황
- Kelly로 가슴과 가까운 부위 Clamping → V/S 하고 Notify

③ Tube removal 상황
- 멸균거즈로 Packing → Sand Bag으로 압력 → Notify

질문 천식환자 간호법에 대해 설명해 보세요. (동아대학교병원)

1분 답변 V/S을 체크하고, 상체를 올려 처방난 Nebulizure와 Inhaler를 사용하여 숨쉬기 편안하게 해줍니다. 발작적 기침으로 인한 불안함을 정서적으로 지지해 주고 조용한 환경을 제공합니다. 이상입니다.

질문 Hematemesis와 Hemoptysis의 차이에 대해 설명해 보세요. (한양대학교병원)

1분 답변 Hematemesis는 식도 위장관 출혈로 오심 구토와 함께 동반되며, 적갈색을 띄고 흑색변이 특징입니다. 반면 Hemoptysis는 기도와 폐의 출혈로 기침 시 거품 섞인 가래와 함께 선홍색 빛 출혈이 되는 차이가 있습니다. 이상입니다.

✓ 면접 기출 질문

폐렴환자의 간호중재에 대해 설명해 보세요. (고려대학교의료원)

6) 근골격계

요추천자(Lumbar Puncture)

① 목적

- CSF 압력 측정, CSF 채취, 뇌압 감소, 국소 마취, 약물 투여

② 자세

- 측횡와위

③ 천자 부위

- L3~4 or L4~5(장골능 양측을 연결하는 가상선)

키워드 완성 1분 답변

 요추천자를 하는 이유는 무엇인가요? (인하대학교병원)

 CSF를 채취하고, 압력을 측정하며, 뇌압 감소와 수술 시 국소 마취, 약물 투여를 위해서 시행합니다. 이상입니다.

✓ 면접 기출 질문

석고붕대 간호법에 대해 설명해 보세요. (동아대학교병원)

견인 시 간호법에 대해 설명해 보세요. (울산대학교병원)

---

7) 신장계

만성 신부전(CRF; Chronic Renal Failure)

① 간호

- I/O, B/W, 소양증 완화 위해 로션, 부종 · 고혈압 · CVP 증가 관찰

② 식이

- 저염분 저칼륨식, 필수아미노산 포함 저단백 고열량 고탄수식

투석(Dialysis)

① 목적

- 수분과 전해질 교정, Bun, Cr 등 노폐물 제거

② 혈액투석(HD; Hemodialysis)

- 일주일에 2~3회, 한 번에 4시간 소요
- 식이 : 나트륨 제한, 수분 제한, 저칼륨식

③ 복막투석(PD; Peritoneal Dialysis)

- 가정에서 매일 셀프로 2~3회, 투석액 1~3ℓ를 복강에 주입 및 배액
- 식이 : 저칼륨식, 수분 제한 안 함

동정맥루(A-V Fistula; Arteriovenous Fistula)

① 간호

- 잡음(Bruit), 전율(Thrill) 확인
- 수술 받은 팔에 혈압 측정, 채혈, 정맥주사 금지
- 무거운 물건 운반하지 않기
- 외상에 주의
- 소매가 조이는 옷, 팔찌, 시계 착용 불가
- 팔을 베고 자거나 압박하지 않도록 주의

키워드 완성 1분 답변

 질문 혈액 투석 환자에게 알맞은 식이 요법 (영남대학교의료원)

1분 답변 수분 정체가 되므로 수분과 나트륨을 제한하고, 부정맥과 심장마비를 일으킬 수 있으므로 저칼륨식을 제공합니다. 또 우유, 치즈, 초콜릿, 견과류 같은 고인산 식품은 저칼슘혈증을 유발하므로 피하도록 합니다. 이상입니다.

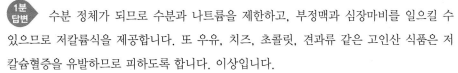

✔ **면접 기출 질문**

AV루트의 관리법에 대해 설명해 보세요. (부산대학교병원)
신장이식 후 합병증에 대해 말해 보세요. (동아대학교병원)

3. 모성 · 아동간호

APGAR Score

✔ 신생아 출산 직후 1분, 5분에 신체 상태를 5가지 기준으로 평가

① 평가항목

- Appearance(색)
- Pulse(심박 수)
- Grimace(반사능력)
- Activity(근 긴장도)
- Respiration(호흡)

제대 간호

✔ 분비물 관찰 → 제대 절단면을 개방한 채로 둠 → 멸균면봉에 소독액을 적셔 소독 → 자극 방지 위해 기저귀는 제대 아래쪽으로 참

장중첩증 아동

① 증상

- 복통, 구토, 탈수
- 점액성 혈변 : 처음에는 정상 대변, 12시간 이내 끈끈한 점액성 혈변
- 복부 종괴 : 우상복부 소시지 모양 종괴

유방자가진단(BSE)

✔ 거울을 보며 육안 관찰 → 샤워하는 동안 촉진 → 누운 자세로 검사(검사하는 팔을 머리 뒤로 올려 확인)

임신성 고혈압

① 3대 증상

- 고혈압
- 부종
- 단백뇨

② Magnesium Sulfate 투약 이유

- 혈관을 이완시켜 혈압 낮추고, 진정효과 있음

키워드 완성 1분 답변

 질문 아프가 스코어에 대해 설명해 주세요. (울산대병원, 한양대학교병원)

1분 답변 신생아 출산 직후 1분, 5분에 신체 상태를 5가지 기준으로 평가합니다. 평가항목은 Appearance(색), Pulse(심박 수), Grimace(반사능력), Activity(근 긴장도), Respiraion(호흡)을 측정합니다. 이상입니다.

 질문 모유 수유의 장점 (경북대학교병원)

1분 답변 분유보다 경제적이고, 아토피, 천식 및 식품 알레르기의 위험이 낮고, 면역력을 높인다. 모아애착을 증진시키고, 산모에게도 임신 전 체중으로의 회복을 돕습니다. 이상입니다.

✅ **면접 기출 질문**

장중첩증 아동의 대변양상에 대해 설명해 보세요. (부산대학교병원)

태변이 없던 신생아의 복부가 부풀어 있고, 악취나는 리본 모양의 변을 보았다면 의심할 수 있는 질병은 무엇인가요? (부산대학교병원)

류마티스열 아동 간호에 대해 설명해 보세요. (동아대학교병원)

임신자간전증 3대 증상과 간호방법은 무엇입니까? (경북대학교병원)

모성자간전증(임신중독증)에 대해 아는 대로 말해 보세요. (영남대학교의료원)

아토피 환자의 간호중재방법은 무엇인가요? (경북대학교병원)

모유 수유의 장점은 무엇인가요? (경북대학교병원)

유방자가검진에 대해 설명해 보세요. (서울아산병원)

4. 응급간호

심폐소생술(CPR; Cardiopulmonary Resuscitation)

A) Air Way

B) Breathing

C) Compression

D) Defibrillation

① 일반적 CPR

- C → A → B → D
- 30 : 2
- 분당 100~120회
- 가슴뼈 아래 1/2 지점, 5cm 깊이

② 물에 빠진 사람 CPR

- A → B → C

쇼크(Shock)

① 종류

- 저혈량성 쇼크
- 심인성 쇼크
- 아나필라틱 쇼크
- 신경성 쇼크
- 패혈성 쇼크

② Shock V/S 특징

- BP↓, P↑, R.R↑, BT↓ (U/O ↓)

인공호흡기(Ventilator)

① 간호

- 분비물은 흡인하고 100% 가습 제공
- 인공호흡기 경보기 항상 ON, Ambu bag keep
- 인공호흡기 조절 상태를 시간마다 확인

- 폐음 측정
- V/S 측정
- 정서적 지지

기관내삽관(Intubation)

① 목적
- 기도 개방성 유지
- Aspiration 방지
- 분비물 제거
- 인공호흡에 용이

② 준비물품
- Laryngoscope, Endotracheal Tube, Ambu Bag, Ambu Mask, Air Way, 10cc Syringe, Saline, Plasta, Glove, Puspan

응급처치의 중요도

✔ A(Air Way) → B(Breathing) → C(Circulation)

DNR(Do Not Resuscitate)

✔ 환자에게 문제가 생겼을 때, 약물과 심폐소생술로 해결하지 않고, 그대로 죽음에 이르게 한다.

질문 쇼크 증상에 대해 설명해 보세요. (경북대학교병원)

1분 답변 활력징후를 측정하면, 혈압이 떨어지고, 맥박은 빠릅니다. 얕고 빠른 호흡양상을 보이며, 체온이 떨어져 피부는 차고 축축하며, Urine Output이 적습니다. 이상입니다.

질문 CPR 순서를 설명해 보세요. (경북대학교병원)

1분 답변 일반적인 경우는 Compression, Air Way, Breathing, Defebrilation의 순서로 Compression과 Breathing을 30:2로 분당 100~120회로 진행합니다. 반면 익수자는 Air Way, Breathing, Compression의 순서로 진행합니다. 이상입니다.

✅ 면접 기출 질문

후두절개환자가 병실로 돌아왔다면 가장 먼저 확인해야 하는 것은 무엇인가요? (부산대학교병원)

임종간호에 대해 설명해 보세요. (경북대학교병원)

DNR에 대해 설명해 보세요. (순천향대학교 의료원)

비출혈 중재간호를 설명하세요. (경북대학교병원)

심근경색 심정지 시 혼자 있다면 어떻게 할 건가요? (경북대학교병원)

환자가 의식을 잃고 쓰러졌을 때, 대처방법은 무엇인가요? (계명대학교 동산병원)

의식이 없고 가래가 많아 갑자기 호흡을 못하는 환자는 어떻게 할 건가요? (계명대학교 동산병원)

CPR 상황 시 간호사 3인이 해야 할 간호중재는 무엇인지 설명해 보세요. (서울삼성병원)

소아와 성인의 CPR 차이를 설명해 보세요. (서울삼성병원)

퇴근하려는데 갑자기 보호자가 쓰러진 것을 발견한다면, 어떻게 대처하겠습니까? (서울대학교병원)

병원 복도에 소아가 쓰러져 있습니다. 어떻게 하겠습니까? (세브란스의료원)

제세동기 패드 부착 위치에 대해 말해 보세요. (서울대학교병원)

HIV 감염자 인공호흡은 어떻게 해야 하나요? (세브란스의료원)

눈에 항생제가 들어갔을 때, 대처방법은 무엇인가요? (영남대학교의료원)

항생제 앰플을 깨뜨렸을 때, 대처방법에 대해 설명해 보세요. (영남대학교의료원)

5. 최신 의료 경향

간호법 제정

✔ 간호사의 역할을 명시하는 법으로 간호 서비스의 질을 높이고 간호에 관한 전문 인력을 지속해서 확보하는 동시에 나아가 수준 높은 간호 의료혜택을 제공해 국민의 건강 증진과 보건 향상에 이바지할 수 있음

① 간호법 제정안의 주요 내용

- 간호사의 업무범위 명확화
- 간호종합계획을 5년마다 수립하고, 3년마다 실태조사
- 환자의 안전을 위한 적정한 간호사 확보와 배치
- 간호사의 근로조건, 임금 등 처우 개선에 관한 기본 지침 제정과 재원 확보방안 마련
- 간호사의 신체 · 정신적 고통 등 인권침해 행위가 발생하지 않도록 조사와 교육 의무 부과

원격의료

✔ 의료인(의료업에 종사하는 의사, 치과의사, 한의사만 해당)이 컴퓨터, 화상통신 등 정보통신기술을 활용하여 먼 곳에 있는 의료인에게 의료지식이나 기술을 지원하는 것

① 원격의료와 비대면 의료 차이

원격의료	비대면 의료
의료인 – 의료인 간 진행	의료인 – 환자 간 진행

환자경험

✔ 치료의 전 과정에 걸쳐 환자가 느끼게 되는 감정에 중요한 영향을 주는 모든 상호작용의 총합으로, 이는 의료기관이라는 조직의 문화에 의해 형성되는 것

① 환자경험평가

- 2017년 건강보험심사평가원에서 시작된 의료관리 시범 질지표
- 2년에 한 번씩 전화조사 실시, 모바일 조사 고려 중
- 6개 영역(간호사, 의사, 투약 및 치료과정, 병원환경, 환자권리보장, 전반적 만족도), 21개 문항으로 구성
- 대상병원을 확대해 의원급까지 진행 예정
- 의료수가 반영 계획

디지털 트랜스포메이션(Digital Transformation)

✔ 디지털 기반으로 고객 경험, 운영 · 관리 프로세스, 비즈니스 모델 등을 변화시키는 경영 전략

① Voice ENR(은평성모병원)

- 어디서든 간호 메모, 활력징후를 기록할 수 있는 모바일 음성인식 솔루션

② SMB(Smart Media Board)

* 자료 출처 : 은평성모병원

- 병상에 SMB를 설치하여 의료진과 커뮤니케이션하는 등의 각종 편의 기능 제공
- 환자의료정보 연동으로 환자 일정, 검사 결과, 퇴원비, 퇴원약, 복용 중인 약 정보, 회진 · 입퇴원 · 일정 · 식단 등을 조회 및 신청
- 의료 정보 콘텐츠 업로드(동영상/PDF) 및 시청
- TV와 인터넷 기능을 갖춰 스마트한 병실 생활 지원
- 환자를 위한 다양한 각도 제어, 17인치 Full HD 터치 디스플레이

③ 회진 로봇

- 검사 결과와 영상을 실시간 제공하며 회진 보조 가능
- 자율주행, 24시간 가동, 비대면 회진 서비스

질문 코로나로 인한 업무강도가 높아지는 것에 대한 생각은 어떠한가요?

1분 답변 지금까지 과도한 업무에 놓인 의료진이 휴식 없이 일을 하고, 번아웃 되는 것에 마음이 무겁습니다. 먼저 힘든 의료진들을 위해 저도 코로나19 대응에 보탬이 되고 싶습니다. 더불어 Self Protect를 잘해서 감염되지 않도록 하고, 업무 강도를 이겨낼 수 있도록 긍정적 의지를 가지고 누적된 피로를 풀 수 있는 운동으로 스트레스를 해소하면서 코로나19 대응을 끝까지 함께하는 간호사가 되겠습니다. 이상입니다.

질문 비대면 관련 간호는 어떻게 하는 것이 좋을까요?

1분 답변 코로나19로 재택치료가 도입되면서 대상자에게 재택치료키트 즉시 제공, 치료기간 동안 절차, 유의사항, 생활수칙 등을 설명합니다. 이후에는 건강 모니터링하며 건강상태를 확인합니다. 감염에 대해 불안해하는 환자와 보호자를 위해 재택치료과정에 대한 설명이 필요하고, 심리적 안정을 취할 수 있게 지지합니다. 특정 증상, 예를 들면 38도 이상의 열, 숨쉬기 불편함, 가슴 답답함 등의 증상에 대한 응급콜에 대비하며 비대면 상담 및 처방이 원활하게 진행될 수 있도록 돕습니다. 이상입니다.

CHAPTER 3 인성면접

간호학과 4학년이 되었다. 3년간 왜 이렇게 열심히, 치열하게 경쟁하며 좋은 학점을 얻기 위해 공부했는지 곰곰이 생각해 보자. 단순하게 간호사 면허를 취득하기 위함인가? 아니면 인정받는 능력 있는 간호사가 되기 위함인가? 아님 환자들의 마음까지 어루만져 줄 수 있는 따뜻한 간호사가 되기 위해서인가? 다 맞는 말이다. 하지만 최우선의 목적은 바로 졸업과 동시에 스스로 자랑스럽고, 남들도 인정할 만한 좋은 병원에 취업하기 위함이다. 사실 4년간 공부를 얼마나 열심히 했는지는 중요하지 않다. 다른 이들은 그 결과를 어느 병원에 입사했는지로 평가할 것이다. 그래서 마지막 1년을 제대로 보내지 않아 원하는 병원에 입사하지 못한다면 그 결실을 맺지 못한 게 된다.

꿈을 이루기 위해 필요한 것은 아주 높은 학점이나 토익 점수가 아니다. 바로 나를 알릴 '글쓰기'와 '말하기' 실력이다. 내게 없는 것도 있는 척, 조금 가진 것도 많은 것을 갖고 있는 것처럼 할 수 있느냐 없느냐의 문제인 것이다. 글쓰기와 말하기를 통해 '나는 이런 장점과 특기를 가진 지원자'라는 것을 표현할 수 있는 능력이 필요하다.

인성(경영진)면접은 대학 병원 입사의 최종 관문이다. 이 관문을 통과하지 못한다면 앞서 공들인 지원서와 자기소개서, 인적성검사, 필기시험 등은 무용지물이 된다. 그러므로 인성면접이란 고비를 잘 넘겨야 한다. 단 한 달만 연습해도 승률을 급격히 올릴 수 있다. 이 시기는 큰 위기이자 대단한 기회이다.

2024 채용시즌의 화두는 앞서 지속적으로 언급했던 '코로나19'이다. 그리고 최근 몇 년간으로 넓혀서 생각해 보면 사회적 갈등을 조장하는 '갑질', 또는 '세대 갈등'이나 '지역 갈등', '젠더 갈등'도 많이 언급되고 있다. 또한 '다문화 갈등'이나 '진보와 보수의 갈등'도 빼놓을 수 없다. 특히 여성이 대다수 조직인 간호부에게 조금은 민감할 것 같은 질문으로 '미투 운동'이나 '페미니즘' 등도 출제될 수 있으며, 이런 일반적인 사회적 갈등과 함께 의료계로 들어와서 생각해 보면 '간호사의 태움'이나 '문재인 케어(국민건강보험 적용범위 확대)', '의료사고'도 대학병원의 인성질문 주요 레퍼토리로 활용되고 있다.

우선 상급 종합병원의 실제 기출들을 풀어보면서 어떻게 답변해야 하는지 '감'을 잡았으면 한다. 먼저 어느 병원이든 기출로 준비되어 있을 만한 주요 질문에 대비해 보자.

1. 상급 종합병원 기출 질문 답변하기

빈출 질문	취트키 답변	꿀팁
간호사는 어떤 직업인가요? (간호관)	간호사는 희망을 주는 직업입니다. 병원 실습을 나가면서 가장 많이 깨닫게 된 것은 몸이 불편해서 병원 생활을 시작한 환자분들이 병환이 오래되고, 병원 생활이 길어지면서 정서적으로 많이 힘들어 하신다는 것이었습니다. 그래서 이분들이 빨리 건강해지기 위해 진료에 적극적으로 참여하시면 빨리 나아서 퇴원할 수 있을 것이란 믿음과 희망을 주어야 한다고 생각합니다. 환자의 가장 가까이에서 이런 희망을 주는 간호사가 되겠습니다. 감사합니다.	✔ 간호사의 사전적 정의를 묻는 것이 아니다. ✔ 다른 지원자들과는 다른 소신 있는 답변이 필요하다.
어떤 간호사가 되고 싶나요? (간호철학)	저는 희망을 주는 간호사가 되고 싶습니다. 병원 실습을 나가면서 가장 많이 깨닫게 된 것은 몸이 불편해서 병원 생활을 시작한 환자분들이 병환이 오래되고, 병원 생활이 길어지면서 정서적으로 많이 힘들어 하신다는 것이었습니다. 그래서 이분들이 빨리 건강해지기 위해서는 진료에 적극적으로 참여하시면 빨리 나아서 퇴원할 수 있을 거라는 믿음과 희망이 있어야한다는 것입니다. 환자의 가장 가까이에서 이런 희망을 주는 간호사가 되겠습니다. 감사합니다.	✔ 간호관과 간호철학에 대한 답변은 같아도 좋다. ✔ 비슷한 질문으로 '좋은 간호는 어떤 간호인가?', '당신의 간호철학을 설명해 보라.'가 있다.
첫 월급을 받으면 어떻게 하겠습니까?	우선 간호학과 입학부터 병원 취업 때까지 늘 기도하고 응원해 주셨던 부모님께 감사하는 마음이 큽니다. 첫 월급을 받으면 그런 감사의 표현으로 부모님께 꼭 필요한 선물을 해드리고 싶습니다. 또한 처음 입사해서 많이 부족했던 저를 위해 많은 관심과 격려를 해주셨던 프리셉터 선생님, 수간호사님, 우리 부서 선배님들께 시원한 커피라도 한 잔씩 돌리며 감사 인사를 드리고 싶습니다. 앞으로도 늘 감사한 마음을 갖고 표현하는 간호사가 되겠습니다. 감사합니다.	✔ 작은 일에도 감사할 줄 아는 긍정성을 어필하자. ✔ 교수님 버전도 있다. '4년간 저를 지켜봐 주시고 응원해 주셔서 인정받는 간호사가 될 수 있도록 지도해 주신 모교 교수님도 꼭 찾아가서 인사드리고 싶습니다.'
부모님을 자랑해 보세요.	저희 부모님은 제가 간호학과에 입학했을 때부터 정말 기뻐해 주셨습니다. 그리고 4년간 학교생활을 어떻게 하는지 늘 많은 관심과 응원을 해주셨습니다. 이 병원도 부모님의 적극적인 지지로 원활하게 준비할 수 있었습니다. 그리고 이런 감사한 부모님 덕분에 앞으로 인정받는 간호사가 되어 오랫동안 보람 있게 일할 준비가 되어 있습니다. 감사합니다.	✔ 핵심은 병원생활을 하는 데 어떤 도움이 되나? ✔ 학교나 친구들, 남자친구 자랑 등도 모두 같은 선상에서 답변을 하는 것이 필요하다.

취미나 특기가 무엇입니까?	저의 취미는 자전거 타기입니다. 보통 주말에는 가족들과 함께 운동 삼아 20Km 정도의 라이딩을 즐깁니다. 이렇게 운동한 지는 3년 정도 되었습니다. 이런 시간을 통해 땀을 흘리며 체력 증진도 되고, 가족들과 귀한 대화 시간을 가질 수 있어 일석이조라고 생각합니다. 간호사가 되어서도 틈틈이 자전거를 타며, 나를 가꾸고 관리하는 간호사가 되겠습니다. 감사합니다.	✔ 병원은 '심신이 건강한 간호사'를 뽑고자 한다. ✔ 자전거 타기, 수영, 요가, 등산과 같이 운동을 취미로 써서 건강관리를 하고 있다고 어필하자.
평소 스트레스 관리는 어떻게 하고 있나요?	저는 스트레스를 크게 받는 성격은 아닙니다. 하지만 틈틈이 심신건강 관리를 위해 자전거를 타고 있습니다. 주말에 가족들과 운동 삼아 20km 정도의 라이딩을 즐깁니다. 이렇게 가족들과 함께 운동한 지는 3년 정도 되었습니다. 이런 시간을 통해 땀을 흘리며 체력도 키우고, 가족들과 귀한 대화 시간을 가질 수 있어 여러모로 좋은 취미라고 생각합니다. 간호사가 되어서도 틈틈이 자전거를 타며, 나를 가꾸고 관리하는 간호사가 되겠습니다. 감사합니다.	✔ 스트레스 관리방법은 중요하다. 운동처럼 건전한 방법을 제시하는 것이 좋은 방법이다. ✔ 취미활동과 같은 내용으로 풀어 주는 것이 편하다.
인생의 롤 모델이 누구인가요?	제 인생의 롤 모델은 '마리안느'와 '마가렛' 간호사님입니다. 이 분들은 모두가 꺼려했던 한센병의 섬 소록도에서 자원봉사자의 신분으로 40여 년간 보수 없이 헌신적인 봉사를 하시고, 빈손으로 오스트리아로 돌아가신 푸른 눈의 천사이십니다. 지금은 이분들의 희생과 봉사정신을 기리고 인류의 자산으로 삼고자 노벨평화상 추천 범국민 서명운동 중입니다. 그리고 이분들의 사랑은 소록도를 치유의 섬, 희망의 섬으로 만들었습니다. 저도 인류애를 실천하는 봉사와 헌신의 간호사가 꼭 되고 싶습니다. 감사합니다.	✔ 간호계에서 찾아야 한다. ✔ 생활신조나 좌우명 관련 질문에도 간호사로 어울릴만한 내용으로 답변해야 한다.
같은 학년 친구 중에 싫어하는 사람이 있었나요?	없었습니다. 같은 학년 친구들과는 모두 서로 격려하고 응원하며 잘 지냈습니다. 특히 오늘 제가 좋은 병원에 면접보러 간다고 하니 서로 도와준다고 해서 면접 연습도 충분히 잘 하고 왔습니다. 앞으로도 30년 이상 임상생활을 약속했고, 서로 격려해가며 열심히 일해서 꼭 인정받는 간호사가 되자고 다짐했습니다. 이상입니다.	✔ 절대 부정적 질문에 말려들지 말자. 부정적인 질문은 뒤집기 기법을 사용하는 연습을 하자.
SNS를 어떻게 활용하고 있습니까?	저는 친구들과의 교류 및 지인들과의 관계 유지를 위해 페이스북만 하고 있습니다. 특히 불특정 다수에게 노출되다 보니 간호학생으로서 품위와 가치관을 올바르게 보이기 위해 잘 관리하고 있습니다. 추후 간호사가 되어서도 병원 규정이나 간호부 지침에 따라 자기관리를 무엇보다 철저히 하는 성실한 간호사가 되겠습니다. 이상입니다.	✔ 질문의 의도는 자기관리와 간호사의 품위 유지에 신경쓰고 있는지 알고자 함이다.
개인적으로 어떤 Duty가 가장 좋나요?	저는 DAY가 좋습니다. 하루를 일찍 시작하면서 부지런해질 수 있고, 또 마치는 시간도 빠르니 자기개발이나 취미활동을 할 수 있는 여유 시간이 있어 좋습니다. 하지만 제가 근무하는 모든 시간엔 최선을 다해 즐겁게 일하겠습니다. 특히 한 번도 해보지 않았던 Night 근무는 어떨지 모르지만 이 병원에서 일할 수만 있다면, 어떤 Duty이든 참 설렐 것입니다. 이상입니다.	✔ 절실함을 너무 심각한 단어로 어필하면 역효과가 날 뿐이다. 밝고 긍정적인 표현을 사용하여 어필해보자.

원하지 않는 부서에 배치되면 어떻게 하겠습니까?	만약 제가 원하지 않는 부서에 배치돼도 걱정부터 하지 않겠습니다. 저는 활동적이고 아이들을 좋아합니다. 그래서 언젠가는 소아병동에서 가장 인기 있고 일 잘하는 간호사로 일해 보고 싶습니다. 하지만 멀리 내다 볼 때 저의 목표는 소아병동뿐 아니라 이 병원에서 가장 인정받는 간호사가 되는 것입니다. 그 꿈을 이루기 위해 어느 부서에서 어떤 일이 맡겨지든지 빛이 나는 간호사가 될 것입니다. 열심히 하겠습니다. 감사합니다.	✔ 그냥 뽑아만 주신다면 어디서든 열심히 일하겠다고 하는 것은 구식 답변이다. ✔ 당차보이고 자신감이 있어 보이게 말하자.
병원실습에서 가장 인상에 남는 것은 무엇이 있었나요?	3학년 2학기 성인간호 실습에서 만난 간호사 선생님들이 가장 기억에 남습니다. 수간호사님은 라운딩 하실 때 꼭 환자 한 분씩 이름과 함께 오늘도 수고하셨다는 따뜻한 말을 건네 주셨습니다. 또한 병동 선생님들도 서로 많이 아끼고 도와주는 모습을 보여주셔서 정말 배울 것이 많았습니다. 저도 입사하면 동료들을 존중하고 귀하게 여기는 간호사가 될 것입니다. 감사합니다.	✔ 실습과정은 실제 정식 간호사로서 병원에 적응하기 위한 최고의 준비 과정이다. ✔ 어떤 답변이라도 긍정적인 사례만 언급해야 한다.
실습하면서 간호학생으로서 잘했다고 생각하는 것은 무엇인가요?	하나라도 더 배우고자 하는 마음이 커서 실습마다 적극적인 태도로 임했습니다. 우선 실습 출근 시간을 30분 전에 맞추어 놓고 가장 먼저 도착해서 선생님들께 도와드릴 일이 무엇인지 여쭈었습니다. 또한 스테이션에만 있어야 하는 경우가 아니라면 선생님들의 처치를 하나라도 놓치지 않고 보려고 했습니다. 인계 시간에 당일 어떤 이벤트가 있는지 파악하고 전후 간호로 어떤 행위들이 수행되는지, 이미 알고 있던 것과 비교하며 공부하였습니다. 이를 통해 이론 공부로만은 알 수 없던 간호를 폭넓게 배울 수 있었습니다. 앞으로도 적극적으로 참여하고 열심히 탐구하는 공부하는 간호사가 되겠습니다. 감사합니다.	✔ 남들과 다른 소재를 개발해서 자랑하도록 하자.
간호간병 통합 서비스의 장단점은 무엇입니까?	장점은 우선 코로나19와 같은 의료기관 감염 문제로부터 안전할 수 있다는 점입니다. 또한 간호 인력에 의한 근접간호와 체계적인 간호 시스템에 따라 간호의 질이 높아질 것입니다. 다만 이런 경우 간호 인력의 확충이 시급합니다. 현재의 간호사들의 업무강도를 그대로 할 때 더 필요한 간호 인력의 현재의 60%선이라고 보건복지부에서 발표했습니다. 간호인력 보강문제만 해결되면 간호간병 통합 서비스의 효율성은 더 극대화될 것입니다. 기회가 된다면 저도 간호간병 통합 서비스 병동에서 환자들의 건강과 안위를 24시간 책임지는 간호를 수행해 보고 싶습니다. 감사합니다.	✔ 장점부터 설명하자. ✔ 단점보다는 보완점으로 말하자.

모든 면접 답변은 '감사합니다.' 또는 '이상입니다.'로 끝내야 한다. 답변이 면접관에게 다소 부족함이 있더라도 시작과 끝맺음을 잘하면 기본적인 커뮤니케이션 능력이 있어 보일 것이다.

유도 질문에 낚이지 말자

병원이 신입 간호사를 뽑을 때 가장 주의 깊게 보는 것이 '뽑아 주면 성실하게 오랫동안 근무할 수 있을까?'라고 언급한 바 있다. 그러므로 심신이 건강한 지원자임을 잘 보여주어야 하는데, 신체가 건강한 것은 체력이라는 키워드 아래 본인의 사례를 언급하면 되지만, 마음이 건강하다고 하는 것은 모든 표현에서의 긍정적인 단어 사용과 사례를 잘 들어야 한다. 특히 면접에서 지원자의 가치관과 사례를 묻는 경우, 지원자의 긍정성을 보기 위해선 긍정적인 질문만 할 것처럼 생각되지만 오히려 반대로, 부정적인 사례에 대한 질문을 통해 긍정성을 확인하고자 하는 고약한 성격의 면접 질문도 많다.

병원 실습에 관련한 면접 질문으로는 '가장 기억에 남는 환자 경험'이 가장 많이 나온다. 언제 무슨 실습에서 어떤 환자가 왜 기억이 나는지를 상세히 설명하고 이 경험이 나에게 어떤 공부와 도움이 되었는지, 또한 앞으로 간호사로 일하는 데 어떻게 작용할지까지 설명해야 한다.

그 다음으로 많이 나오는 실습 관련 질문은 '가장 보고 배울 것이 많았던 간호사', '롤 모델 삼고 싶은 간호사', '나에게 특별히 친절하게 해준 의사' 등인데, 긍정적인 사례가 아닌 실수를 찾기 위한 질문으로 이런 질문이 나오기도 한다.

"병원 실습에서 느낀 간호사들의 문제점을 구체적으로 말해 보세요."

📢 아쉬운 답변

> "네, 저는 선생님들이 일이 너무 많으셔서 그런지 늘 웃지 못하고 짜증스럽고 무섭게 말씀하시는 것에 아쉬움이 있었습니다. 제가 정식 간호사가 되면 아무리 바쁘고 몸이 힘들어도 늘 웃으면서 대상자들을 대할 수 있는 간호사들이 되겠습니다."

그냥 듣기에는 각오가 대단한 것처럼 들리지만 사실 학생 간호사가 선배 간호사를 지적하는 상황이다. 이렇게 말하는 지원자를 뽑지도 않겠지만, 뽑는다 하더라도 어디 가서 본인이 근무 중인 병원을 흉보거나 선배들 뒷담화도 앞장 설 수도 있다고 생각할 것이다.

이처럼 지원자의 긍정성을 알기 위해 던져진 부정적인 질문에는 절대 말려들면 안 된다. 흔히 이를 '낚시질' 한다고 표현한다. 차라리 질문에 대한 이해를 '부정적'이 아닌 '긍정적'으로 바꾸자. 예를 들어 인하대학교병원 기출문제 중 '같은 반 친구 중에 사이가 안 좋은 친구가 있습니까?'라는 질문이 있었다.

"사이가 안 좋은 것은 아닌데, 말을 잘 안 하는 친구는 한 세 명 있습니다."라고 답변한 지원자가 있고, "아닙니다. 저는 4년 동안 저희 반 친구들과 정말 사이좋게 지냈습니다. 오늘 제가 좋은 병원 면접을 준비하면서 많은 친구들이 서로 도와 주겠다며, 면접 파트너를 해 줘서 충분히 면접 연습을 하고 왔습니다. 그래서 오늘 면접 자신 있습니다. 저희 반 친구들과 '어느 병원에 가던지 열심히 일해서 인정받는 간호사가 되자.'며 의기투합하는 중입니다."라고 답변하는 지원자가 있다. 내가 면접관이라면 누구에게 좋은 점수를 줄지 생각해 보자.

면접관의 입장에서 이 두 학생이 어떤 학교생활을 했는지, 친구들과의 관계가 좋은지 나쁜지는 알 수 없다. 다만 지원자들의 답변만 믿고 평가할 뿐이다. 그래서 "면접에서 솔직한 것이 장점이 될까요?"라고 묻는 학생들에게 전문가로서 솔직하게 말하자면 "절대 아니다."이다. 면접을 정말 잘 볼 수 있는 비결은 딱 한 가지, 내가 하고 싶은 말이 아니라 면접관이 듣고 싶은 말을 하는 것이다. 병원의 입장에서 듣고 싶은 말을 하는 것이 질문의 의도를 제대로 파악하는 것이고 오늘 내가 면접 보는 이유이다.

2. 삼성서울병원 기출 질문 답변하기

다음은 환자 행복을 위한 의료혁신으로 '디지털 기반 의료혁신으로 환자가 행복한 개인 맞춤 의학을 구현한다.'는 비전을 가진 삼성서울병원의 기출 질문들을 풀어 보자.

기출 질문	취트키 답변	꿀팁
같은 학교 출신 3명이 나란히 면접을 보는데 한 명만 뽑아야 한다면 누가 됐으면 좋겠습니까?	제 생각에는 병원의 입장에서 가장 필요한 인재를 뽑아야 합니다. 그렇게 뽑힌 인재가 더 오랫동안 인정받으며 일할 것이기에 선택을 존중합니다. 다만 다른 학교 지원자들도 우수합니다만 저희 학교 학생들은 아주 성실하고 열정적인 인재들입니다. 대학시절 가장 일찍 등교하여 첫 시간 예습을 열심히 하던 착실한 학생들이고, 시험공부와 봉사활동도 적극 참여하여 교수님들과 친구들이 인정하는 모범적인 학생들입니다. 모두에게 기회를 주신다면 늘 노력하는 모습으로 행복하게 일하는 간호사가 되겠습니다. 감사합니다.	✔ 나를 우선으로 생각하면 답하기 어렵다. 면접관 (병원)의 입장에서 듣고자 하는 답변을 생각해 보자.
나와 의견이 맞지 않는 사람과 부딪칠 경우 어떻게 대처하겠습니까?	먼저 제 주장을 펼치기 보다는 상대방의 의견을 듣는 데 주력하겠습니다. 그리고 한 번 더 제 의견에 대한 객관적인 검증을 거치고자 노력하겠습니다. 대학 2학년 때 실제 이런 경험이 있습니다. 간호학과를 대외에 홍보하기 위한 아이템으로 올바른 음주 문화와 건강 체크를 위한 진단과 예방상담을 기획했으나, 그 시행 방법의 의견 차이로 어려움을 겪었습니다. 하지만 저의 의견을 뒷받침할 다른 행사 사례와 설문자료를 찾고, 팀원들의 지지를 받아 의견이 다른 상대방을 이해시킬 수 있었습니다. 그리고 팀원 모두가 행사를 무사히 마치며, 학교 관계자들과 교수님들의 칭찬까지 듣게 되었습니다. 앞으로도 저보다는 상대 입장에서 이해할 수 있는 소통 능력을 가진 간호사가 되겠습니다. 감사합니다.	✔ 서로의 주장이 맞고 틀리고가 아닌 다름을 인정하겠다는 의지를 표현하는 게 중요하다. ✔ 실제 경험담을 추가한다면 설득이 잘 될 것이다.

면접관들이 지원자들에 대해 무엇을 보고 평가하는 것 같네요?	제가 판단할 때는 입사해서 병원을 위해 또 환자를 위해 헌신할 수 있는가와 그러기 위해 심신이 건강한, 준비된 지원자인지를 평가한다고 생각됩니다. 저는 여기에 적합한 긍정적인 마인드와 강한 체력을 갖고 있습니다. 간호학과 2학년 때부터 감사 일기를 써오며 하루에 있었던 일을 기쁘게 정리하고 있습니다. 또한 3학년에 올라와서 시험 기간을 제외한 주말이면 가족들과 자전거를 2시간씩 타고 있습니다. 이를 통해 활력을 얻고, 가족들과 많은 대화를 나누며 즐거운 추억을 쌓고 있는 중입니다. 앞으로 병원에 입사해서도 이런 감사일기와 주말 운동을 열심히 하며, 역량을 인정받는 간호사가 될 것입니다. 감사합니다.	✔ 병원에서 원하는 답은 한 가지이다. 우리 병원이 당신을 왜 뽑아야 하나? ✔ 지원자의 장점을 잘 어필할 수 있는 질문이다.
환자를 고객이라 불러야 하나요?	고객은 서비스 대상자를 의미합니다. 병원에서 도움이 필요한 분들에게 간호사는 의료서비스를 제공하게 됩니다. 그리고 그 서비스 대상자가 환자와 보호자이기 때문에 고객이라 하는 것도 맞습니다. 하지만 간호사는 의료 전문직이지 서비스직은 아닙니다. 굳이 고객이란 단어보다는 대상자라는 표현을 사용하는 것이 맞습니다. 간호사로서 자부심과 사명감을 모두 갖추고 열심히 일하겠습니다. 감사합니다.	✔ 고객의 의미를 잘 설명하고, 다만 표현상 대상자로 한다는 것을 쉽게 설명하자.
가족들이 본인에게는 비밀로 해주길 원하는 암 환자가 있는데 본인에게 얘기를 해야 하나요?	본인이 알기를 원한다면 알아야 한다고 생각합니다. 다만 다른 가족들의 입장도 있으니, 간호사로서 가족분들께 설명드렸으니 가족에게 자세한 이야기를 들으시면 된다고 할 것 같습니다. 환자 본인에게도 알 권리가 있고, 환자 스스로 관리하고 마음의 준비를 해야 하는 경우도 생길 수 있기 때문입니다. 하지만 중요한 것은 간호사로 근무하면서 가끔은 혼자 결정하기 어려운 상황이 생길 때엔 꼭 경험이 많은 선배님이나 수간호사님과 상의하도록 하겠습니다. 이상입니다.	✔ 혼자 결정을 내리기 어려운 상황은 경험이 많은 상사나 선배의 의견을 듣는 것도 좋은 방법이다.
자신이 지망하지 않는 곳에 배정된다면 어떻게 하겠습니까?	저는 걱정 없습니다. 3학년부터 시작한 모든 실습에 흥미롭고 보람있게 참여할 수 있었습니다. 또한 실습 점수도 모두 만족스러웠습니다. 그래서 어느 부서에 가든 열심히 배우고 적극적으로 참여할 준비가 되어 있습니다. 어느 자리에서든 빛이 나는 성실한 간호사가 되겠습니다. 감사합니다.	✔ 질문은 부정형이지만 강한 자신감으로 답변하자.
나는 어떤 사람인지 나를 표현할 수 있는 단어를 말해 보세요.	저는 '오뚜기'라고 말하고 싶습니다. 늘 바른 생각과 성실하고 끈기 있는 행동으로 모범적인 학창시절을 보냈습니다. 다만 제가 목표했던 점수나 성과가 바로 나타나지 않았던 상황에서도 바로 일어서서 다시 도전하여 꼭 원하는 학점과 영어점수를 얻을 수 있었습니다. 이런 강한 의지로 선배들에게는 가장 부지런한 간호사, 후배들에게는 가장 일 잘하는, 보고 배울 것이 많은 간호사로 인정받겠습니다. 감사합니다.	✔ 단어와 간호사 업무와의 연관성을 생각하며 말해야 한다.
오늘 면접을 본 후 면접 발표 날까지 무엇을 하며 기다릴지 말해 보세요.	내일부터는 다가오는 기말고사를 잘 치르기 위해 열심히 공부할 생각입니다. 삼성서울병원의 간호사가 되기 위한 학점 기록은 3학년 2학기로 끝냈지만, 하나라도 더 알고, 전문성을 더한 역량 있는 간호사가 되기 위해 늘 노력할 것입니다. 또한 틈틈이 영어 공부도 지속하며 글로벌 소통능력을 갖추기 위해 더 노력하겠습니다. 그리고 합격의 기쁜 소식을 꼭 받겠습니다. 감사합니다.	✔ 자기계발을 지속적으로 하겠다고 말하는 것이 좋은 답변이다.

질문	답변	해설
간호사 사직을 줄이기 위한 병원의 개선책은 무엇인가요?	이미 삼성서울병원은 간호사가 행복하게 근무할 수 있도록 많은 환경적 지원들을 하고 있습니다. 특히 자녀 학자금과 주거안정 자금 지원, 직원 만족센터, 35개의 직원 동호회, 통합 교육시스템 등은 많은 간호학생들에게 선망의 대상입니다. 저는 병원이 간호사의 사직을 줄이기 위해서는 이런 환경보다 채용을 할 때 오래 근무할 수 있는 긍정성과 목표의식이 뚜렷한 지원자를 뽑아야 한다고 생각합니다. 그리고 이런 끈기를 가진 지원자가 바로 저라고 자신 있게 말할 수 있습니다. 4년간 꾸준하게 높은 성적을 유지하며 장학금을 받았던 것처럼 삼성서울병원의 간호사로써도 꾸준하게 성장하는 모습을 보이겠습니다. 감사합니다.	✔ 병원의 문제보다는 지원자의 성향에 문제가 있을 수도 있다고 말하며 자연스럽게 자기를 홍보하는 기회로 만들었다.
요즘 이슈화되고 있는 의료계의 주제에 대한 자신의 견해를 말해 보세요.	저는 모든 병원들이 경쟁적으로 시행하고 있는 간호간병 통합 서비스가 의료계의 가장 큰 화두라고 생각합니다. 특히 메르스나 코로나와 같은 신종 전염병과 같은 감염 사태에서 환자나 의료진 스스로를 보호할 수 있고, 질 높은 환자 케어와 관리 프로그램으로 양질의 의료 서비스가 가능해진다는 점, 환자와 보호자의 부담을 모두 줄일 수 있다는 것도 좋은 점입니다. 다만 간호간병 통합 서비스를 정착시키기 위한 간호인력 수급의 문제는 가장 큰 고민일 수 밖에 없습니다. 만약 간호간병 병동에서 근무한다면 더 열심히 일하고 환자들에게 인정받는 간호사가 되겠습니다. 감사합니다.	✔ 간호·간병 통합 서비스에 대해 말하라는 것이다. ✔ 다른 주제도 가능하나 긍정적인 면을 부각시킬 주제로 선정하자.
병원 경영이 어렵다고 하는데 어떻게 하면 경영을 좋게 할 수 있다고 생각합니까?	병원 경영의 성패는 구성원 모두의 노력과 목표의식에 있다고 생각합니다. 그러기 위해 간호사인 저는 제가 상대하는 대상자들에게 더 친절하고 정확한 간호를 제공할 것이며, 힘들어하는 동료가 있다면 격려하고 지지하며 함께 이겨나갈 것을 독려하겠습니다. 주인의식을 가지고 병원의 성장이 곧 나의 발전이라는 것을 명심하고 일하겠습니다. 입사 후에는 삼성서울병원 간호사로서 자부심을 크게 가진 간호사가 되겠습니다. 감사합니다.	✔ 병원 경영이 어려워도 실질적으로 내가 할 수 있는 것이 무엇인지 생각하여 답변해야 한다.
자신의 정장을 이렇게 택한 이유는 무엇인가요?	저는 오늘 검은색 재킷과 스커트를 입었습니다. 검은색은 신뢰와 성실함, 정직함을 의미한다고 생각했습니다. 그리고 간호사는 꾸며서 예쁜 직업이 아닌, 믿음과 정확함으로 인정받는다고 판단했습니다. 있는 그대로 열심히 일함으로 주위 분들께 인정받는 간호사가 되겠습니다. 감사합니다.	✔ 자신의 의상 색상에 의미를 부여하고 각오로 마무리하자.

PART 5 면접

문장의 마무리를 분명하게 하자

블라인드 면접을 제외한 일반 병원 면접에서 가장 많이 받는 질문은 첫 번째 '자기소개하세요.', 두 번째 '우리 병원에 지원한 동기는 무엇입니까?'일 것이다. 이는 AI면접도 마찬가지다. 또한 자기소개서에 이미 적혀진 내용들을 면접에서 질문한다면 자기소개서를 쓰면서 모두 외워진 내용을 스피치 하는 것이기에 답변 끝에는 '감사합니다.'로 마무리 하면 된다.

하지만 외워진 내용의 답변이 아닌 경우, 즉 돌발질문이라고 할 수 있는 다양한 질문들에는 두 가지의 주의상황이 있다. 먼저 간호부장님들이 많이 지적하는 문제점은 돌발질문에 대해 긴장

PART 5 면접   239

한 나머지 문장 끝을 '요'자로 마무리하는 것이다. 병원 면접은 이 병원의 간호사로서 어떻게 일할 것인지를 보여 주는 자리이다. 간호사로서 동료, 환자, 보호자와의 대화에서 '그래서요.', '이래서요.'와 같은 표현은 불가능하다.

돌발질문의 답변 마무리에서는 '감사합니다.'와 더불어 '이상입니다.'를 문장 말미에 꼭 붙여야 한다. 대개의 경우 긴박하게 주고받는 돌발질문의 답변이 완벽하게 마무리되긴 힘들 것이다. 그래서 최소한 여기까지 마무리 하겠다는 신호는 정확히 주어야 한다.

답변할 때는 문장 끝의 톤을 올려야 한다. 예를 들어 "열심히 일해서 인정받는 간호사가 되겠습니다."라고 마지막 각오를 말할 때 문장 끝으로 갈수록 목소리 톤을 올려 주어야 한다. 톤을 떨어뜨리면 면접관은 지원자가 스스로에게 독백하는 인상을 받고, 자신감이 하락되는 이미지를 받는다. 반대로 마지막 서너 글자의 톤을 올려 주면 마주 앉은 면접관에게 정확하게 전달하고 있는 느낌을 주며, 자신감을 전해 줄 수 있다.

매일 함께 공부하는 단짝 친구와 종일 앉아 공부하는 내 자리에서 면접 연습을 하다 보면 내 답변에 놀라게 된다. '내가 원래 이렇게 말을 잘 했나.' 싶은 것이다. 하지만 지난번 연습했던 그 질문을 오늘 처음 보는 낯선 상대방의 눈을 보며 답해야 한다면 아마 반도 나오지 않을 것이다. 면접 연습은 확실히 낯선 환경과 상대를 찾아 연습하는 것이 필수임을 명심하자.

3. 서울아산병원 기출 질문 답변하기

서울아산병원의 인성면접은 질문 자체가 길기로 유명하다. 예를 들어 다른 병원의 '자신의 장단점을 설명해 보세요.'라는 질문도 서울아산병원에서는 '자신의 장단점을 설명하고, 그것이 우리 병원 간호사로 일하는 데 어떤 관계가 있는지 말해 보세요.'라고 묻는 식이다. 결국은 같은 질문이지만, 긴장된 지원자의 입장에서는 질문 자체가 길면 더 집중하기 어려울 수 있다. 아래의 기출 질문을 보며 미리 긴 질문을 익히는 게 도움이 될 것이다.

기출 질문	취트키 답변	꿀팁
어제 분명히 정확하게 투약 기록을 남겼는데 선배 간호사가 잘못됐다며 심하게 야단친다면 어떻게 대처하겠습니까?	받아들이겠습니다. 간호사로 근무하면서 환자와 보호자와의 관계도 중요하지만 동료와의 관계도 중요합니다. 우선 일의 옳고 그름을 떠나 선배님과 관계를 원만하기 하기 위해 더 노력할 것입니다. 그리고 시간이 지나고 오해가 풀리면 그날 제 실수가 있었는지 확인해 보고 말씀드리겠습니다. 이상입니다.	✔ 선배도 착각을 할 수도, 실수로 그럴 수도 있다고 생각하며 대처하자.
간호사의 위상은 무엇인가요? 위상을 높일 수 있는 방법은 어떤 것이 있을까요?	간호사의 위상은 사회가 아니라 간호사 자신이 정합니다. 간호사의 위상을 높이기 위해서는 간호사 스스로가 자기 직업에 대한 자부심을 갖고 때로는 자기성찰을 할 수 있는 능력을 가져야 합니다. 그러기 위해 자신의 분야에 대한 전문적 지식이 필요하며, 자신의 행동에 대해 책임질 수 있어야 합니다. 특히, 의료계의 기술 발전은 아주 빠릅니다. 따라서 지속적인 공부와 연구 활동을 통해 기술의 진보에 발맞추어 나가야 할 것입니다. 저도 자기계발을 부지런히 하는 모범적인 간호사가 될 것입니다. 감사합니다.	✔ 우선 돌봐야 할 환자를 위해 노력하고, 임상 간호사의 전문성을 더해 위상을 높이는 데 일조하겠음을 표현해야 한다.
요즘은 의학 드라마가 많이 나오는데 그중 잘못된 지식이나, 간호사에 대한 좋지 않은 이미지가 반영되었다면 어떻게 대처할 건가요?	요즘의 의학 드라마는 의사뿐 아니라 간호사에 대해서도 일의 전문성과 자부심을 잘 보여 주고 있어 많은 인기를 얻고 있습니다. 그러나 잘못된 지식이나 좋지 않은 이미지가 보인다면 시청자 게시판이나 댓글을 통해 정보를 바로잡는 노력을 할 것입니다. 특히 요즘엔 SNS에 각 드라마의 계정이 생성되어 시청자들과 소통을 하고 있어서 잘못된 부분을 바로 잡는 일은 어렵지 않다고 판단됩니다. 입사해서도 늘 바르고 정직하게 일하며, 잘못된 것을 바로잡을 줄 아는 용기를 가진 간호사가 되겠습니다. 감사합니다.	✔ 간호사는 바른 것에 대한 결정 원칙과 의지가 중요한 전문 직업인이다.
SNS에 우리 병원에 대한 부정적인 글이 올라왔을 때, 어떻게 할 건가요?	SNS 글을 모두 신뢰할 수는 없지만, 환자나 보호자의 입장에서 우리 병원과 서비스를 어떻게 바라보는지를 알 수 있는 창구가 될 수 있습니다. 우리 병원에 대한 부정적인 글이 보인다면 수간호사님께 알려서 글이 내려갈 수 있도록 글쓴이를 찾아 불만을 상담하고 해결하는 방법을 찾을 것입니다. 그리고 환자분들이나 보호자분들이 불쾌하게 여길 수 있는 태도나 행동이 저에게 있는지 돌아보고, 언제나 대상자의 입장을 먼저 생각하는 계기를 갖겠습니다. 이를 통해 서울아산병원에 대한 만족도를 높이는 데 기여하는 간호사가 되겠습니다. 감사합니다.	✔ 병원에 어떤 문제가 생긴다면 간호사로서 내가 할 수 있는 최선의 노력이 무엇인지 생각해보자.
남자친구가 바람피우는 것을 확인했다면 어떻게 하겠습니까?	그런 일이 생긴다면 이별을 택할 것입니다. 저는 사람 관계에서 가장 중요한 것이 신뢰라고 생각합니다. 특히 남녀 사이에서 신뢰는 무엇보다 중요한 조건입니다. 그렇기에 신뢰를 저버린 사람이 사랑하는 사람이라도 견디기 힘들 것 같습니다. 그리고 제 개인적인 사생활 문제로 인해 병원에서 주어진 간호업무에 절대 지장을 주지 않을 것입니다. 늘 자기관리를 잘하는 책임감 강한 간호사가 되겠습니다. 이상입니다.	✔ 병원의 입장에서는 병원 생활을 잘할 수 있는지를 알아내는 게 중요하다.

환자가 난데없이 자기를 때린다면 어떻게 대처하겠습니까?	지금 폭력을 행사한 환자가 어떤 질병이나 질환을 가진 환자인 지를 확인하고 대응합니다. 만약 정신병이나 환각, 망상 등에 의해 폭력을 행사한 것이라면 본인의 의지로 행동한 것이 아니기에 배운 대로 억제대를 써야 합니다. 그리고 진료에 대한 불만이나 오랜 병실 스트레스 등으로 인한 우발적 행위라면 우선 저와 환자들을 포함하여 폭력의 피해가 생기지 않도록 조치하며, 병원 안전요원과 수간호사님을 급히 찾아 도움을 청할 것입니다. 그리고 다시는 그런 일이 벌어지지 않도록 환자들께 더 많은 관심과 정성으로 일하는 간호사가 되겠습니다. 이상입니다.	✔ 원내에서 일어날 만한 상황에서는 간호사답게 답변해야 한다.

지원자 중 면접관에게 질문을 하는 경우가 있다. '면접관님 혹시 겨울왕국이란 영화를 본 적이 있으십니까?'라고 질문하는 지원자는 면접관에게 답을 듣기 위함이 아니다. 그냥 겨울왕국이란 영화에 나오는 주인공을 설명하기 위함이다. 하지만 면접에서 질문 형식을 빌리면 면접관은 당황하게 된다. 보통은 그냥 '겨울왕국이란 영화가 있습니다. 이 영화에는 '엘사'라는 주인공이 나옵니다.'처럼 지원자 스스로 풀어 가는 형식의 스피치를 해야 한다.

또한 대학시절 '단 한 번도 지각, 결석을 하거나 과제 제출 기한을 넘겨 본 적이 없습니다.'라면서 약속을 잘 지키고 신뢰 받을 수 있는 지원자라고 한다면 어필이 될까? 사실 지각이나 결석, 과제 제출은 내가 선택하는 것이 아닌, 꼭 지켜야 하는 규율이다. 이런 의무사항으로는 자발성 및 적극성, 능동성을 어필할 수 없다. 그냥 '시키는 것만 잘 하는 지원자입니다.'라는 답변으로 인식될 것이다.

"저는 단체생활에 무리 없는 무난한 성격을 가진 지원자라고 생각합니다."
'생각합니다.'라는 표현을 자기소개서나 면접에서 너무 많이 사용하면 곤란하다. 지금 당장 뽑아 주면 이 병원에서 어떻게 일할지 그 각오를 보여주는 면접에서는 더더욱 확언을 사용해야 한다. "간호사님, 약을 몇 시에 먹어야 하나요?"라는 환자 질문에 "2시쯤 먹으면 될 거라고 생각합니다."라고 할 순 없지 않은가.

4. 서울대학교병원 기출 질문 답변하기

'세계 최고 수준의 교육, 연구, 진료를 통하여 인류가 건강하고 행복한 삶을 누릴 수 있도록 한다.'는 미션을 가진 서울대학교병원의 최근 인성면접 기출 질문을 보자.

기출 질문	취트키 답변	꿀팁
환자의 콜 벨과 의사 구두 지시가 동시에 내려올 때 어떻게 할 건가요?	우선 의사의 지시에 대해 잠시만 시간을 허락받아, 빠르게 환자에게 달려가겠습니다. 간호사는 어떠한 경우라도 환자의 건강과 안위를 최우선으로 해야 한다고 믿고 있습니다. 이런 초심을 잃지 않고 환자의 입장에서 늘 최선을 다하는 간호사가 되겠습니다. 감사합니다.	✔ 요즘 콜 벨은 환자들이 이야기하면, 간호사실에서 들을 수 있다.
실습을 하면서 간호사 중에 '이건 닮지 말아야지'라고 생각했던 적이 있나요?	실습하면서 저는 부지런히 배우려고 늘 노력했습니다. 지금 생각에 특별히 이건 닮지 말아야 겠다고 생각한 것은 없는 것 같습니다. 그보다는 환자들과 하이파이브를 하면서 병원생활로 지친 환자들에게 힘낼 것을 응원하시는 수간호사님과 새로운 환자가 들어오면 먼저 이름과 질환 상태 등을 바로 외우시고 이름을 불러 주셨던 선생님 등, 정말 배울 것이 많았던 소중한 경험들만 기억이 납니다. 이렇게 저도 간호사가 되면 후배들에게 보고 배울 점이 많은 롤 모델 삼고 싶은 선배 간호사가 꼭 될 것입니다. 감사합니다.	✔ 부정적인 질문에 말리지 않도록 답변하는 연습이 필요하다.
간호사가 가져야 할 덕목, 성품은 무엇이라고 생각하나요?	간호사는 늘 긍정적이고 희망을 갖고 있어야 합니다. 또한 헌신하겠다는 봉사정신도 중요합니다. 병원에서 만나는 대상자들은 몸이 아프면서 정서적으로도 어려움이 많은 분들입니다. 오랜 병원 생활로 우울해 하는 상황들도 많습니다. 이런 절망을 희망으로 바꿔 줄 수 있는 것이 간호사의 헌신과 긍정적인 에너지입니다. 저는 이런 좋은 에너지를 가지고 모두에게 인정받는 간호사가 될 것입니다. 이상입니다.	✔ 간호사로 일한다면 환자에게 헌신하는 것은 물론, 동료로서도 서로의 헌신이 필요하다.
서울대학교병원 간호사는 어떤 사람일 것 같나요?	서울대학교병원은 세계 최고 수준의 교육과 연구, 진료 활동을 통해 인류가 건강하고 행복한 삶을 누릴 수 있도록 한다는 미션을 갖고 있습니다. 당연히 이런 최상의 진료시스템을 위해 많은 공부와 전문성이 돋보이는 간호사일 것입니다. 저 또한 입사하면 고객중심과 사회공헌, 상호협력이라는 핵심가치를 충분하게 실현해나갈 봉사와 희생정신, 배려와 나눔 정신을 생활화하고 자기계발을 통해 늘 발전하는 모습을 보여드리는 간호사가 되겠습니다. 감사합니다.	✔ 병원의 정보를 키워드로 외워 두면 훨씬 답변하기 쉬울 것이다.
주량이 얼마인가요?	주량은 소주 반 병 정도입니다. 대학에 입학할 때만 해도 입에 대지 못했는데 동아리 활동과 봉사활동 등 친구들과 함께하는 자리가 많아지면서 조금 마실 수 있게 되었습니다. 하지만 저는 얼마나 마실 수 있는지는 중요하지 않았고, 좋은 사람들과 함께하며 활력을 얻기 위해 그런 자리를 가졌습니다. 입사해서도 늘 자기관리를 철저히 하며 간호사의 품위를 갖고 근무하는 간호사가 되겠습니다. 이상입니다.	✔ 간호사는 용모 단정, 품위, 자부심이 모두 필요한 직업이다.
오늘 아침부터 무엇을 했는지 말해 보세요.	오늘은 면접을 위해 다른 날보다 한 시간 일찍 6시에 일어나서 거울을 보고 웃는 연습과 '할 수 있다'는 긍정 주문을 열 번 이상 외쳤습니다. 또한 부지런히 스트레칭을 하고 아침밥을 먹었습니다. 이렇게 기분 좋게 하루를 시작해서 지금 면접에 임하니 더욱 자신감이 생깁니다. 최선을 다해 면접에 임하겠습니다. 감사합니다.	✔ 오늘 최상의 면접을 위해 무엇을 했는지 지원자의 긴장을 풀어 주기 위한 질문이다.

이 자리에서 요즘 유행하는 개그를 보여 주세요.	요즘 나오는 개그 프로그램은 보지 못해서 새로운 유행어는 잘 모릅니다. 대신 저는 시간이 날 때 음악을 많이 듣습니다. 그리고 스트레스도 풀 겸 평소에 노래 부르는 것을 좋아합니다. 저는 개그 말고, 노래를 조금 불러 보겠습니다. (노래 부른 후) 감사합니다.	✔ 지원자가 얼마나 우리 병원에 오고 싶은지를 보여 달라는 것이다.

동영상 훈련은 필수

자기소개나 지원동기 학교생활, 장단점 등 어느 정도 멘트를 외웠으면 무조건 동영상으로 촬영해서 확인해 봐야 한다. 휴대폰을 활용한 동영상 훈련은 다른 사람의 도움을 받아야 한다. 도와주는 사람은 반드시 정면에서 전체화면의 1/3이 얼굴로 채워지도록 하여 촬영해야 한다. 이 동영상 훈련을 통해 확인해야 할 사항은 아래와 같다.

동영상 훈련 시 확인 사항

'시선이 렌즈(면접관) 쪽으로 계속 향하고 있나?'

'처음부터 끝까지 미소 표정이 유지되고 있나?'

'얼굴 방향이 정면인가?'

'어깨 높이의 균형이 맞는가?'

'턱 좌우 균형이 맞는가?'

'말할 때 또는 웃을 때 입 꼬리 균형이 맞는가?'

예를 들어 렌즈를 보며 시작한 자기소개가 중간에 기억이 나지 않아 시선이 잠시 하늘을 보고 왔다면 그 미흡한 부분은 바로 재촬영하여 완벽하게 될 때까지 훈련해야 한다.

실제로 병원의 면접에 참여하는 중이라고 상상해보자. 면접관 다섯 분의 인상이 모두 좋고 나를 보며 인자하게 웃어준다면 아마도 내가 준비했던 면접 그 이상의 만족스런 답변을 할 수 있다. 하지만 반대로 종일 면접보느라 힘든 면접관이 찌푸린 얼굴로 퉁명스럽게 대한다면? 나는 그와 상관없이 나를 보고 '환하게 웃어주는 면접관이다.'라고 생각하며 기쁜 태도와 표정을 갖추는 게 매우 중요하다.

사람의 눈을 보고 말하는 것보다 휴대폰 카메라 렌즈를 보며 환하게 웃으며 스피치를 하는 게 훨씬 더 힘들다. 그래서 휴대폰을 활용한 동영상 훈련을 해야 한다. 감정 없는 렌즈를 보며 밝게 말하는 연습이 꼭 필요하다. 자기소개와 지원동기 스피치 동영상 연습이 끝나면 예상 질문과 기출 질문 훈련도 해야 한다. 기출문제는 지원하는 병원의 비전, 미션, 인재상, 발전 계획, 주력부서 등 가장 최선으로 타겟팅되어 2021년까지 활용된 것이기에 올해도 90% 이상이 그대로 활용

될 것이다. 렌즈를 보며 기출문제 질문을 받고 답변을 하는 연습과 연습 후 수정하는 작업을 부지런히 하도록 하자.

5. 연세대학교의료원 기출 질문 답변하기

'첨단진료, 전문화, 의료기관간 유기적 관계구축을 통하여 양질의 진료를 제공하고 고객을 섬김으로써 가장 신뢰받는 의료기관이 된다. 개척정신과 협동정신으로 새로운 연구영역을 창출하여 의학기술을 선도하는 연구기관이 되며, 다양하고 인간적인 교육으로 가장 배우고 싶어 하는 교육기관이 된다. 알렌, 에비슨, 세브란스의 정신을 이어받아 의료 소외 지역에 의료와 복음을 전파하여 사랑을 실천하는 의료 선교기관이 된다.'는 비전을 가진 연세대학교의료원의 면접 기출질문을 풀어 보자.

기출 질문	취트키 답변	꿀팁
부모님이 자신의 능력 밖의 일을 강요할 때 어떻게 할 건가요?	우선 부모님의 의견을 존중하겠습니다. 그리고 이 일이 정말 저의 능력 밖의 일인지 진지하게 생각해보겠습니다. 제가 할 수 있는 영역과 부모님이 판단하시는 저의 능력치에 차이가 있을 수 있으나, 부모님은 저의 일생을 지켜보신, 저를 가장 잘 아는 분들이기에 오히려 이 기회가 저를 한 단계 성장시키고 발전할 수 있는 계기가 될 수도 있다고 판단됩니다. 앞으로도 긍정적으로 생각하며 늘 성장할 수 있는 간호사가 되겠습니다. 감사합니다.	✓ 부모님 대신 선배 간호사가 될 수도 있다.
의사와 보호자가 싸우면 어떻게 대처할 건가요?	당장은 보호자를 다른 장소로 모시고 가도록 하겠습니다. 그리고 어떤 상황인지 사실 확인을 하고, 보호자의 입장을 충분히 이해한다는 정서적 지지와 함께, 의사와는 적대적 관계가 아닌 협력적 관계임을 다시 인지시켜 주겠습니다. 마지막으로는 보호자의 입장을 의사에게 전달하여 좋은 방향으로 해결 방안을 모색하겠습니다. 함께 일하는 동료와 대상자 모두의 입장을 헤아릴 수 있는 간호사가 되겠습니다. 감사합니다.	✓ 이 경우 간호사는 중재자로서 문제 해결을 돕는 역할을 해야 한다.
자신의 프리셉터와 안 맞을 경우 어떻게 할 건가요?	우선 저는 누구와도 대화가 잘 통하고 협력이 가능한 장점을 갖고 있습니다. 더군다나 프리셉터 선배님은 간호사로서 저보다 훨씬 전문적이기 때문에 당연히 제가 모두 맞춰 나가야 합니다. 어떤 프리셉터 선생님을 만나든 제게 알려주시는 시간이 헛되지 않도록 열심히 노력하겠습니다. 그리고 만약 정말 프리셉터 선생님과 안 맞는다 하더라도 배우는 입장에서 최선을 다해 선생님의 방식에 맞추어 배울 것을 약속합니다. 입사 후 배우고 습득하는 데 부지런한 간호사가 되겠습니다. 감사합니다.	✓ 자신 있는 부분이더라도 질문의 의도는 가상 상황이니 후반부에는 질문 의도에 대한 답변을 해야 한다.

PART
5
면접

PART 5 면접 245

질문	답변	포인트
간호교육의 발전 방향에 대해서 이야기해 보세요.	4년간 간호교육을 받아 오면서 간호의 과학적 근거에 대한 지식이 풍부해졌습니다. 이를 바탕으로 임상실습을 하면서는 '만약 내가 간호사라면, 이런 상황에선 어떻게 했을까'라는 질문을 스스로에게 많이 했고, 정확한 간호 행위를 하기 위해선 무엇보다 열심히 공부하고 연구하는 자세가 필요하다는 것을 느꼈습니다. 간호교육은 앞으로도 현장 중심 교육이 많아져야 하고, 더불어 학술 활동에 참여하는 경험도 필요하다고 판단됩니다. 늘 부지런히 공부하는 간호사가 되겠습니다. 감사합니다.	✔ 간호교육 발전에 대한 아이디어를 긍정적인 면만 부각시켜서 말하자.
통일했을 때 남한과 북한 간호사가 힘들 것 같은 점은 무엇인가요?	전혀 힘들 것은 없다고 판단됩니다. 의료가 더 발달되어 있는 남한의 간호사들이 많은 정보들을 나누며 리드하고 여기에 북한 간호사들도 적극적으로 열심히 따라올 거라고 기대합니다. 그리고 이런 관계 형성을 위해선 서로 존중하는 것이 중요합니다. 이는 남한과 북한이 아닌 각기 공통의 목적을 가진 선진의료국가와 의료 개발도상국가 간의 조화이며, 통일이 된다면 서로의 발전을 위해 많은 교류와 도움이 오고 갈 것이라 믿습니다. 이를 위해 원활한 커뮤니케이션을 할 수 있는 간호사가 되기 위해 많이 노력하겠습니다. 감사합니다.	✔ 부정적인 질문에도 긍정적인 내용으로 답변해야 한다.
간호사는 Duty때문에 교회다니기 어려운데 어떻게 하죠?	전혀 문제없습니다. 하나님을 믿고 뜻에 따라 생활하는 데 있어 단순히 예배 시간을 잘 지키는 게 중요한 것이 아니기 때문입니다. 감사한 마음으로 이웃을 사랑하고 희생과 봉사를 실천하며, 성경의 가르침대로 늘 실천하려 애쓰는 것이 충분한 믿음의 실현일 것입니다. 그리고 오전 대예배에 참석 못하면 저녁 예배라도 찾아 섬기도록 하겠습니다. 늘 하나님의 자녀로 살아가는 간호사가 되겠습니다. 감사합니다.	✔ 의료와 복음을 전파하여 사랑을 실천하는 병원이 세브란스의 미션이다.
기회가 된다면 미국이나 다른 나라에 갈 생각이 있나요?	외국에서 살고 싶은 마음은 없습니다. 다만 세브란스의료원의 간호사로서 열심히 근무하며, 해외 파견이나 연구 활동, 교류 등의 목적으로 해외에 나갈 기회가 생긴다면 자기발전의 원동력으로 삼고 적극적으로 참여해 보고 싶습니다. 선진의료 환경을 접하며 최대한 많이 배우겠습니다. 또한 외국어 의사소통능력 개발도 부지런히 하겠습니다. 감사합니다.	✔ 언제든 기회가 되면 외국에 나갈 것이라고 답한다면 병원에서 뽑아줄 리 만무하다.

신규 간호사의 이직률이 높아지면서 많은 병원들의 채용 과제는 오래, 성실하게 일할 간호사를 선별하는 것이 되었다. 그래서 병원 면접에서 필요한 두 가지는 '자신감'과 '절실함'이다. 먼저 꼭 어필해야 하는 첫 번째는 자신감이다. 뽑아 주기만 하면 정말 열심히 성실하게 오랫동안 근무할 수 있다는 믿음을 주어야 한다. 이런 자신감을 보여 주기 위한 조건으로 크게 세 가지를 꼽을 수 있다.

먼저 목소리에는 힘이 있어야 한다. 자기 순서에 힘이 있는 목소리로 스피치를 해야 '이 학생은 뽑아 주면 야무지게 잘할 것 같다.'라는 믿음을 심어 줄 수 있다. 두 번째는 표정이다. 면접 내내 여유 있고 웃는 표정이 보여야 자신감이 어필된다. 마지막은 시선처리다. 지원자는 면접장 입장부터 퇴장할 때까지 '면접관들만' 봐야 한다. 모든 면접관을 골고루 적절하게 쳐다볼 수 있게 시선 처리하는 연습이 필요하다. 특히 시선이 하늘이나 땅으로 가서는 안 된다. 지원자의 자신감에 문제가 생겼다고 알리는 것이나 마찬가지인 행동이다.

절실함도 중요하다. 이 병원에 오기 위해 정말 많은 노력을 했고, 병원에 대해 잘 알고 있으며, 이 병원에서 어떤 모습으로 어떻게 일할 건지를 구체적으로 말해야 한다. 면접관은 적절한 자신감과 절실함을 표현하는 지원자를 긍정적으로 평가한다.

성가대 활동을 열심히 했다는 지원자에게 좋아하는 찬송가를, 합창단 동아리 활동을 했다는 지원자에게 노래를 불러 보라고 할 수도 있다. 응원단 단원으로 활동했던 자원자에게는 치어리딩 안무를 해보라고 한다. 또 키가 큰 지원자에게는 면접장 안을 걸어 보라고도 한다. 이렇게 간호사 직무와 전혀 상관이 없는, 난감한 질문이나 요구는 다양하다.

"요즘 유행하는 개그를 해보세요."
삼성서울병원과 서울대학교병원 등의 인성면접 질문으로 나왔던 유형이다. 이런 요구의 의도는 병원 근무를 하면서 생길 수 있는 응급상황이나 기타 위기상황에 대한 대처 능력과 순발력, 재치 등을 평가하기 위함이다. 또한 어떤 상황에서도 가장 중요한 요소인 '자신감'을 평가하기 위함이기도 하다.
'죄송합니다, 면접관님. 요즘 제가 취업 준비를 한다고 TV를 보지 않아서 할 줄 아는 것이 없습니다. 죄송합니다." 이렇게 자신감 없이 꼬리를 내리면 면접관 입장에서는 지원자가 할 줄 아는 것이 없으므로 안 뽑아줘도 할 수 없다는 답변으로 들린다. 그보다는 "유행어는 잘 모르지만 예전에 부모님 앞에서 많이 추었던 개다리 춤을 춰 보겠습니다." 또는 "평소에 노래 프로그램을 많이 보고 좋아하는 노래가 많아 개그 대신 제 애창곡을 불러 보겠습니다."라고 적극적으로 자신을 어필하는 자신감이 필요하다.

병원 면접에서 무의미한 질문은 없다. 위와 같은 난감한 질문의 핵심 의도는 '우리 병원에 얼마나 오고 싶은지를 보여 달라.'이다. 이런 질문에는 꼭 긍정적으로 답변해야 하며 특히 면접관이 듣고자 하는 답변을 할 수 있도록 입장을 바꾸어 생각하는 훈련이 필요하다.

6. 가톨릭대학교 서울성모병원 기출 질문 답변하기

가톨릭대학교 서울성모병원은 '생명을 존중하는 세계적인 첨단의료'라는 비전을 가진 CMC (Catholic Medical Center) 계열 병원이다. 아래의 기출 질문에 대비해 보자.

기출 질문	취트키 답변	꿀팁
서울성모병원을 제외하고 어느 곳에 지원했나요?	저는 두 개의 병원 지원 계획을 갖고 있습니다. 4학년이 되어 꼭 입사하고 싶은 병원으로 서울성모병원이 1순위고 ○○병원이 2순위입니다. 그러나 4년간 서울성모병원 간호사를 꿈꾸며 공부하고 경험을 쌓아 왔기에 꼭 합격해서 열심히 일해 보고 싶습니다. 자신 있습니다.	✔ 다른 병원명을 이야기해도 되지만 우선순위가 이 병원임을 꼭 강조하자.
예상했던 질문과 그 질문에 대한 답변을 해보세요.	제가 예상했던 질문은 '왜 우리 병원이 지원자를 뽑아주어야 하는가?'라는 질문입니다. 저는 심신 건강한 지원자입니다. 대학시절 200시간 이상의 봉사활동을 통해 다양한 경험들을 쌓았습니다. 또한 누군가를 도와주는 기쁜 행동들에 대한 보람도 많이 느껴 봤습니다. 그리고 3학년 때부터는 주말마다 자전거를 20km 이상 타며 체력도 많이 길렀습니다. 이런 건강함으로 환자들에게 많은 도움을 줄 수 있는 간호사가 되겠습니다. 감사합니다.	✔ '왜 우리 병원이 지원자를 뽑아주어야 하는가?'는 모든 질문의 핵심이다.
요즘 유튜브가 대세인데 당신이 유튜브 채널을 운영한다면 어떤 컨텐츠로 운영할 생각인가요?	저는 제가 지금 재학 중인 대학과 간호학과를 소개하는 채널을 운영하겠습니다. 일단 4년간 제가 꿈을 이룰 수 있도록 많은 도움을 주었던 학교의 전경, 역사, 건물들도 소개하고 어떤 학과가 있는지, 또는 어떤 인재상을 갖고 있는지도 홍보할 것입니다. 그리고 간호학과 진학을 꿈꾸는 많은 고등학생들이 학과 선택을 하는 데 도움이 될 만한 간호학과 커리큘럼과 실습 과정 소개, 시뮬레이션 센터와 교수님 인터뷰 등도 담아 보고 싶습니다. 그래서 제가 소속된 학교에 작은 도움이라도 드리고 싶습니다. 입사 후에는 병원에 도움이 되는 것이 무엇일지 늘 고민하고 행동하는 간호사가 되겠습니다. 이상입니다.	✔ 어떤 것이든 간호사 혹은 병원에 관련이 되는 콘텐츠로 설명해야 한다.
어떤 색깔의 간호사가 되고 싶나요?	저는 분홍색의 간호사가 되고 싶습니다. 환자를 돌볼 때 중요한 것은 지속적이고 따뜻한 관심입니다. 제가 몸살이 나서 아팠던 상황에서 어디가 아프고 전보다 얼마나 나아졌는지 계속 물어봐주는 친구에게 감동받았던 경험이 있습니다. 빠르게 감정이 올라와서 다시 빠르게 식어가는 진한 빨간색보다는 은은하면서 오랜 여운을 남기는 제 친구처럼 분홍색의 간호사가 되고 싶습니다. 감사합니다.	✔ 나를 어떠한 사물이나 이미지로 표현하라는 질문은 모든 병원의 단골 질문이다.
유튜브를 볼 때 어떤 것을 보나요?	저는 주로 유튜브를 통해 음악을 많이 듣습니다. 그리고 시간적 여유가 있을 때는 영어나 간호학을 주제로 한 학습 채널들도 보는 편입니다. 특히 이번 면접을 준비하면서는 널스온이라는 간호학과 취업전문TV에 나오는 기출문제 풀이나 면접의상 등의 정보를 통해 준비하면서 도움을 받았습니다. 최근 SNS나 유튜브 등이 사람들의 일상생활 속에 많은 부분을 차지하고 있지만 저는 간호사로서 품위를 지키고, 시간관리를 잘 하기 위해 꼭 필요한 선에서만 사용하겠습니다. 감사합니다.	✔ 보지 않는다고 하기에도, 너무 많은 구독을 한다하기에도 문제가 될 수 있다.

면접에서는 짧은 문장으로 간략하게 표현하는 방식이 늘 환영받는다. 접속사가 많아질 경우 말하는 내용의 핵심을 이해하기가 어렵기 때문이다. 예를 들어 "저는 아르바이트 경험이 많아서 남녀노소 누구와도 잘 어울리고, 특히 처음 본 사람들과도 금방 친해질 수 있어서 병원에 입사한다면 동료들과 친해지는 데 큰 도움이 될 것입니다." 이런 경우 면접관들은 지원가가 말하고자 하는 핵심이 무엇인지 집중력이 떨어져서 어렵게 들릴 것이다. 그보다는 짧은 문장을 통해 듣기 쉽도록 하는 것이 좋은 답변이다. 면접관들은 "저는 아르바이트 경험이 많습니다. 그래서 남녀노소 누구와도 잘 어울릴 자신이 있습니다. 특히 처음 본 사람과도 금방 친해집니다. 저의 이런 장점을 살려 병원에 입사한다면……."과 같이 마침표를 자주 찍어 말하는 방식을 선호한다.

서류나 병원 면접에서 마무리로 많이 어필하는 것은 '포부'이다. 포부에서는 '부족하지만 귀 병원에 입사한다면', 또는 '이 병원에서 가장 열심히 일하는 간호사가 되겠습니다.'와 같은 표현이 많이 사용된다. 여기서 지원하는 병원을 지칭할 때는 귀 병원, 우리 병원, 이 병원보다는 정확한 병원 명칭을 쓰는 것이 좋다. 예를 들어 '아주대학교의료원에서 가장 열심히 일하는 간호사로 인정받겠습니다.'는 식이다. 또한 가끔은 서울삼성병원이나 강남성모병원, 현대아산병원, 경희대부속병원 등과 같이 정확하지 않은 병원명을 사용하는 지원자들이 있다. 이 부분에 주의해야 할 것이다.

7. 고려대학교의료원 기출 질문 답변하기

다음은 '생명존중의 첨단의학으로 인류를 건강하고 행복하게 한다.'라는 미션을 가진 고려대학교의료원이다. 고려대학교의료원이나 순천향대학교의료원의 최종 면접은 면접관도 많고, 한 번에 들어가는 면접 인원도 많다. 매해 조금씩 다르기는 하지만 한 번에 8~10명이 입장한다고 보면 된다. 따라서 조금 더 자신감을 갖고 대비해야 할 것이다.

기출 질문	취트키 답변	꿀팁
의사 처방이 이상하여 노티 하였는데도 계속 투여하라고 할 때 어떻게 대처할 건가요?	투약 전 처방이 잘못되었다고 생각해 노티 하였음에도 계속 투약하라고 한다면, 선임 간호사에게 알리고 이러한 상황을 간호 기록에 남기겠습니다. 약물 투여는 환자의 안위에 직접적 영향을 미치기 때문에 정확하게 확인해야 합니다. 그리고 이어지는 상황에 관심을 갖고 환자의 안전을 지킬 수 있는 간호사가 되겠습니다. 감사합니다.	✔ 의사가 쓰겠다 하면, 상황을 정확하게 기록에 남기고, 투약해야 한다.

병원생활을 얼마나 오래 할 수 있을 거라고 생각합니까?	저는 동료들에게 인정받는 고려대학교의료원 간호사로 30년 근무를 목표로 하고 있습니다. 오랫동안 일할 수 있도록 열심히 공부하면서 최신의 의료정책과 술기를 익히고, 꾸준히 체력 관리를 하겠습니다. 그리고 후배들이 가장 보고 배울 것이 많아 롤모델로 인정받을 수 있도록 귀감이 되는 선배가 되겠습니다. 늘 봉사와 헌신의 정신으로 최선을 다하는 간호사로 열심히 근무하겠습니다. 감사합니다.	✔ 이 질문은 어떻게 일할 건지도 함께 묻고 있다.
다시 태어난다면 어떤 동물로 태어날 것인가요?	동물로 태어난다면 사람들과 소통을 잘하는 강아지로 태어나고 싶습니다. 저희 집에도 사랑받는 반려견이 한 마리 있습니다. 평소 가족들이 사랑을 듬뿍 주고 있지만 가끔은 모두 바빠서 산책을 나가지 못할 때도 있습니다. 하지만 강아지는 늘 사람을 좋아하고 잘 따릅니다. 또한 혼자 사는 어르신이나 시각장애인들에게도 가장 가깝고 소중한 존재가 바로 강아지입니다. 간호사로 일하면서도 모든 사람들에게 친절하고 즐거움을 주는 존재가 되고 싶습니다. 감사합니다.	✔ 사람들이 좋아하는 존재가 가장 좋은 존재가 아닐까?
애착물건이 있나요?	제가 가장 아끼는 물건은 지난 4년간 꾸준하게 채워나간 일기장입니다. 평소에는 행복한 순간의 감정을 오랫동안 간직하기 위해 작성하고, 힘들 때면 행복했던 순간들을 돌아보며 다시 힘을 내기 위해 필요했습니다. 이렇게 만들어진 일기장은 병원실습과 전공 시험에도 늘 힘이 되는 긍정적인 태도를 가질 수 있게 하였습니다. 병원에 입사 한 후에는 개인 일기 외에 틈틈이 임상일기를 적어보고 싶습니다. 그리고 이 일기장이 훗날 후배들에게 병원생활을 적응하고, 일을 배우는 데 큰 도움이 되는 자료로 쓰였으면 합니다. 근거 기반의 간호를 할 수 있는 공부하는 간호사가 되겠습니다. 감사합니다.	✔ 간호사 직무를 수행하는 데 도움이 될 수 있는 애착물건을 미리 생각해 두자.

단체인사를 어떻게 하느냐에 따라 면접 시간과 면접관의 반응이 달라지기도 한다. 예를 들어 면접을 봐야 할 지원자가 180명이고 6명씩 30개조로 각 20분의 면접을 진행한다면 총 600분, 10시간이 소요될 것이다. 하지만 모든 조가 예정된 시간대로 면접을 하진 않을 것이다. 어떤 조는 12분 만에 끝날 수 있고 어떤 조는 28분간 면접이 이루어지기도 한다. 어느 조에서 합격자가 더 많이 나올지는 충분히 예상할 수 있겠다.

단체인사는 면접관들의 '기대와 반응'에 영향을 끼친다. 단체인사에서 목소리 크기와 표정이 마음에 든다면 당연히 기대가 되어 질문 하나라도 더 해서 뽑을 거고, 반대로 단체인사에서 자신감 없는 얼굴과 힘없는 목소리로 기대를 떨어뜨린다면 형식적인 면접이 될 수도 있다. 한 가지 추가 팁은 단체인사를 시키지 않는 병원의 경우 특별히 단체인사를 하지 말라는 공지가 없다면 당연히 단체인사를 먼저 해야 한다는 것이다. 시키지 않았다고 단체인사를 안 하는 조보다 알아서 인사하는 조가 합격률이 두 배 이상 높다는 통계가 있다.

8. 상급 종합병원 기출 질문 답변하기

다음은 수도권 상급 종합병원의 인성면접에서 특별했던 기출 질문들이다.

기출 질문	취트키 답변	꿀팁
친구들이 본인을 어떻게 평가하나요? (아주대학교병원)	저는 성격이 온화하다는 이야기를 자주 듣습니다. 삼남매의 장녀인 저는 어렸을 때부터 제가 받기보다 먼저 챙겨주는 것을 좋아하고, 그런 것에 습관이 생겼습니다. 특히 고등학교 3년간 기숙사 단체 생활을 하며 생긴 별명이 '김 언니'였습니다. 주변 친구들의 과제물부터 기숙사 생활용품 등을 꼼꼼하게 챙겼던 모습에서 크고 작은 고민이나 갈등이 생길 때 중재해 주는 역할까지 다방면에서 친구들을 도와 그런 별명이 생겼던 것 같습니다. 이러한 제 성격의 장점으로 대상자의 입장에서 먼저 생각하고 세심한 도움을 줄 수 있는 간호사가 되겠습니다. 감사합니다.	✔ 본인의 평가 기준은 간호사로서 업무를 잘할 수 있는 기준에 맞춰야 한다.
지금 연락한다면 당장 달려올 수 있는 친구는 몇 명인가요? 그 이유는 무엇일까요? (아주대학교병원)	당장 달려와 줄 수 있는 친구는 10명 이상 될 것입니다. 우선 간호학과 4년 동안 서로 도움을 주고 받으며 즐겁게 학교생활을 했던 5명의 가까운 친구들이 있습니다. 특히 오늘 면접을 대비해서도 많은 도움을 주어서 면접 준비에 큰 도움이 되었습니다. 그리고 중고등학교 시절 친했던 친구들과 초등학교 어릴 적 친구들 중에는 아직도 매주 소통을 하고, 만나는 친구들이 5명 이상 있습니다. 이런 친구들이 있어 4년간 공부하고 학교생활 하는 데 큰 활력이 되었습니다. 앞으로 입사하면 또 당장 달려올 친구를 만들 것입니다. 그리고 서로 격려하고 응원하며 병원생활을 해 나가겠습니다. 감사합니다.	✔ 서너 명보다는 10명 이상이 있다고 해야 성격이 좋아 보인다.
감정노동에 대해서 어떻게 생각하나요? (한양대학교병원)	간호사 업무를 하는 데 있어 감정노동은 불가피한 상황이기에 이를 긍정적으로 받아들이고 새로운 에너지의 원천으로 삼는 것이 중요합니다. 간호사는 환자나 보호자라는 고객이 있고, 의료 서비스를 제공함에 있어 가끔은 불만사항이나 불편사항들이 생길 수 있습니다. 하지만 이것을 슬기롭게 대처하기 위해서는 스스로 정서적인 건강 관리를 하는 습관을 갖도록 해야 합니다. 일주일에 두 번 정도는 땀을 흘리는 운동으로 등산과 자전거를 타겠습니다. 그리고 영화나 콘서트처럼 문화체험 활동도 생활화하면서 즐겁게 일하는 간호사가 되겠습니다. 감사합니다.	✔ 답변이 심각해지면 부정적인 성향의 지원자로 여겨져 입사해서 근무를 잘할 수 있을지 걱정하게 된다.
사랑이란 무엇인가요? (한양대학교병원)	사랑은 모든 것을 가능하게 하는 힘입니다. 제가 힘들고 지치더라도 누군가의 사랑이 느껴지면 새로운 힘이 생깁니다. 이런 사랑은 나눌 때 가장 빛이 나고 더 커집니다. 제가 대학을 졸업할 때까지 받은 많은 분들의 사랑을 이제 한양대학교병원 간호사가 되어 환자분들과 나누며 더 큰 사랑을 실천하는 간호사가 되고 싶습니다. 감사합니다.	✔ 어떤 주제든지 간호사라는 직업과 연관시켜 마무리해야 한다.

질문	답변	포인트
휴일에는 무엇을 하나요? (한양대학교병원)	저는 주말 이틀 중 하루는 꼭 가족들과 자전거를 탑니다. 집에서 출발해서 2시간 정도 코스로 탑니다. 자전거를 탄 지는 이제 1년이 조금 넘었지만, 땀을 흘리면서 성취감도 들고, 한 주 동안 학교생활이나 공부했던 것들도 정리가 됩니다. 그리고 가족들과 함께 하는 시간이라 대화도 많이 나눌 수 있어서 좋고, 즐거운 추억도 쌓을 수 있어서 좋습니다. 입사 후에도 저는 휴일이면 심신의 건강관리를 위한 활동을 할 것입니다. 늘 발전하는 모습을 보이는 간호사가 되겠습니다. 감사합니다.	✔ 취미를 묻는 질문이라고 생각하면 되겠다.
선배 간호사가 태운다면 어떻게 할 것인가요? (분당서울대학교병원)	모든 일에는 이유가 있다고 생각합니다. 태움을 당하는 이유가 무엇인지 스스로 생각하고 문제를 빠르게 해결하기 위해 남들보다 10배, 20배 더 노력할 것입니다. 그럴 자신 있습니다. 어떤 경우라도 분당서울대학교병원 간호사로 책임감 있게 배우고 일하도록 하겠습니다. 감사합니다.	✔ 쉽게 그만두는 일은 없을 것이라는 자신감을 표현해야 한다.
간호사를 3D라고 많이 하는데, 왜 3D라는 표현을 한다고 생각합니까? (분당서울대학교병원)	간호사는 3D라는 표현이 적합하지 않습니다. 몸이 아파서 병원에 오신 분들은 간호사의 적극적인 도움을 원합니다. 이런 분들을 정성껏 케어하고, 완쾌해서 퇴원할 때는 그 무엇과도 바꿀 수 없는 보람을 느낍니다. 사람의 생명을 다루는 의료 전문직 간호사는 3D라는 표현이 적합하지 않습니다. 이상입니다.	✔ 전문직 간호사의 자부심을 표현할 수 있는 지원자는 매력적으로 보일 것이다.
분당서울대학교병원에 와 본 느낌과 개선해야 할 점이 있다면 무엇일까요? (분당서울대학교병원)	분당서울대학교병원에 와 보니 규모도 크고 세련된 분위기가 느껴졌습니다. 또한 2019년에 새로 완공된 스카이워크도 마치 공항처럼 깔끔하게 위치한 모습이 인상적이었습니다. 이 스카이워크를 이용하면 경사로를 직접 오르지 않고 병원 내로 진입할 수 있다는 점부터 참 편리하다고 생각했습니다. 또한 로비에 들어왔을 때는 여러 자동화기기가 눈에 띄었습니다. 하지만 어르신들은 이용에 어려움을 느낄 수도 있겠다는 생각이 들었습니다. 혹시라도 어르신들이 도움을 요청할 사람이 없는 경우를 대비해 자동화기기 옆에 큰 글씨로 기기 사용법에 대해 설명해주는 안내판이나 상시 도움을 주실 자원봉사자가 배치되어 있다면 병원을 이용하는 더 많은 환자분들이 만족할 수 있을 것이라고 판단됩니다. 감사합니다.	✔ 이런 기출문제가 있다는 것은 꼭 한 번 병원투어를 해보고 지원하라는 의미이다.
인하대학교병원은 상급 종합병원인데, 상급 종합병원의 기준이 무엇인가요? (인하대학교병원)	상급 종합병원은 중증 질환에 대한 질 높은 의료서비스와 효율적인 의료자원 활용을 목적으로 하는 병원입니다. 보건복지부에서 2011년부터 3년마다 진료 기능과 인력, 교육, 시설, 장비, 환자비율 등의 항목을 평가하여 지정하고 있습니다. 2017년 3차 지정에서는 전국을 10개 권역으로 나누어 총 42개 병원을 지정했고, 인하대학교병원은 인천 지역을 대표하는 상급 종합병원으로 지정되어 고난이도의 중증질환 치료와 연구, 교육을 담당하고 있습니다. 이런 상급 종합병원에 입사하여 꾸준히 공부하고 발전하는 인정받는 간호사가 되겠습니다. 감사합니다.	✔ 상급 종합병원에 가려면 상급 종합병원에 대해 설명할 수 있어야 한다.

남아선호사상에 대해 어떻게 생각합니까? (경희의료원)	충분히 이해할 수 있습니다. 예전에는 농업 위주 산업으로 힘을 쓸 수 있는 남자를 우선시했으며, 유교사상 아래 집안의 대를 이어야 했기에 아들을 우선으로 생각했었습니다. 하지만 현대에 들어서는 남성과 여성의 역할이 모두 중요해졌으며, 각 성의 장점을 살린 직업들을 갖고 있습니다. 특히 제가 선택한 간호사는 여성의 꼼꼼함과 세심함, 그리고 부지런함을 잘 살릴 수 있는 최고의 직업입니다. 이런 장점을 살려 모두에게 인정받는 간호사가 되겠습니다. 감사합니다.	✔ 틀림이 아닌 다름이다. '무엇에 대해 어떻게 생각하나요?'라는 질문에는 이해할 수 있다는 입장에서 답변을 해야 한다.
스님에게 드라이기를 팔라고 한다면 어떻게 하겠습니까? (경희의료원)	스님에게는 헤어드라이기가 필요 없겠지만 스님이 계시는 절에서는 꼭 필요합니다. 요즘 유행하는 템플스테이나 절에 와서 쉬거나 주무시고 가시는 신도들을 위해 비치해야 합니다. 이것은 병원생활에서도 마찬가지입니다. 제가 맡은 환자뿐 아니라 그 옆에 있는 보호자, 매일 오는 가족들까지 알아봐줄 수 있는 시야가 넓고 센스 있게 행동하는 간호사가 되겠습니다. 감사합니다.	✔ 자기자신 외의 모든 사람이 고객이다. 넓은 시야를 설명할 수 있는 것은 말로 하는 간호의 최고 능력이라고 할 수 있다.

질문을 많이 받아도 당황하지 말자

실제 면접에서는 어떤 지원자에게 질문을 많이 하고 질문 난이도가 높을까? 들어올 때부터 표정이 밝고 자기소개를 할 때 목소리에 힘이 있는 지원자에게 질문이 많을까? 아니면 들어올 때 표정도 없고, 자기소개 목소리가 잘 들리지도 않는 지원자에게 질문이 많을까? 실제는 둘 다 질문이 많지 않다. 면접에서 질문이 많고 난이도가 높은 경우는 면접관 입장에서 뽑을까 말까 하는 지원자이다. 뽑고는 싶은데 확실한 임팩트가 없는 경우 면접관의 입장에서는 뽑을 이유를 찾기위해 더 많은 질문을 하게 되는 것이다.

내가 면접에서 세 번째 자리에 앉았다고 가정해 보자. 첫 번째 지원자에게 질문 하나, 역시 두번째 질문자에게도 한 개의 질문이 던져졌다. 그렇다면 기다리고 있는 나에게도 질문 한 개가 올 것이라고 예상되는 상황이다. 첫 번째 질문에 답변이 끝나고 두 번째 질문이 왔고 역시 답변을 마쳤다. 그런데 또 세 번째 질문이 또 나에게 던져진다. 이 경우 나의 머릿속은 어떻게 될까? 사람의 속마음은 얼굴 표정을 통해 드러나게 되어 있다. '다른 지원자들은 질문 한 개씩만 했는데 나한테는 왜 이렇게 질문이 많을까?'라며 당황하면서 긴장한다면 내 이마에는 누가 봐도 '당황'이란 두 글자가 보일 것이다. 또 어떤 지원자는 그 상황에서 '다른 지원자들보다 나에게 더 관심이 많으시구나. 나를 뽑아 주려나보다!'라고 생각할 것이다. 그 지원자의 얼굴에는 '자신감'이 드러난다.

병원 면접에서는 질문을 많이 받아야 한다. 생각해보면 면접 준비를 정말 열심히 하고 갔는데 나에게 주어진 질문은 단 두 개였고 결과도 떨어졌다면 정말 허탈하고 슬플 것이다. 차라리 질문을 10개 받고 최선을 다해 답변을 하고 떨어진다면 그렇게 많이 속상하진 않을 것이다. 이처럼 질문 한 개 한 개는 나에게 너무나 소중하다. 그 질문에 모든 답변은 바로 '이 병원이 나를 왜 뽑아야 하는지' 나의 장점과 경쟁력, 활용가치를 어필할 수 있는 최고의 기회이기 때문이다.

9. 계명대학교 동산병원 기출 질문 답변하기

동산병원은 2019년 2월 1,041병상 규모로 본원을 이전했다. 미션은 '기독교 정신에 따른 전인적 치유를 통해 인류행복에 기여하고 의료발전을 선도한다.'이다. 인성면접 기출 질문을 풀어 보자.

기출 질문	취트키 답변	꿀팁
간호사를 안 했다면 무엇을 했을까요?	간호사가 아니라면 학교 선생님을 했을 것 같습니다. 어려서부터 앞에 나와 발표하고 말하는 것을 좋아했습니다. 또한 공부가 부진했던 친구들이 도움을 요청하면 적극적으로 공부를 도와주었습니다. 이런 배려와 나눔의 사고를 가졌기에 고등학교 입학 때부터 간호사가 제 적성에 가장 맞는다고 저도 인정했고, 가족이나 주위 분들도 적극적으로 추천해 주었습니다. 그리고 대학생활을 하면서도 만족도가 컸습니다. 봉사와 희생의 정신으로 환자를 위해 헌신하는 간호사가 되겠습니다. 감사합니다.	✔ 어느 길로 가든 결국은 간호사로서의 각오로 마무리해야 한다.
자신이 생각하는 세상에서 가장 중요한 것은 무엇인가요?	세상에서 가장 중요한 것은 긍정적인 사고와 건강입니다. 이 두 가지는 행복이라는 인간 삶의 가치를 실현하는 데 가장 중요한 조건입니다. 그리고 서로 보완적인 관계로 긍정적인 삶의 태도를 가져야 건강한 삶을 살 수 있으며, 건강해야 긍정적인 사고를 갖게 됩니다. 제가 간호사로 일하면서 만나는 분들은 이중 한 가지라도 문제가 있는 분들입니다. 이분들을 돕기 위해서는 우선 제가 긍정적인 사고와 건강을 갖고 있어야 하며, 도움을 드리는 대상자들이 모두 긍정적인 사고와 건강을 이루어낼 수 있도록 최선을 다하겠습니다. 이상입니다.	✔ 건강은 심신의 밸런스가 중요하다.
자신의 종교가 아닌 다른 종교를 가지고 있는 대상자가 기도를 해달라고 한다면 어떻게 대처할 건가요?	저는 하나님을 믿습니다. 다른 종교를 가진 환자께서 기도해 달라고 하면 당연히 기도해 드리겠다고 하고, 저의 종교인 하나님께 기도하겠습니다. 각자 믿는 신이 다르고 신앙의 방식도 다르기에 저 역시 간절함이 필요할 때는 주위 분들께 각자의 방식으로 기도해달라고 할 것입니다. 하지만 저의 헌신적이고 희생적인 모습을 통해 많은 분들이 기뻐하고 감사하며, 저와 같이 하나님을 영접하게 해 달라고 매일 기도하고 있습니다. 감사합니다.	✔ 나 이외에 다른 신을 섬기지 말라. 여긴 기독교 정신에 따른 전인적 치유를 실현하는 동산병원이다.
월급으로 얼마를 받고 싶은가요?	많이 받으면 좋을 것 같습니다. 하지만 간호사는 돈을 많이 벌기 위해 선택한 직업이 아닙니다. 우선은 환자의 건강과 이익을 위해 최선을 다하는 노력으로 인정받는 것이 먼저입니다. 그리고 일에 대한 전문성을 인정받을 때 비로소 저의 일이 어느 정도의 가치가 있는 것인지 확인해 볼 것입니다. 개인의 이익보다는 늘 대상자들을 위해 제가 할 일이 무엇인지 선택할 줄 아는 자부심을 가진 간호사가 되겠습니다. 감사합니다.	✔ 간호사는 금전적 가치보다 훨씬 보람이 많고 기쁜 일이 많은 귀한 직업이다.

출근시간이란 무슨 의미인가요?	저에게 출근시간이란. 직장에 도착하는 시간이 아니라 일할 준비가 완료된 시간입니다. 특히 간호는 자신이 대상자에 대해 알고 있는 정보의 양에 따라 간호의 질이 달라질 수 있습니다. 항상 병동 1등으로 출근해서 업무를 시작하기 위한 환자 상태와 물품 개수, 위치를 숙지하며 준비하겠습니다. 간호사로서 나의 업무 준비가 환자 한 명을 더 살릴 수도 있다고 명심하며 늘 부지런히 업무에 임하는 간호사가 되겠습니다. 감사합니다.	✔ 배우고자 하는 의지와 부지런함이 신입에게 요구되는 태도이다.
본인이 몇 점짜리 인간이라고 생각하나요?	저는 100점 만점에 100점을 주겠습니다. 세상에 완벽한 사람은 없습니다. 저도 아직 예비 간호사로 배울 것도 많고 경험도 부족합니다. 하지만 4년간 정말 최선을 다해 공부했고 이제 동산병원 간호사로서 인정을 받겠다는 큰 꿈도 가지고 있습니다. 그래서 100점 만점을 주고 싶습니다. 입사해서 선배들에는 일 잘하는 후배로, 후배들에게는 보고 배울 것이 많은 선배로, 대상자들에게는 신뢰할 수 있는 간호사로 인정받겠습니다. 감사합니다.	✔ 10점 만점에 6점을 주기보다 100점 만점에 100점이 더 자신감이 있어 보인다.
임금 피크제란 무엇인가요?	임금 피크제란 실업률은 낮추면서 세대가 공생할 수 있는 시스템입니다. 만 60세까지 정년 연장을 보장하는 대신 일정 연령 이후 임금을 낮추고 일의 양도 줄이는 제도를 말합니다. 대신 청년을 한 명 더 채용할 수 있으므로 미국이나 유럽, 일본 등의 일부 국가에서 공무원 조직과 기업체에서 선택적으로 적용하고 있으며, 한국의 기업들도 그대로 받아들이고 있는 상황으로, 앞으로 병원의 상황에서도 적용 가능하리라 예상됩니다. 이상입니다.	✔ 주요 사회적 이슈와 단어들은 내가 이해해야 설명이 가능하다. 다양한 기사와 칼럼을 읽어보자.

면접에 함께 들어가는 같은 조 지원자들이 있다. 거의 오늘 처음 마주하게 된 낯선 운명체다. 이 지원자들은 경쟁자가 아니다. 잘못 생각하면 옆 지원자를 떨어뜨려야 내가 살 수 있다는 생각을 할 수 있지만 사실은 옆 지원자가 붙어야 내가 붙을 확률이 더 높아진다. 쉽게 말하면 6명이 들어가는 면접에서 6명 중 1명만 선발되는 게 아니라, 좋은 분위기로 면접을 치른 조 6명이 거의 함께 선발되는 게 면접이다. 그래서 면접 준비를 위해 대기하고 있는 상황에서 옆 지원자와 가볍게 인사하고 함께 들어가 면접을 잘 보고, 꼭 같이 일해 보자며 의지를 다질 필요가 있다. 오늘 처음 보았지만 함께 면접장에 들어가는 지원자는 목표를 함께 이뤄내야 할 동지라는 것을 명심하자.

실제 많은 병원 면접관들이 말하는 지원자들의 난처한 상황에서의 대처 사례들은 다양하다. 이 난처한 상황은 '우리 병원에 정말 오고 싶구나.'라는 절실함을 어필할 수 있는 상황이기도 하다. 적절한 답변 몇 가지를 소개해 본다.

"죄송합니다, 면접관님. 오늘 면접을 위해서 정말 많이 준비를 했습니다만 답변이 떠오르지 않습니다. 하지만 저는 꼭 이 병원 간호사가 꼭 되고 싶습니다. 지금은 부족하지만 뽑아주신다면 가장 열심히 공부하고 적극적으로 적응하는 간호사가 되겠습니다."

"죄송합니다, 면접관님. 그 질문에 대한 답변을 분명 열심히 외웠습니다. 그런데 긴장이 많이 되서 그런지 갑자기 떠오르지 않습니다. 저에게 시간을 조금 더 주신다면 생각해내서 답변하겠습니다."

"면접관님, 죄송합니다만 저에게 기회를 한 번만 다시 주시면 안 되겠습니까? 이번에는 꼭 답변하겠습니다."

물론 이 모든 상황이 지원자나 면접관에게 썩 마음에 드는 상황은 아니다. 하지만 최후의 경우 이런 절실함이라도 어필해야 하지 않을까? 답변 내용이 떠오르지 않는 경우 무엇이라도 답하기 위해 '죄송합니다, 면접관님.'이라고 할 수 있다. 하지만 아무리 힘 있는 목소리와 자신감이 중요하다고 해도 면접관의 질문이 나오자마자 바로 씩씩하게 '모른다.'라고 답하는 것은 신중함이나 절실함과는 거리가 있으니 주의해야 한다.

모든 지원자의 답변은 면접관의 질문이 떨어지고 3초 후부터 시작된다. 질문이 지원자 입장에서 기다렸던 쉬운 질문이라도 해도 3초를 기다린 후 답변을 시작해야 한다. 질문이 나오자마자 기다렸다는 듯이 대답한다면 면접관의 입장에서 조금은 신중함이 떨어지고 건방져 보일 수도 있기 때문이다. 속으로 하나, 둘, 셋을 기다리고 시작하는 답변을 통해 이 면접에 최선을 다해 집중하고 있다고 어필하자.

10. 경북대학교병원 기출 질문 답변하기

'최상의 교육, 연구, 진료로 사랑과 인술을 실현하고 인류의 건강증진에 기여한다.'는 미션을 가진 경북대학교병원의 인성면접 기출 질문 3개에 대비해 보자.

기출 질문	취트키 답변	꿀팁
병원을 볼 때 어떤 것을 먼저 보나요?	저는 병원의 발전 가능성을 먼저 봅니다. 제가 지원해서 일하고자 하는 기간은 단순히 몇 달이나 몇 년이 아니고, 최소 20년 이상을 목표로 하기에 가장 중요한 것은 병원의 비전과 발전 가능성입니다. 그래서 당장의 병원 규모나 복지혜택, 급여 수준보다 병원의 최근 뉴스를 통해 어느 과목이나 부서를 지원하고 있는지, 어떤 연구 활동들이 이루어지고 있는지를 관심 있게 보고 지원해야 합니다. 저는 경북대학교병원이 더 베스트 착한 일터로 선정되었다는 점과 ICT를 기반으로 하는 임상시험시스템을 베트남에서 선보이고, 카자흐스탄 어린이들에게 따뜻한 희망을 전달하면서 교류를 하는 점이 큰 매력이었습니다. 이런 병원에서 가장 발전 가능성이 큰 간호사가 되도록 끊임없이 발전하는 모습을 보여 드리겠습니다. 이상입니다.	✔ 병원의 성장이 나의 성장이고, 나의 성장이 병원의 성장이 되어야 한다.
국립대병원으로서 수익성과 공익성을 둘 다 잡으려면 어떻게 해야 할까요?	국립대학교병원의 설립 취지는 사회와 함께하는 병원, 국민 건강을 책임질 수 있는 공공의 이익을 위한 병원입니다. 이에 따른 공공성 사업과 진료, 연구 활동은 지역민들에게 큰 신뢰와 지지를 받게 될 것이며, 이로 인해 많은 분들이 가장 우선으로 찾게 되는 병원이 될 것입니다. 이런 선순환 구조는 수익성도 당연히 따라오리라 기대합니다. 지역민들에게 가장 가치 있는 의료기관 간호사로써 자부심을 가지고 열심히 일하겠습니다. 감사합니다.	✔ 공익성을 우선하는 것이 면접관이 원하는 답변이다.
돈 1억이 생긴다면 어떻게 쓸 생각인가요?	저는 제가 경북대학교병원 간호사로 오랫동안 안정적으로 근무하기 위해 사용하겠습니다. 우선 한 시간 거리에 있는 본가 외에 병원과 가까운 저만의 생활공간을 마련하고 싶습니다. 그리고 간호직무 역량을 키우기 위해 영어학원에 등록해서 틈틈이 공부도 하며 자기계발을 부지런히 하겠습니다. 모두에게 인정받는 간호사가 되기 위한 모든 방법들을 찾고 행동하는 간호사가 되겠습니다. 감사합니다.	✔ 당연히 간호사로 정착하기 위해 필요한 곳에 사용할 거라고 답변해야 한다.

면접의 주인공은 바로 나 자신

최선을 다해서 면접을 보았다. 많이 웃고 편안한 분위기였다. 면접을 다녀온 나는 꼭 뽑힐 거라는 기대감으로 며칠을 보냈다. 하지만 발표일이 다가올수록 긴장이 될 것이다. 합격 소식을 받는다면 참 기쁘겠지만 아쉽게도 붙는 사람보다 떨어지는 사람이 훨씬 더 많은 게 면접이다. 어찌 보면 면접이란 떨어지기 위해 보는 것일 수도 있다.

하지만 분명 그 안엔 합격자들도 많다. 내가 떨어졌다면 결과적으로 열심히 면접을 준비해서 다른 합격자들이 면접 보는 데 들러리를 서고 온 것이다. 면접에서는 '내가 이 면접의 주인공이다.'는 의식이 중요하다. 면접 보는 하루는 내가 이 면접장의 주인공으로 가장 반짝반짝 빛이 나야 하며, 내가 하는 행동, 표정 하나하나에 많은 사람들이 지켜보고 있다는 인식을 갖고 있어야 한다. 주인공이기에 면접 시 가장 밝은 표정과 가장 힘 있는 말투, 가장 자신감 있는 모습을 보여야 한다.

11. 지역 상급 종합병원 인성 기출 질문 답변하기

마지막으로 지역 상급 종합병원과 주요 병원의 대표적인 인성 기출문제들을 보도록 하겠다. 이 책에서 언급하는 기출문제들은 해당 병원에서 사용되었던 질문이지만 거의는 전국의 모든 대학병원들이 서로 교류하며 사용하는 면접 질문들이다. 병원명을 떠나 직접 풀어 보면서 공부한다면 대학병원의 인성면접 기출문제가 어떤 식으로 나오든지 대응할 수 있는 능력을 갖게 될 것이다.

기출 질문	취트키 답변	꿀팁
병동에는 20대도 있고, 50대도 있는데 나이트는 누가 하는 것이 맞을까요? (울산대학교병원)	병동의 나이트 근무는 간호사들의 여건에 맞게 수간호사님께서 잘 짜주십니다만 아무래도 체력이 좋은 20대들이 대선배님들보다 나이트를 더 하는 것이 맞습니다. 그리고 당연히 간호부 조직에서도 선배들께 예의를 갖추고 존중해야 합니다. 선배님께 인사를 잘하고, 감사할 줄 하는 사랑받는 간호사가 되겠습니다. 감사합니다.	✔ 면접관 대부분은 50~60대 대선배님이다. 당연히 면접관이 듣고 싶어하는 답변을 해야 한다.
간호부장이 되는 데 얼마나 걸릴 거라고 생각하나요? (울산대학교병원)	30년을 목표로 합니다. 이를 위해 저는 '나의 발전이 병원의 발전'이라는 생각으로 부지런히 공부하며 성장하겠습니다. 그리고 후배들에게 늘 모범이 되는 선배의 모습을 보이겠습니다. 30년 후 간호부장이 되면 병원을 위해, 또 환자를 위해 자신을 헌신할 수 있는 후배들을 직접 키워보고 싶습니다. 열심히 하겠습니다.	✔ 시간만 답하면 안 된다. 어떻게 준비할 것인지까지 답변해야 한다.
일본 불매운동에 대해서 어떻게 생각하나요? (동아대학교병원)	국가 운영에서 가장 중요한 것은 자국의 이익입니다. 하지만 이번 일본 불매운동의 경우는 대한민국 국민 정서에 관한 사항이고 이는 오랜 역사의 불편한 한일 관계에 기반합니다. 저는 일본 불매운동에 참여하는 사람들의 의견과 그 행동에는 존중합니다. 그러나 일본 국민 전체에 대한 혐오가 되어서는 안된다고 생각하며 늘 좋은 방향으로 결과가 나오길 희망합니다. 그리고 간호사로써 언젠가 몸이 아픈 일본 국민을 케어할 상황에선 우리 국민과 똑같이 최선을 다해 도와줄 것입니다. 감사합니다.	✔ 앞으로 5년 후, 20년 후 어느 나라, 국적, 인종, 언어를 사용하는 환자를 맞고 있을지 생각하면서 답변해야 한다.
우리 병원에서 일하면서 힘들 것 같은 점은 무엇일까요? (부산대학교병원)	힘들 것 같은 점은 따로 생각해 본 적이 없습니다. 그것보다는 설렘이 가득합니다. 특히 최상의 교육과 연구를 통해 인간의 건강과 행복에 기여한다는 부산대학교병원 미션처럼 최고의 간호교육과 성장시스템을 통해 많은 것을 배우고 경험할 생각에 기대가 큽니다. 늘 도전적인 마음을 갖고 적극적으로 배움에 임하는 인정받는 간호사가 되겠습니다. 감사합니다.	✔ 부정적인 질문은 자연스럽게 긍정적인 내용으로 답변하자.
본인 실수로 투약사고가 났습니다. 환자에겐 이상이 없다면 이야기하겠습니까? (전북대학교병원)	우선 이 상황에 대해 수간호사님께 말씀드리고, 환자에게도 알릴 것입니다. 저는 어떠한 경우라도 환자의 건강과 안위를 가장 우선으로 생각하는 책임감 강한 간호사가 될 것입니다. 비록 혼이 나더라도 환자에게 작은 문제도 생기지 않도록 조치하며 관심 있게 지켜볼 것입니다. 그리고 이번과 같은 실수를 반복하지 않도록 더욱 집중력 있게 일하겠습니다. 기본을 소홀히 하지 않는 간호사가 되겠습니다. 감사합니다.	✔ 기본 매뉴얼에 충실하게 일하면 투약사고가 날 일이 없는데, 요령대로 하다보면 사고가 일어난다. 이에 반성하는 모습을 보여야 한다.

사회적으로 일과 생활의 균형이 이슈인데 어떻게 생각하나요? (충남대학교병원)	간호사도 워크 라이프 밸런스, 워라밸이 중요합니다. 잘못하면 너무 일에만 지나치게 몰두해 번아웃 증후군에 빠지기도 합니다. 저는 간호대학 시절부터 공부와 적절한 취미활동을 병행하며 활력을 얻고 스트레스를 관리해 왔습니다. 주말 중 하루는 꼭 가족들과 자전거를 2시간 이상 타며 땀을 흘렸고, 영화나 콘서트와 같은 문화체험 활동도 부지런히 찾았습니다. 앞으로 병원에 입사해서도 일과 생활의 균형을 잘 맞추어 오랫동안 보람 있게 일할 수 있도록 늘 노력하는 간호가 되겠습니다. 감사합니다.	✔ 병원생활을 오랫동안 잘할 수 있을까 걱정되어 질문한 것이다.

면접 당일의 준비

병원마다 면접 시간은 다르다. 예를 들어 내가 지원하는 병원에 1차 서류를 통과해서 면접을 보러가게 되었는데 면접 시간이 오전 9시다. 그럼 면접 당일을 어떻게 준비해야 할까? 우선 병원 도착은 한 시간 전에 해야 한다. 그래서 전반적인 병원의 분위기와 병원 게시판 등을 점검하면서 최근 동향과 내가 잘 몰랐던 정보 등을 확인할 수 있다.

헤어나 메이크업 단장을 위해서 한 시간 정도는 투자해야 한다. 또 집에서 병원까지 가는 시간도 여유 있게 잡아야 한다. 결국 아침 9시 면접을 위해 적어도 4시간 전에는 기상해야 할 것이다. 평소 7시 40분쯤에 일어나던 지원자가 면접 당일 5시에 일어나 면접에 간다면 아마도 순발력과 집중력이 중요한 면접이 제대로 이루어질 리가 없다. 면접 연습에는 몸의 리듬까지 당일 컨디션에 맞추는 것도 포함된다. 최소 3일 전부터는 6시에 기상해서 밥을 잘 챙겨먹고, 한 시간 운동(병원까지 이동)을 하며 9시에는 누군가와 즐거운 대화를 하는 준비를 하자.

면접의 당락은 큰 차이가 아닌 아주 근소한 차이로 결정된다. 면접에 임하는 모든 지원자들은 최선을 다해 경쟁하고 있다. 질문이 나오거나 어떠한 상황이 되었을 때 빠르고 정확한 판단과 대처능력은 그 당시의 컨디션과 아주 밀접할 수밖에 없다. 이런 꼼꼼한 사전 전략을 통해 꼭 성공적인 면접을 치루고 꿈을 이루기를 기원한다.

'하늘은 스스로 돕는 자를 돕는다.'

사랑하고 존경하는 간호계 후배님들!

저는 대학병원에서 주임, 수간호사, 감독, 과장, 부장 간호사를 거치며 38년간 근무하였습니다. 정년 퇴임 후에도 대학 강의 등을 하며 제2의 인생까지 간호사로 살아가고 있지요. 곧 임상에 첫 발을 내딛을 여러분을 생각하니, 저의 임상 초임 시절이 떠오릅니다. 학교에서 나름 배웠다고는 하지만 막상 현장에서는 머릿속이 하얗게 되며 실수를 연발했던 기억이 납니다. 처음엔 힘들겠지만 어렵사리 선배들의 지도에 따라 차근차근 배우다 보면 어느새 어엿한 간호 전문인으로 성장하여 스스로를 대견하게 생각하는 날이 올 것입니다. 간호사는 무엇보다 선한 마음과 팀워크를 우선해야 합니다. 겸손한 마음으로 서로를 배려하며 임상의 경험과 기술을 적절히 조화시킬 수 있는 능력을 키워나가 주세요. 여러분들이 간호에 대한 열정과 소명의식이 바탕이 된 전문적인 지식인이자 전문 간호사가 되기를 기대합니다.

전 한양대학교병원 간호부 선임부장

박 혜 자

예비 간호사 여러분

4년의 간호학과 과정을 마무리하고 전문가로서 현장에 발을 내딛게 될 텐데 초심으로 돌아가서 간호의 의미를 살펴보면 어떨까요? 대한간호협회는 간호를 '모든 개인, 가족, 지역사회를 대상으로 건강회복, 질병예방, 건강유지와 증진에 필요한 지식, 기력, 의지와 자원을 갖추도록 직접 도와주는 활동'이라고 정의하고 있습니다. 여러분은 그 간호를 수행하는 전문가가 되시는 겁니다. 여러분들은 너무나 대단한 분들입니다. 그런데 대상자를 도와주기 위해서는 그 분야에 대상자보다 더 많은 것을 갖추어야 하지 않을까요? 이미 여러분들은 많은 것을 갖추었지만 끊임없이 자신을 단련하길 부탁드립니다. 그 단련 과정에 어려움도 따르겠지만 한편으로는 말로 표현할 수 없는 보람이 기다리고 있답니다. 덤으로 경제적인 풍요로움도 누릴 수 있지요. 여러분들이 간호사로서의 행복한 삶을 살아가기를 기도하며 응원하겠습니다.

경북과학대학교 간호학과 교수

송 미 숙

MEMO

부 록

병원별 채용 가이드

01) 가톨릭대학교 서울성모병원

- **소재지** : 서울시 서초구 반포대로 222
- **병상 수** : 1,356병상
- **CMC 영성** : 가톨릭중앙의료원의 영성은 치유자로서의 예수 그리스도를 우리 안에 체현하여 질병으로 고통 받는 사람들을 보살피는 데 있다.
- **CMC 비전** : 생명을 존중하는 세계적인 첨단의료
- **경영비전** : 생명을 존중하는 세계적인 첨단병원 (가톨릭 의료과학단 조성 / 첨단진료센터 설립 / 역량 있는 전문인력 양성 / 환자를 내 가족처럼 돌보는 병원 / 교직원이 자긍심과 행복을 느끼는 병원)
- **핵심가치** : 생명존중과 의료선교 / 환자우선의 전인치료 / 윤리에 기초한 창의적인 연구 / 성숙하고 역량 있는 전문인력 양성 / 상호신뢰와 윤리경영
- **채용절차** : 서류전형(온라인 지원서 접수) – 인성검사 – 면접전형
- **자기소개서 질문 및 분량**

질문 번호	질문	글자 수(분량)
1	성장과정	900byte
2	성격 및 특기사항	900byte
3	생활신조	900byte
4	지원동기 및 장래계획	900byte
5	역량 및 업적	3000byte

02) 강북삼성병원

- **소재지** : 서울특별시 종로구 새문안로 29
- **병상 수** : 700병상
- **미션(병원이념)** : 최상의 진료와 끊임없는 연구로 환자의 건강과 행복을 실현하여 신뢰받는 의료기관
- **핵심가치** : 지식탐구 / 최상의료 / 환자안전 / 동기부여 / 미래지향
- **채용절차** : 서류전형(온라인 지원서 접수, 지원자의 인성 및 간호업무 상황 대처 능력 등을 판단하기 위하여 간호 사례 문항이 추가 진행됨) – 1차 Ontact 면접 – GSAT(1차 합격자 대상) – 2차 면접 – 건강진단
- **자기소개서 질문 및 분량**

질문 번호	질문	글자 수(분량)
1	본인의 가치관을 형성하는 데 가장 큰 영향을 끼친 경험(간호 직무 수행 이외에 본인이 가장 관심을 가지고 있는 분야에 대해 자유롭게 서술)	각 400자
2	직무와 관련된 상세 경력(대인관계에서 예기치 못한 상황이나 어려움에 직면하였을 때 주도적으로 해결한 경험)	
3	입사 후 시기별 계획	

03) 건국대학교병원

- **소재지** : 서울특별시 광진구 능동로 120-1
- **병상 수** : 878병상
- **미션** : 구료제민의 창립정신을 발전적으로 계승하고 수준 높은 진료, 교육, 연구를 통하여 인류공동체의 건강한 삶에 기여한다.
- **비전** : Beyond the BEST = Better tomorrow(더 나은 미래) / Expertise(전문성) / Speed(신속) / Trust(신뢰)
- **핵심가치** : 진료중심 / 환자중심 / 교육연구 중심 / 직장문화 화합 / 변화와 미래
- **채용절차** : 서류전형 – AI면접(서류 전형 합격자 대상으로 진행) – 최종면접
- **자기소개서 질문 및 분량**

질문 번호	질문	글자 수(분량)
1	본인의 성장과정에 대하여 기술하여 주시기 바랍니다.	각 500자
2	본인의 장단점에 대하여 기술하여 주시기 바랍니다.	
3	당사에 지원하게 된 동기는 무엇이며, 입사 후 포부는 어떻게 되는지에 대하여 기술하여 주시기 바랍니다.	
4	대내외 주요 활동사항(학교생활, 사회활동, 실무경력 등)에 대하여 기술하여 주시기 바랍니다.	
5	당 병원에 현재와 미래에 대하여 본인의 생각을 자유롭게 기술하여 주시기 바랍니다.	

04) 경희대학교병원

- **소재지** : 서울특별시 동대문구 경희대로 23
- **병상 수** : 1,100병상
- **설립이념** : 동서의학의 조화를 통해 제 3의학의 새 경지를 개척 / 경희의료원은 의과대학병원, 치과병원, 한방병원이 복합된 동서의학의 요람 / 의학, 치의학 및 한의학에 관한 "교육, 연구, 진료"라는 대학병원으로서의 사명을 완수
- **미션** : 창의적 도전으로 의생명과학의 미래를 선도하고, 인류 건강증진에 기여한다.
- **비전** : 소통과 융합으로 의료의 미래를 창조하는 병원
- **핵심가치** : 창조적 도전 / 열린마음 / 합리적 성찰 / 탁월한 성취
- **5대 목표** : 1. 현대의학의 진취적 미래를 선도하는 신뢰받는 의료기관 / 2. 융합연구로 신의학을 창조하는 세계적인 연구기관 / 3. 배려와 존중, 탁월함을 갖춘 의료인을 양성하는 교육기관 / 4. 소외된 세계시민을 섬기며 인류애를 실천하는 봉사기관 / 5. 구성원의 성취와 긍지를 고양하는 창조적인 대학병원
- **채용절차** : 서류전형(온라인 지원서 접수) – 인성검사전형 – 면접전형 – 신체검사 – 임용심사
- **자기소개서 질문 및 분량**

질문 번호	질문	글자 수(분량)
1	성장과정	각 10자 이상 500자 이내
2	성격 및 생활신조	
3	세부경력 (교육연수, 봉사활동 등)	
4	지원동기 및 포부	
5	기타 특이사항	
6	바람직한 간호사상에 대한 견해	

05) 고려대학교의료원 구로병원

- **소재지** : 서울특별시 구로구 구로동로 148
- **병상 수** : 1,054병상
- **미션** : 생명존중의 첨단의학으로 인류를 건강하고 행복하게 한다.
- **비전** : 미래의학, 우리가 만들고 세계가 누린다.
- **전략** : 중증전문 최첨단 병원·4차 산업을 선도하는 연구중심병원 / 믿음 주는 병원·함께하는 병원 / 인간중심 병원·배움이 있는 병원
- **채용절차** : 서류접수 – 인적성검사(온라인) – 최종면접 – 채용건강검진
- **자기소개서 질문 및 분량**

질문 번호	질문	글자 수(분량)
1	본인에 대해 자유롭게 기술해주시기 바랍니다.	최소 글자 수 500자, 최대 글자 수 2,000자

06) 고려대학교의료원 안암병원

- **소재지** : 서울시 성북구 고려대로 73
- **병상 수** : 1,051병상
- **미션** : 생명존중의 첨단의학으로 인류를 건강하고 행복하게 한다.
- **비전** : 미래의학, 우리가 만들고 세계가 누린다.
- **전략**: ENABLE = Entirely trusted hospital(전적으로 신뢰받는 병원) / New standard of patient safety and patient experience(환자안전과 환자경험의 새로운 기준이 되는 병원) / As a member of society(사회의 일원으로 책임을 다하는 병원) / Bringing humanism to hospital(사람이 중심이 되는 병원) / Leading cutting-edge research(첨단연구를 선도하는 병원) / Expert training hospital(각 분야 최고의 전문가를 양성하는 병원)
- **채용절차** : 서류전형 – 인적성검사(온라인) – 최종면접 – 채용건강검진
- **자기소개서 질문 및 분량**

질문 번호	질문	글자 수(분량)
1	본인에 대해 자유롭게 기술해 주시기 바랍니다.	최소 글자 수 500자, 최대 글자 수 2,000자

07) 삼성서울병원

- **소재지** : 서울특별시 강남구 일원로 81
- **병상 수** : 1,989병상
- **설립이념** : 최선의 진료, 첨단의학 연구와 우수 의료인력 양성을 통해 국민보건 향상에 기여한다.
- **미션** : 우리는 생명존중의 정신으로 최상의 진료, 연구, 교육을 실현하여 인류의 건강하고 행복한 삶에 기여한다.
- **비전** : 환자 행복을 위한 의료혁신 – 디지털 기반 의료혁신으로 환자가 행복한 개인 맞춤 의학을 구현한다.
- **채용절차** : 서류 접수 – 서류전형 – 필기전형 – 1차 면접 – 2차 면접 – 채용건강검진 – 최종합격
- **자기소개서 질문 및 분량**

질문 번호	질문	글자 수(분량)
1	지원한 직무를 잘 수행할 수 있는 이유를 구체적으로 기술하십시오.(학교생활 중심으로)	600byte
2	직무수행과 관련된 경력사항 및 기타활동에 대하여 기술하십시오.	600byte
3	가장 행복했던 경험과 자신에게 일어난 변화를 기술하십시오.(사례 중심으로)	1200byte
4	지원동기 및 입사 후 포부는 무엇인지 기술하십시오.	600byte

08) 서울대학교병원

- **소재지** : 서울특별시 종로구 대학로 101
- **병상 수** : 1,792병상
- **미션** : 서울대학교병원은 세계 최고 수준의 교육, 연구, 진료를 통하여 인류가 건강하고 행복한 삶을 누릴 수 있도록 한다.
- **비전** : 최상의 진료로 가장 신뢰받는 병원 / 생명의 미래를 여는 병원 / 세계 의료의 리더를 양성하는 병원 / 의료선진화를 추구하는 정책협력병원
- **핵심가치** : 고객중심 / 인재존중 / 혁신추구 / 사회공헌 / 상호협력
- **채용절차** : 서류전형(온라인 지원서 접수) – 필기시험 및 인성검사 – 실무면접 – 최종면접 – 신체검사
- **자기소개서 질문 및 분량**

질문 번호	질문	글자 수(분량)
1	서울대학교병원에 지원하게 된 동기 및 입사 후 실천하고자 하는 목표를 자신의 역량과 결부시켜 기술하여 주십시오.	300자
2	지원 분야와 관련하여 다양한 분야에서 쌓은 경력 및 경험 활동에 대하여 아래 기준에 따라 상세히 기술해 주시기 바랍니다. 입사지원서에 기입한 지원 직무와 관련한 경력 및 경험 활동의 주요 내용과 본인의 역할에 대해서 구체적으로 기술해 주십시오.	200자
3	위 경력 및 경험 활동이 우리 병원 입사 후 지원 분야의 직무 수행에 어떻게 도움이 될지 구체적으로 기술해 주십시오.	200자
4	타인과의 관계 속에서 정서적으로 스트레스를 받은 경험이 있습니까? 스트레스를 관리하는 본인의 방법을 구체적인 사례를 기반으로 기술해 주십시오.	300자
5	활동 혹은 업무 수행 중 예상치 못한 문제나 어려움에 직면하였으나, 원인을 파악하여 극복했던 경험을 기술해 주십시오.	300자

09) 서울아산병원

- **소재지** : 서울특별시 송파구 올림픽로 43길 88
- **병상 수** : 2,704병상
- **미션** : 끊임없는 도전과 열정으로 높은 수준의 진료, 교육, 연구를 성취함으로써 인류의 건강한 삶에 기여한다.
- **비전** : 누구에게나 가장 신뢰 받는 병원 / 최적의 의료를 제공하는 병원 / 직원 모두가 행복하고 긍지를 느끼는 병원 / 건실한 경영으로 성장, 발전하는 병원 / 창의적인 연구와 충실한 교육이 이루어지는 병원
- **핵심가치** : 나눔과 배려 / 정직과 신뢰 / 미래 지향 / 사실 및 성과 중시 / 공동체 중심사고
- **채용절차** : 서류전형(온라인 지원서 접수) – 온라인 조직적합성 검사 – 1차 면접(실무진) – 2차 면접(경영진) – 신체검사
- **자기소개서 질문 및 분량**

질문 번호	질문	글자 수(분량)
1	자신의 성장과정, 지원 동기, 장점 및 단점, 취미, 희망 업무 및 포부, 기타 특기사항 등을 자유롭게 서술하시기 바랍니다.	1,500~2,500자
2	본원의 핵심가치(나눔과 배려, 정직과 신뢰, 공동체 중심 사고, 사실 및 성과 중시, 미래 지향) 중 자신과 가장 부합하다고 생각하는 가치를 선택하여 그 이유를 경험을 토대로 서술하시기 바랍니다.	500~1,500자

10) 연세대학교의료원 강남세브란스

- **소재지** : 서울특별시 강남구 언주로 211
- **병상 수** : 815병상
- **미션** : 하나님의 사랑으로 인류를 질병으로부터 자유롭게 한다.
- **비전** : 의료세계화를 선도하는 강남세브란스병원(새로운 의료문화의 혁신적 리더 / 글로벌 의료서비스 표준의 개척자 / 사랑과 나눔을 실천하는 의료선교기관)
- **채용절차** : 서류전형(온라인 지원서 접수) – AI역량검사 – 1차 면접 – 2차 면접
- **자기소개서 질문 및 분량**

질문 번호	질문	글자 수(분량)
1	성장과정 / 자기신조	250자
2	지원동기 / 입사 후 포부	400자
3	업무 수행 기본 능력 / 스킬	300자
4	팀워크 / 협력	250자
5	열정 / 몰입성	250자
6	동아리 / 사회봉사 활동	200자

11) 연세대학교의료원 신촌세브란스

- **소재지** : 서울특별시 서대문구 연세로 50-1
- **병상 수** : 2,442병상
- **미션** : 하나님의 사랑으로 인류를 질병으로부터 자유롭게 한다.
- **비전** : 연세의료원은 첨단진료, 전문화, 의료기관간 유기적 관계구축을 통하여 양질의 진료를 제공하고 고객을 섬김으로써 가장 신뢰받는 의료기관이 된다. / 개척정신과 협동정신으로 새로운 연구영역을 창출하여 의학기술을 선도하는 연구기관이 되며, 다양하고 인간적인 교육으로 가장 배우고 싶어 하는 교육기관이 된다. / 알렌, 에비슨, 세브란스의 정신을 이어받아 의료소외지역에 의료와 복음을 전파하여 사랑을 실천하는 의료선교기관이 된다.
- **채용절차** : 서류전형(온라인 지원서 접수) – AI역량검사 – 1차 면접 – 2차 면접
- **자기소개서 질문 및 분량**

질문 번호	질문	글자 수(분량)
1	성장과정 / 자기신조	250자
2	지원동기 / 입사 후 포부	400자
3	업무 수행 기본 능력 / 스킬	300자
4	팀워크 / 협력	250자
5	열정 / 몰입성	250자
6	동아리 / 사회봉사 활동	200자

12) 중앙대학교병원

- **소재지** : 서울특별시 동작구 흑석로 102
- **병상 수** : 870병상
- **미션** : 창의적인 진료, 연구, 교육시스템을 통해 인류의 건강과 행복에 기여한다.
- **비전** : 다정, 긍정, 열정으로 환자중심의 최상의 의료를 제공한다.
- **핵심가치**: 환자 중심(최고의 진료/ 고객만족/ 환자안전/ 사회공헌)
- **채용절차** : 서류전형 – AI역량검사(서류전형 합격자 대상자) – 직무능력 테스트 및 최종면접(AI역량 검사 합격 대상자) – 신체검사
- **자기소개서 질문 및 분량**

질문 번호	질문	글자 수(분량)
1	아르바이트/실습경험/경력사항 업무 및 기간	각 최소 10자, 최대 100자
2	학교(또는 사회생활)중 가장 열정적으로 참여했던 일과, 본인의 역할	
3	전공과목 중 좋아하거나 자신있었던 과목	
4	간호사로서 중요하다고 생각하는 덕목	

13) 한양대학교병원

- **소재지** : 서울특별시 성동구 왕십리로 222
- **병상 수** : 844병상
- **미션** : 사랑의 실천자로서 인류가 질병의 고통에서 벗어나 기쁨과 행복이 충만한 삶을 누리도록 한다.
- **비전** : 아시아 의료허브를 지향하는 최첨단 대학병원 / 미래의학을 선도하는 연구중심병원 / 고객과 가족애로 하나되는 환자중심병원
- **핵심가치** : 첨단진료 / 연구개발 / 인재양성 / 사회공헌 / 책임경영
- **채용절차** : 서류전형 – 1차 면접 – AI역량검사 – 2차 면접 – 예비소집 – 입사
- **자기소개서 질문 및 분량**

질문 번호	질문	글자 수(분량)
1	한양대학교병원을 지원하게 된 동기를 서술해 주십시오.	각 500~800자
2	귀하가 지원한 직무를 잘 수행할 수 있다고 생각하는 이유를 본인의 경험과 관련지어 구체적으로 서술해 주십시오.	
3	본인 성격의 장단점을 서술해 주십시오.	
4	자신에게 있어 직장생활의 의미는 무엇입니까?	

14) 가천대길병원

- **소재지** : 인천광역시 남동구 남동대로774번길 21
- **병상 수** : 1,400병상
- **설립이념** : 가천길재단은 공익을 위해 헌신하고, 어렵고 고통 받는 사람들을 돌보는 사회적 책임을 다하며, 국민을 행복하게 하는 나라사랑을 실천합니다. 박애, 봉사, 애국은 세월이 흘러도 변치 않을 가천 길재단의 설립 정신입니다.
- **미션** : 박애 – 그늘진 곳, 소외된 삶들을 보살핍니다. / 봉사 – 손을 비워서 마음을 채우면 행복합니다. / 애국 – 인재양성이 나라사랑의 시작이자 끝입니다.
- **비전** : 최상의 진료와 첨단연구로 신뢰와 존경 받는 21세기 최고의 고객만족병원을 이룩한다. (생명존중 / 고객중심 / 사회공헌 / 첨단연구 / 상호존중 / 자기혁신)
- **채용절차** : 온라인 지원서 접수 – 서류전형 – AI역량검사 – 실무면접전형 – 채용검진 – 최종합격자 발표
- **자기소개서 질문 및 분량**

질문 번호	질문	글자 수(분량)
1	성장과정, 가정환경	
2	성격, 장단점	
3	생활관, 취미, 특기	최대 9,999자
4	재학 중 관심 영역, 동아리 활동, 주요 사회경험	
5	지원동기	
6	입사 후 각오 및 향후 계획	

15) 가톨릭대학교 인천성모병원

- **소재지** : 인천광역시 부평구 동수로 56
- **병상 수** : 826병상
- **CMC 영성** : 가톨릭중앙의료원의 영성은 치유자로서의 예수 그리스도를 우리 안에 체현하여 질병으로 고통받는 사람들을 보살피는 데 있다.
- **미션** : 그리스도의 사랑이 살아 숨 쉬는 최상의 첨단진료
- **비전** : 최고의 임상진료 역량을 갖춘 병원
- **크레도** : 우리는 질병으로 고통 받는 이들을 첨단의료와 따뜻한 마음으로 가족처럼 돌본다.
- **경영방침** : 소통과 존중을 통한 우리만의 가치 창조
- **채용절차** : 서류전형(온라인 지원서 접수) – 면접&의학용어시험 – 인성검사&신체검사
- **자기소개서 질문 및 분량**

질문 번호	질문	글자 수(분량)
1	성장과정	
2	성격 및 특기사항	
3	생활신조	각 최소 50자, 최대 450자
4	지원동기 및 장래계획	
5	역량 및 업적	

16) 고려대학교의료원 안산병원

- **소재지** : 경기도 안산시 단원구 적금로 123
- **병상 수** : 707병상
- **미션** : 생명존중의 첨단의학으로 인류를 건강하고 행복하게 한다.
- **비전** : 미래의학, 우리가 만들고 세계가 누린다.
- **전략**: 중증전문 최첨단 병원 · 4차 산업을 선도하는 연구중심병원 / 믿음 주는 병원 · 함께하는 병원 / 인간중심 병원 · 배움이 있는 병원
- **채용절차** : 서류전형(온라인 지원서 접수) – 인적성검사 – 최종면접 – 채용건강검진
- **자기소개서 질문 및 분량**

질문 번호	질문	글자 수(분량)
1	본인에 대해 자유롭게 기술해 주시기 바랍니다.	최소 500자 최대 2,000자

17) 분당서울대학교병원

- **소재지** : 경기도 성남시 분당구 구미로173번길 82
- **병상 수** : 1,423병상
- **미션** : 세계 최고의 교육 · 연구 · 진료를 통하여 인류가 건강하고 행복한 삶을 누릴 수 있도록 한다.
- **비전** : (세계 의료의 표준을 선도하는 국민의 병원)Lead the Standard, Build the Trust → (Path Finder / Optimal Care / Value Creator / Ultimate Choice)
- **채용절차** : 서류전형(온라인 지원서 접수) – 조직적합성진단 – 역량진단 – 1차 면접(심층 면접) – 2차 면접(최종 면접)
- **자기소개서 질문 및 분량**

질문 번호	질문	글자 수(분량)
1	지원자는 어떤 성격입니까?	
2	지원자의 특기(기술)또는 강점은 무엇입니까?	
3	지원자의 약점은 무엇입니까?	
4	직무와 관련하여 자기개발을 위해 하고 있는 일은 무엇입니까?	각 최소 5자,
5	지원 분야 중 가장 관심 있는 분야 또는 업무는 무엇입니까?	최대 30자
6	아르바이트 또는 실습 경험이 있다면 어떤 일이고, 기간은 어느 정도 입니까?	
7	학교(또는 사회생활)중 가장 열정적으로 참여했던 일은 무엇이고, 본인의 역할은 무엇이었습니까?	
8	전공과목 중 제일 좋아하거나 자신있었던 과목은 무엇입니까?	

18) 순천향대학교 부천병원

- **소재지** : 경기도 부천시 원미구 조마루로 170
- **병상 수** : 982병상
- **미션** : 순천향은 인간사랑 정신과 의료의 혁신으로 사회적 책임과 가치를 실현한다.
- **비전** : 최고의 의료질로 신뢰받는 중증종합병원
- **핵심가치** : 의료의 전문화 / 환자 안전 / 조화와 협력
- **채용절차** : 1차(서류 접수, 서류전형) – 2차(인성검사) –3차(전공면접) – 4차(심층면접) – 5차(신체검사)
- **자기소개서 질문 및 분량**

질문 번호	질문	글자 수(분량)
1	창의성 : 어떤 문제나 곤란의 상황에서 새로운 관계를 창출하거나 비일상적인 아이디어를 산출한 경험을 기재하여 주시기 바랍니다.	각 600자
2	진취성 : 적극적으로 어떠한 일을 성취하였거나 리더십을 발휘하여 목적한 바를 달성한 경험을 기재하여 주시기 바랍니다.	
3	고객지향성 : 상대방의 니즈를 파악하고 이해 및 공감하며 요구 사항에 즉각적으로 대응하여 상대방을 만족시킨 경험을 기재하여 주시기 바랍니다.	
4	협조성 : 단체나 조직에서 맡은 바 역할에 충실하여 프로젝트 수행에 기여한 경험을 기재하여 주시기 바랍니다.	
5	신뢰성 : 본인의 업적이나 성향에 대하여 일관성이 있거나 믿을 만한 사람이라고 평가받았던 경험을 기재하여 주시기 바랍니다.	

19) 아주대학교병원

- **소재지** : 경기도 수원시 영통구 월드컵로 164
- **병상 수** : 1,179병상
- **미션** : 우리는 항상 당신 곁에 있으며, 당신의 아픔을 치유하기 위하여 끊임없이 헌신합니다.
- **채용절차** : 서류전형 – 직무역량검사 – 면접전형 – 채용검진
- **자기소개서 질문 및 분량**

질문 번호	질문	글자 수(분량)
1	우리 의료원에 지원한 이유와 입사 이후 자신의 발전계획을 기재하여 주세요.	100~500자
2	지원한 직무를 능숙하게 수행할 수 있는 본인의 역량을 기재하여 주세요.	100~500자

3~4번 질문)
본원의 핵심가치(헌신, 윤리성, 탁월성) 중 자신과 가장 잘 부합하는 가치를 한 가지 정하고 관련된 경험이나 사례를 중심으로 기재하여 주세요.

질문 번호	질문	글자 수(분량)
3	선택한 핵심가치는 무엇입니까?	2~3자
4	선택한 핵심가치와 관련된 경험이나 사례를 기재하여 주세요.	1~600자
5	예상치 못한 상황에 직면하거나 스트레스를 받았을 때 어떻게 이를 극복하는지 기재하여 주세요.	1~500자

20) 인하대학교병원

- **소재지** : 인천광역시 중구 인항로 27
- **병상 수** : 925병상
- **미션** : 인류의 건강과 행복한 삶을 책임지는 의료기관으로서 최상의 진료, 연구, 교육을 통해 인간존중, 공존공영, 고객만족을 실천한다.(사회적 책임 수행 / 경제적 성과창출 / 고객의 요구만족)
- **비전** : A-Pro$^+$는 '구성원 모두가 앞으로 전진한다.'는 의미와 지속적으로 발전하자는 의지, 그리고 고객의 행복을 위한 '최고 수준의 A$^+$프로'가 되자는 도전정신을 함께 담은 비전 핵심 슬로건입니다.(ACE of Medical Services/ Patient-oriented Service/ Responsibility-based Service / Outcome-balanced Service / +Plus Sustainable Happiness)
- **핵심가치** : 고객신뢰 / 첨단의술 / 내부화합
- **채용절차** : 서류전형 – 적합성검사/면접전형 – 신체검사 – 합격자 발표
- **자기소개서 질문 및 분량**

질문 번호	질문	글자 수(분량)
1	성장배경	
2	성격	
3	자기평가	각 400자
4	입사 동기	
5	입사 후 포부	

21) 한림대학교 성심병원

- **소재지** : 경기도 안양시 동안구 관평로170번길 22
- **병상 수** : 826병상
- **미션** : '인간의 존엄성과 생명의 가치를 존중'하며 '도전과 혁신을 통한 건강한 삶'과 '행복한 사회 구현'의 주춧돌이 된다.
- **비전** : 끊임없이 연구하고 도전하는 혁신적인 병원 / 소통을 중시하며 보람과 긍지를 느끼는 병원 / 고객과 직원이 모두 행복한 병원
- **우리의 목표** : 세계적 경쟁력을 갖춘 병원(의사가 최고의 진료를 하는 병원 / 간호 수준이 최고인 병원 / 변화혁신역량이 가장 뛰어난 병원 / 진료, 행정지원 서비스가 가장 뛰어난 병원 / 전공의를 가장 잘 교육하는 병원)
- **채용절차** : 서류전형(온라인 지원서 접수) – 면접전형 – 신체검사&인성검사
- **자기소개서 질문 및 분량**

질문 번호	질문	글자 수(분량)
1	성장과정 및 자신의 장 · 단점, 생활신조	
2	지원동기 및 입사 후 계획 (입사 포부 및 역량 향상을 위한 계획 등)	각 100~500자
3	성격 및 특기사항	
4	자신의 역량 및 업적	

22) 연세대학교 원주세브란스 기독병원

- **소재지** : 강원도 원주시 일산로 20
- **병상 수** : 854병상
- **미션** : 미래의료를 선도하고 하나님의 사랑을 실천한다.
- **비전** : 최상의 진료, 창의적인 교육, 끊임없는 연구로 환자와 구성원의 행복을 실현하고, 나눔과 소통을 통해 건강한 지역사회 구현에 기여하는 최고의 의료기관 (환자중심의 진료로 최고의 의료서비스를 제공하는 의료기관 / 소통과 배려로 구성원이 함께 성장하는 행복한 의료기관 / 기독교 정신으로 미래의학 전문가를 양성하는 교육기관 / 나눔과 봉사로 지역주민의 신뢰와 존중을 받는 의료기관 / 끊임없는 도전으로 차세대 의료를 선도하는 연구기관)
- **채용절차** : 서류심사(온라인 입사 지원) – 필기시험(전공 및 병원공통, 인적성/직무능력검사) – 면접
- **자기소개서 질문 및 분량**

질문 번호	질문	글자 수(분량)
1	동아리 활동	90자
2	사회봉사 활동	90자
3	성장과정	260자
4	성격	170자
5	생활신조	130자
6	지원동기 및 포부	370자
7	특기사항	170자

23) 충북대학교병원

- **소재지** : 충청북도 청주시 서원구 1순환로 776
- **병상 수** : 718병상
- **미션** : 사랑의 교육, 창의적 연구, 감동의 진료로 건강한 삶을 선도한다.
- **비전** : 인류 건강과 의학 발전을 선도하는 미래 의료의 새로운 중심
- **핵심가치** : 도전 / 협력 / 책임 / 인간중심
- **채용절차** : 서류전형(온라인 지원서 접수) – 필기전형(성인간호학, 영어) – 최종면접 – 신원조회&신체검사
- **자기소개서 질문 및 분량**

질문 번호	질문	글자 수(분량)
1	[지원동기 및 포부] 우리병원에 지원하게 된 동기 및 입사 후 실천하고자 하는 목표를 자신의 역량과 결부시켜 기술해 주십시오.	각 300자
2	[경력 및 경험활동 1) 입사지원서에 기입한 지원 직무와 관련한 경력 및 경험 활동의 주요 내용과 본인의 역할에 대해서 구체적으로 기술해 주십시오.	
3	[경력 및 경험활동 2) 위 경력 및 경험 활동이 우리 병원 입사 후 지원 분야의 직무 수행에 어떻게 도움이 될지 구체적으로 기술해 주십시오.	
4	[직업윤리] 주변 사람을 돌본 경험(예: 봉사활동 등)에 대해 기술해 주십시오.	
5	다른 사람의 충고나 피드백을 수용(또는 반영)해본 경험이 있습니까? 피드백의 주요 내용은 무엇이었으며 어떻게 반영했습니까? 반대로 받아들이기 어려운 충고나 피드백을 들었을 경우는 어떻게 대처했는지 기술해 주십시오.	

24) 단국대학교병원

- **소재지** : 충청남도 천안 동남구 망향로 201
- **병상 수** : 833병상
- **미션** : 인간중심의 진료, 연구, 교육을 통하여 건강한 삶에 공헌한다.
- **비전** : 최상의 의료를 제공하는 병원 / 선도적 교육, 연구를 실천하는 병원 / 지역 및 교직원과 함께 발전하는 병원
- **핵심가치** : 세계수준 진료 / 환자중심주의 / 첨단선진연구 / 핵심인재육성 / 정보시스템경영 / 지역사회봉사 / 조직문화혁신
- **채용절차** : 서류전형 – 1차 서류전형 합격자 발표 – 2차 실무자 면접 및 필기평가 – 3차 인사위원 면접 – 최종합격자 발표 – 신체검사
- **자기소개서 질문 및 분량**

질문 번호	질문	글자 수(분량)
1	성장과정	
2	성격소개	A4 용지 1장
3	지원동기	분량으로 작성
4	희망업무 및 포부	
5	특기사항	

25) 순천향대학교 천안병원

- **소재지** : 충청남도 천안시 동남구 순천향6길 31
- **병상 수** : 899병상
- **미션** : 순천향은 '인간사랑 정신과 의료의 혁신으로 사회적 책임과 가치를 실현한다.
- **비전** : 창조적 의료문화를 선도하는 중부권 최종 거점병원
- **핵심가치** : 자기주도 / 도전정신 / 조화와 협력
- **채용절차** : 1차(서류접수) – 2차(인성검사, 면접일정 안내) – 3차(실무진 전공 면접) – 4차(경영진 심층면접) – 5차(신체검사)
- **자기소개서 질문 및 분량**

질문 번호	질문	글자 수(분량)
1	[순천향의 인재상] 본인이 순천향에 적합한 인재라고 생각하는 이유를 기재하여 주시기 바랍니다.	
2	[조화와 협력] 서로 다른 배경 또는 성격을 가진 사람과 협력하여 공동작업을 수행한 경험을 기재하여 주시기 바랍니다.	
3	[헌신] 본인의 성장과정 중 어떠한 일에 최선을 다해 헌신한 경험을 기재하여 주시기 바랍니다.	각 600자
4	[자기주도] 본인이 속한 조직에서 새로우 것을 도입하여 변화를 일으킨 사례를 기재하여 주시기 바랍니다.	
5	[성실성] 성실한 직장생활을 위한 조건이 무엇인지 기재하여 주시기 바랍니다.	

26) 충남대학교병원

- **소재지** : 대전광역시 중구 문화로 282
- **병상 수** : 1,376병상
- **미션** : '의학발전을 선도하는 인간중심병원' – 충남대학교병원은 생명존중의 이념으로 최상의 교육, 연구, 진료를 통하여 참의료를 구현함으로써 국민의 건강과 행복에 헌신한다.
- **비전** : 사랑(첨단 진료로 고객에게 사랑받는 병원) / 행복(국민의 건강과 행복에 헌신하는 병원) / 교육(미래의 글로벌 의료인을 양성하는 병원) / 연구(의학연구를 선도하는 병원)
- **채용절차** : 서류전형(온라인 지원서 접수) – 필기시험 – 인성검사 – 면접전형
- **자기소개서 질문 및 분량**

질문 번호	질문	글자 수(분량)
1	[경력 및 경험 활동 질문] 지원 분야와 관련하여 다양한 분야에서 쌓은 경력 및 경험 활동에 대하여 상세히 기술해 주시기 바랍니다.	각 300자 내외
2	[직업윤리] 자신의 이익과 공동체의 이익이 충돌하였을 때 자신의 개인적인 이익보다 자신이 속한 팀이나 집단 전체의 이익을 보다 우선적으로 여기며 행동하였던 경험(예: 인턴 교내외 활동, 아르바이트 등)이 있습니까? 당시 상황 속에서 당신이 취한 행동과 그 결과를 중심으로 기술해 주십시오.	
3	[대인관계능력] 위기가 분명한 조직이나 단체에서 상급자(또는 선후배)와 함께 일을 하거나 프로젝트를 진행한 경험이 있습니까? 함께 하면서 어려웠던 점과 극복방법, 또는 팀 구성원으로서 원만하게 지낼 수 있는 당신만의 노하우를 기술해 주십시오.	
4	[문제해결능력 관련 질문] 예상하지 못한 어려움에 당면하였을 때 이를 해결하는 자신만의 노하우를 제시하고, 제시한 노하우를 발휘하여 최선의 결과를 이끌어 낸 경험을 기술해 주십시오.	
5	[인재상] 충남대학교병원의 인재상은 아래와 같습니다. 아래의 4가지 인재상 중 자신과 가장 적합하다고 생각하는 것 하나를 선택하여 그렇게 선택하는 이유를 구체적인 사례와 근거(행위에 따른 결과 등)를 포함하여 기술해 주십시오. 1) 가치인: 인간애와 최고의 실력을 겸비하여 생명존중 가치를 실현하는 인재 2) 도전인: 꿈과 열정으로 미래의료에 도전하는 인재 3) 협력인: 존중과 공감으로 조직 및 지역 사회와 협력하여 함께 성장하는 인재 4) 성실인: 배려심과 진실된 행동으로 책임을 다하는 성실한 인재	

27) 원광대학교병원

- **소재지** : 전라북도 익산시 무왕로 895
- **병상 수** : 834병상
- **미션** : 濟生醫世(제생의세) 의술로써 병든 세상을 구제한다.
- **비전** : 건강 사회를 선도하는 맑고 밝고 훈훈한 원광대학교병원
- **경영이념** : 환자중심 / 미래창조 / 사회봉사 / 효율지향
- **채용절차** : 서류전형(온라인 지원서 접수) – 인성검사 – 면접 – 채용신체검사
- **자기소개서 질문 및 분량**

질문 번호	질문	글자 수(분량)
1	성장과정	각 600자
2	성격의 장/단점 및 특기	
3	지원동기	
4	입사 후 포부	

28) 전북대학교병원

- **소재지** : 전라북도 전주시 덕진구 건지로 20
- **병상 수** : 1,104병상
- **미션** : 생명존중의 정신으로 진료, 교육, 연구를 통하여 인류의 건강과 행복한 삶에 기여한다.
- **비전** : 진료 – 미래의 핵심진료영역을 선도하는 병원 / 연구 – 창의적 연구로 첨단 의료산업을 육성하는 병원 / 봉사 – 의료 소외계층에 대한 봉사를 실천하는 병원 / 고객 – 고객감동과 신뢰로 다시 찾고 싶은 병원 / 구성원 – 주인의식을 갖도록 자긍심을 주는 병원
- **채용절차** : 서류전형(온라인 지원서 접수) – 필기시험 – 면접시험 – 신체검사
- **자기소개서 질문 및 분량**

질문 번호	질문	글자 수(분량)
1	전북대학교병원에 지원한 동기(관심을 갖게 된 계기, 시기 등)와 입사 후 실천하고자 하는 목표를 차별화된 본인의 역량과 결부시켜 기술해 주십시오. 언제부터 우리 병원에 관심을 가지게 되었으며, 그 계기는 무엇인지 구체적으로 기술해 주십시오.	각 400자
2	다른 사람들이 어려워하는 일을 자신만의 노하우나 전문성(지식, 스킬)을 활용해 해결한 경험이 있다면 기술해 주십시오.	
3	최근 5년 이내에 가장 도전적인 목표를 세우고 성취해 낸 구체적인 경험이 있다면 구체적으로 그 과정과 결과에 대하여 기술해 주십시오.	
4	최근 누군가와 함께 활동을 해서 좋은 결과를 얻었던 경험을 생각해 보시기 바랍니다. 공동의 목표가 무엇이었는지, 목표를 이루기 위한 본인의 역할과 노력, 결과에 대해 구체적으로 작성해 주시기 바랍니다.	

29) 전남대학교병원

- **소재지** : 광주광역시 동구 제봉로 42
- **병상 수** : 962병상
- **미션** : 탁월한 진료 · 교육 · 연구와 헌신적인 봉사로 의학 발전과 인류의 건강 증진에 기여한다.
- **비전** : 의료계의 표준이 되고 고객의 신뢰를 받는 스마트병원이 된다.
- **핵심가치** : 사회공헌 / 선진의료 / 첨단학문 / 신뢰경영 / 창조적 사고
- **채용절차** : 원서접수 – 1차 필기시험 – AI역량검사 – 신체검사 – 2차 면접시험 – 최종합격자 발표
- **자기소개서 질문 및 분량**

질문 번호	질문	글자 수(분량)
1	[지원동기] 전남대학교병원에 지원한 동기	각 최소 100자, 최대 500자
2	[입사 후 포부 및 조직기여방안] 입사 후 목표 및 병원에 기여할 수 있는 방안을 구체적으로 기술함	
3	[직무이해도 및 직무수행계획] 향후 직무수행계획을 구체적으로 기술함	
4	[직무전문성] 지원분야 관련 본인의 직무역량 및 직무전문성을 구체적으로 기술함	

30) 화순 전남대학교병원

- **소재지** : 전라남도 화순군 화순읍 서양로 322
- **병상 수** : 705병상
- **미션** : 우리병원은 고등교육법에 의한 의학, 치의학 및 간호학 등에 관한 교육, 연구와 진료를 통하여 의학발전을 도모하고, 국민 보건 향상에 이바지함을 목적으로 한다.
- **비전** : 세계 최고 수준의 전문의료센터가 된다.
- **핵심가치** : 자연속의 / 첨단의료 / 환자중심 / 세계중심
- **채용절차** : 1차 필기시험 - 2차 면접시험
- **자기소개서 질문 및 분량**

질문 번호	질문	글자 수(분량)
1	[지원동기] 전남대학교병원에 지원한 동기	각 최소 100자, 최대 500자
2	[입사 후 포부 및 조직기여방안] 입사 후 목표 및 병원에 기여할 수 있는 방안을 구체적으로 기술함	
3	[직무이해도 및 직무수행계획] 향후 직무수행계획을 구체적으로 기술함	
4	[직무전문성] 지원분야 관련 본인의 직무역량 및 직무전문성을 구체적으로 기술함	

31) 조선대학교병원

- **소재지** : 광주광역시 동구 필문대로 365
- **병상 수** : 750병상
- **미션** : 환자중심의 인술로 고객에게 심신의 온전한 치유를 선사함으로써 국민의 건강한 삶에 기여한다.
- **비전** : 전문화된 최상의 진료로 신뢰받는 병원 / 환자중심의 자연친화적인 치유환경을 제공하는 병원 / 창의적 교육과 연구를 선도하는 병원 / 지역사회에 봉사하는 병원
- **핵심가치** : 전문영역강화 / 자연친화적 치유환경 / 교육연구 / 사회공헌
- **채용절차** : 원서접수(방문접수) - 2차 전형(필기시험 및 인성검사) - 3차 전형(면접) - 최종합격자 발표 - 임용등록
- **자기소개서 질문 및 분량**

질문 번호	질문	글자 수(분량)
1	지원한 직무 잘 수행할 수 있는 이유를 구체적으로 기술하십시오.	A4 용지 1장 분량
2	학교생활(최종학교 중심으로 기술하십시오.)	
3	직무수행과 관련하여 자신의 장점과 보완점에 대하여 기술하십시오.	
4	직무수행과 관련된 경력사항 및 기타활동에 대하여 기술하십시오.	
5	입사 후 포부는 무엇인지 기술하십시오.	

32) 경북대학교병원

- **소재지** : 대구광역시 중구 동덕로 130
- **병상 수** : 962병상
- **미션** : 최상의 교육 · 연구 · 진료로 사랑과 인술을 실현하고 인류의 건강증진에 기여한다.
- **비전** : 윤리적이며 전문성을 가진 인재양성 / 첨단 의료연구 선도 / 환자중심 진료 / 사회와 함께하는 병원
- **핵심가치** : 인재양성 / 의학발전 / 생명존중 / 사회공헌
- **채용절차** : 1차 필기전형(직무능력평가) – 2차 면접전형(직무수행능력) – 3차 입사지원서 기재사항 진위 확인
- **자기소개서 질문 및 분량**

질문 번호	질문	글자 수(분량)
1	경북대학교병원이 추구해야 할 가장 중요한 가치는 무엇이라고 생각하며, 입사 후 그 가치의 실현을 위해 본인이 기여할 수 있는 바를 기술하시오.	800자 이내
2	지원 분야의 업무 수행과 관련된 본인의 역량에 대하여 장점과 단점을 구분하여 기술하시오. (※ 어학능력에 원어민 수준의 특장점이 있는 경우에는 해당 장점을 포함하여 기술할 것을 권함)	1,000자 이내
3	입사 후 업무수행에 도움이 될 수 있는 의미 있는 경험에 대하여 구체적으로 기술하시오. (경력사항 수행에 대한 내용도 기술 가능)	1,200자 이내

33) 칠곡 경북대학교병원

- **소재지** : 대구 북구 호국로 807
- **병상 수** : 867병상
- **미션** : 최상의 교육 · 연구 · 진료로 사랑과 인술을 실현하고 인류의 건강증진에 기여한다.
- **비전** : 윤리적이며 전문성을 가진 인재양성 / 첨단 의료연구 선도 / 환자중심 진료 / 사회와 함께하는 병원
- **핵심가치** : 인재양성 / 의학발전 / 생명존중 / 사회공헌
- **채용절차** : 1차 필기전형(직무 능력평가) – 2차 면접전형(직무수행능력) – 3차 입사지원서 기재사항 진위 확인
- **자기소개서 질문 및 분량**

질문 번호	질문	글자 수(분량)
1	경북대학교병원이 추구해야 할 가장 중요한 가치는 무엇이라고 생각하며, 입사 후 그 가치의 실현을 위해 본인이 기여할 수 있는 바를 기술하시오.	800자 이내
2	지원 분야의 업무 수행과 관련된 본인의 역량에 대하여 장점과 단점을 구분하여 기술하시오. (※ 어학능력에 원어민 수준의 특장점이 있는 경우에는 해당 장점을 포함하여 기술할 것을 권함)	1,000자 이내
3	입사 후 업무수행에 도움이 될 수 있는 의미 있는 경험에 대하여 구체적으로 기술하시오. (경력사항 수행에 대한 내용도 기술 가능)	1,200자 이내

34) 계명대학교

- **소재지** : 대구광역시 달서구 달구벌대로 1035
- **병상 수** : 1,041병상
- **미션** : 우리는 기독교 정신에 따른 전인적 치유를 통해 인류행복에 기여하고 의료발전을 선도한다.
- **비전** : 2020, 국내 Top 10 의료원(진료 No.1 - 환자중심 진료로 지역의료를 선도하는 병원 / 미래 100 - 창의 인재양성과 융합연구로 미래를 개척하는 병원 / 신뢰∞ - 섬김과 신뢰로 모두에게 선택받는 병원)
- **채용절차** : 서류전형(온라인 지원서 접수) - 온라인 인성검사 - 1차 면접(인성 및 실무) - 2차 면접(운영진) - 신체검사&예비소집
- **자기소개서 질문 및 분량**

질문 번호	질문	글자 수(분량)
1	성장과정	각 500자
2	최종학교 재학 시절 자신의 모습(경력이 있을 경우 경력 위주 기술)	
3	직무수행과 관련하여 자신의 장점과 보완점을 기술	
4	조직생활에서 가장 중요하다고 생각하는 덕목과 그 이유를 기술	
5	지원동기 및 입사 후 포부	

35) 대구가톨릭대학교병원

- **소재지** : 대구광역시 남구 두류공원로17길 33
- **병상 수** : 854병상
- **미션** : 지역의료 발전과 사회복지증진(환우의 전인적 치유 / 의료지식과 의료기술 함양 / 교회의 가르침을 준수)
- **비전** : 사랑과 섬김으로 치유의 희망을 주는 최고의 병원
  (진료 - 최상의 의료로 내 가족을 믿고 맡길 수 있는 병원) / 봉사 - 사랑과 섬김으로 예수님의 치유사명을 실천하는 병원 / 연구 - 첨단연구를 통해 의학 발전에 이바지하는 병원 / 구성원 - 충실한 교육과 기회를 통해 자아실현을 이루는 병원)
- **핵심가치** : FAITH = 이념실천(Follow our mission) / 최고지향(Aim for Excellence) / 자기혁신(Innovate ourselves) / 책임의식(Take responsiblilty) / 상호협력(Help each other)
- **채용절차** : 서류 접수 - 인적성검사 - 실무 면접 - 경영진 면접 - 최종합격자 발표
- **자기소개서 질문 및 분량**

질문 번호	질문	글자 수(분량)
1	본인의 회사선택 기준은 무엇이며, 본원이 그 기준에 적합한 이유를 기술해 주십시오.	각 600자
2	지원한 직무와 관련하여 본인은 어떤 준비가 되어 있으며, 해당능력을 개발하기 위해 어떤 노력을 기울였는지 기술해 주십시오.	
3	예상치 못한 어려움이나 익숙하지 않은 문제에 직면했을 경우, 이를 해결한 경험이 있는지 기술해 주십시오(경험이 없다면 발생할 경우 어떻게 대처할 것인지?).	
4	조직생활에서 가장 중요하다고 생각하는 덕목과 그 이유를 본인의 가치관을 중심으로 기술해 주십시오.	
5	지원동기 및 입사 후 실천하고자 하는 차별화된 목표와 추진계획을 기술해 주십시오.	

36) 영남대학교병원

- **소재지** : 대구광역시 남구 현충로 170
- **병상 수** : 942병상
- **미션** : 최상의 진료, 올바른 의료인 육성과 창의적인 연구로 인간사랑을 실천하고 삶의 질을 높인다.
- **비전** : 고객만족으로 신뢰받는 영남 최고의 의료원
  핵심가치 : 고객만족 / 주인의식 / 신뢰와 화합 / 변화와 혁신
- **채용절차** : 서류전형(온라인 지원서 접수) – 인적성검사 – 1차 면접(실무) – 2차 면접(경영진) – 신체검사
- **자기소개서 질문 및 분량**

질문 번호	질문	글자 수(분량)
1	성장과정, 학창시절, 본인의 장단점, 지원동기 등을 입력해 주십시오.	자유

37) 경상대학교병원

- **소재지** : 경상남도 진주시 강남로 79
- **병상 수** : 919병상
- **미션** : 경상대학교병원은 최상의 교육, 연구와 진료를 통해 지역의 건강한 삶을 책임진다.
- **비전** : 교육 – 전문성과 인성을 겸비한 인재를 양성하는 병원 / 연구 – 의생명 연구 역량 강화로 초 고령 사회를 준비하는 병원 / 진료 – 환자중심 진료로 신뢰받는 병원 / 공공 – 공공보건의료를 선도하는 병원
- **핵심가치** : SAFETY = 사회적 책임(Social responsibility) / 도전(Adventure) / 배려(Favor) / 공감(Empathy) / 신뢰(Trust) / 청렴(integritY)
- **채용절차** : 서류전형(온라인 지원서 접수) – 추가 서류 제출 – 필기시험(성인&기본간호학) – 1차 면접 – 2차 면접
- **자기소개서 질문 및 분량**

질문 번호	질문	글자 수(분량)
1	본인의 지식/경험/경력/활동 등과 임용예정 직무와의 관련성을 중심으로 '직무수행 방향 및 비전', '구체적 실천방안' 등 직무수행계획서를 구체적으로 작성하여 주시기 바랍니다.	200~2,000자

38) 고신대학교복음병원

- **소재지** : 부산광역시 서구 감천로 262
- **병상 수** : 957병상
- **미션** : 예수 그리스도의 사랑으로 환자 중심의 치료, 전도, 교육을 실현하여 모든 인류의 건강과 행복한 삶에 기여하고 그리스도의 복음이 전파되도록 한다.
- **비전** : 환자중심의 진료로 신뢰받는 병원 / 영혼구원을 위한 복음을 전파하는 병원 / 존경받는 의료 인력을 양성하는 병원 / 최고의 구제 병원
- **핵심가치** : 섬김 / 탁월 / 순결 / 유연
- **채용절차** : 서류전형 – 온라인 인성검사 및 1차면접 – 2차 면접 – 채용신체검사
- **자기소개서 질문 및 분량**

질문 번호	질문	글자 수(분량)
1	성장과정	각 최소 500자, 최대 1,000자
2	학창(동아리), 신앙봉사활동	
3	팀워크 · 협력	
4	열정 · 몰입성	
5	업무수행 · 스킬능력	
6	지원동기 및 입사포부	

39) 동아대학교병원

- **소재지** : 부산광역시 서구 대신공원로 26
- **병상 수** : 986병상
- **미션** : 신뢰 · 봉사 · 인간애의 실천으로 인류의 삶과 질 향상에 기여한다.
- **비전** : 고객의 미래를 약속하는 TRUST 의료(Treatment, Research, Us, Safety, Technology / 환자와 교직원 모두가 신뢰를 바탕으로 믿을 수 있는 미래 동반자의 역할을 수행하는 대학병원)
- **핵심가치** : 전문진료(T) / 교육연구(R) / 소통화합(U) / 안전확립(S) / 첨단의료(T)
- **채용절차** : 서류전형(온라인/오프라인 가능) – 1차 면접(실무진) – 2차 면접(경영진) – 신체검사
- **자기소개서 질문 및 분량**

질문 번호	질문	글자 수(분량)
1	동아대학교의료원에 지원한 이유와 입사 후 달성하고자 하는 목표를 자신의 역량과 결부시켜 기술하세요.	각 700자
2	본인의 성장과정을 기술하되 현재의 자신에게 가장 큰 영향을 끼친 사건, 인물 등을 포함하여 기술하세요.	
3	지원 직무 관련 가장 어려웠던 과제와 해결방안에 대해 구체적으로 기술하세요(과제 개요, 어려웠던 점, 해결방법, 결과 포함).	
4	최근 의료계의 이슈 중 중요하다고 생각되는 한 가지를 선택하고 이에 관한 자신의 견해를 기술하세요.	
5	자신의 성격을 장점과 단점으로 나누고 이를 사례 중심으로 기술하세요.	

40) 부산대학교병원

- **소재지** : 부산광역시 서구 구덕로 179
- **병상 수** : 1,310병상
- **미션** : 우리는 생명을 존중하며, 최상의 교육, 연구, 진료로 인간의 건강과 행복에 기여한다.
- **비전** : 최상의 의료로 신뢰받는 병원이 된다. / 의생명 연구를 주도하는 병원이 된다. / 창의적인 인재를 양성하는 병원이 된다.
- **채용절차** : 서류전형(온라인 지원서 접수) – 필기시험 – 면접시험 – 신체검사
- **자기소개서 질문 및 분량**

질문 번호	질문	글자 수(분량)
1	[지원 동기 관련 질문] 부산대학교병원에 지원하게 된 동기 및 입사 후 실천하고자 하는 목표를 본인의 역량과 결부시켜 기술하여 주십시오.	500자
2~3번 질문) [경력 및 경험 활동 질문] 지원 분야와 관련하여 다양한 분야에서 쌓은 경력 및 경험 활동에 대하여 아래 기준에 따라 상세히 기술해 주시기 바랍니다. ※ 경력 및 경험 활동에는 채용 분야의 직무와 관련하여 기업이나 조직에서 실제로 업무를 수행한 경력 및 경험, 학교나 직업교육과정 내 조별 과제 활동, 동아리 활동, 재능기부 활동 등 다양한 조직 상황 및 활동 장면에서의 경험이 포함됩니다.		
2	[경력 및 경험 활동 질문] 지원 분야와 관련하여 다양한 분야에서 쌓은 경력 및 경험 활동에 대하여 아래 기준에 따라 상세히 기술해주시기 바랍니다.	1,000자
2-1	[경력 및 경험 활동 질문] 입사 지원서에 기입한 지원 직무와 관련한 경력 및 경험 활동의 주요 내용과 본인의 역할에 대해서 구체적으로 기술해 주십시오.	500자
2-2	[경력 및 경험 활동 질문] 위 경력 및 경험 활동이 우리 병원 입사 후 지원 분야의 직무 수행에 어떻게 도움이 될지 구체적으로 기술해 주십시오.	
3	[직업윤리] 주변 사람을 돌본 경험(예: 봉사활동)에 대해 기술해 주십시오.	500자
4	[대인관계] 위계가 분명한 조직이나 단체에서 상급자(또는 선후배)와 함께 일을 하거나 프로젝트를 진행한 경험이 있습니까? 함께하면서 어려웠던 점과 극복방법, 또는 팀 구성원으로서 원만하게 지낼 수 있는 본인만의 노하우를 기술해 주십시오.	

41) 양산 부산대학교병원

- **소재지** : 경상남도 양산시 물금읍 금오로 20
- **병상 수** : 1,297병상
- **미션** : 우리는 생명을 존중하며, 최상의 교육, 연구, 진료로 인간의 건강과 행복에 기여한다.
- **비전** : 최상의 의료로 신뢰받는 병원이 된다. / 의생명 연구를 주도하는 병원이 된다. / 창의적인 인재를 양성하는 병원이 된다.
- **채용절차** : 서류전형(온라인 지원서 접수) – 필기시험 – 면접시험 – 신체검사
- **자기소개서 질문 및 분량**

질문 번호	질문	글자 수(분량)
1	[지원 동기 관련 질문] 부산대학교병원에 지원하게 된 동기 및 입사 후 실천하고자 하는 목표를 본인의 역량과 결부시켜 기술하여 주십시오.	500자

2~3번 질문) [경력 및 경험 활동 질문]
지원 분야와 관련하여 다양한 분야에서 쌓은 경력 및 경험 활동에 대하여 아래 기준에 따라 상세히 기술해 주시기 바랍니다.
※ 경력 및 경험 활동에는 채용 분야의 직무와 관련하여 기업이나 조직에서 실제로 업무를 수행한 경력 및 경험, 학교나 직업교육과정 내 조별 과제 활동, 동아리 활동, 재능기부 활동 등 다양한 조직 상황 및 활동 장면에서의 경험이 포함됩니다.

질문 번호	질문	글자 수(분량)
2	[경력 및 경험 활동 질문] 지원 분야와 관련하여 다양한 분야에서 쌓은 경력 및 경험 활동에 대하여 아래 기준에 따라 상세히 기술해주시기 바랍니다.	1,000자
2-1	[경력 및 경험 활동 질문] 입사 지원서에 기입한 지원 직무와 관련한 경력 및 경험 활동의 주요 내용과 본인의 역할에 대해서 구체적으로 기술해 주십시오.	500자
2-2	[경력 및 경험 활동 질문] 위 경력 및 경험 활동이 우리 병원 입사 후 지원 분야의 직무 수행에 어떻게 도움이 될지 구체적으로 기술해 주십시오.	
3	[직업윤리] 주변 사람을 돌본 경험(예: 봉사활동)에 대해 기술해 주십시오.	500자
4	[대인관계] 위계가 분명한 조직이나 단체에서 상급자(또는 선후배)와 함께 일을 하거나 프로젝트를 진행한 경험이 있습니까? 함께하면서 어려웠던 점과 극복방법, 또는 팀 구성원으로서 원만하게 지낼 수 있는 본인만의 노하우를 기술해 주십시오.	

42) 인제대학교 부산백병원

- **소재지** : 부산광역시 부산진구 복지로 75
- **병상 수** : 903병상
- **비전** : 진료 – 고객중심의 신뢰받는 글로벌 선도 병원 / 연구 · 교육 – 미래를 선도할 핵심인재를 양성하는 병원 / 사회공헌 – 국가와 지역사회에 헌신하는 병원 / 경영관리 – 직원모두가 행복하고 긍지를 느끼는 병원
- **미션** : 인술제세(仁術濟世)와 인덕제세(仁德濟世)의 창립정신을 바탕으로 자연보호, 생명존중, 인간사랑의 이념을 구현하며 최상의 진료, 연구, 교육으로 인류의 건강과 행복을 추구한다.
- **핵심가치** : 고품격 진료 / 창의적인 연구와 교육 / 화합과 존중 / 나눔과 봉사
- **채용절차** : 서류전형(온라인 지원서 접수) – 1차 면접(실무면접) – 2차 면접(최종면접) – 신체검사
- **자기소개서 질문 및 분량**

질문 번호	질문	글자 수(분량)
1	성장과정	각 600자
2	성격 및 장단점	
3	타인과 차별되는 나만의 핵심역량	
4	지원동기 및 입사 후 포부	

43) 가톨릭관동대학교 국제성모병원

- **소재지** : 인천광역시 서구 심곡로 100번길 25
- **병상 수** : 1,000병상
- **미션** : 최첨단 의술을 통하여 그리스도의 사랑을 실천한다.
- **비전** : 환자들에게 가장 신뢰받는 세계 최고의 병원
- **크레도** : 질병으로 고통받는 사람들을 가족처럼 돌본다.
- **채용절차** : 서류전형(온라인 지원서 접수) – 역량진단&인성검사 – 면접&필기시험 – 신체검사
- **자기소개서 질문 및 분량**

질문 번호	질문	글자 수(분량)
1	나의 강점은?	각 100자 이상 300자 이내
2	나의 약점은?	
3	지원 동기는?	
4	본원에 기여할 수 있는 자신의 역량과 의지	
5	간호사로서 향후 계획은? (1년 후, 5년 후, 10년 후)	300자 이상 600자 이내

44) 가톨릭대학교 여의도성모병원

- **소재지** : 서울특별시 영등포구 63로 10
- **병상 수** : 510병상
- **CMC 영성** : 가톨릭중앙의료원의 영성은 치유자로서의 예수 그리스도를 우리 안에 체현하여 질병으로 고통받는 사람들을 보살피는 데 있다.
- **CMC 비전** : 생명을 존중하는 세계적인 첨단의료
- **경영비전** : 효율적 성장과 함께하는 전인치료 / 가톨릭 영성 구현의 대표 병원 / 영성 기반(함께 소중한) 문화 확산 / 환자 가치 공감 서비스 / SMRT 혁신 성장
- **채용절차** : 서류접수 – 인성/적성검사(온라인) – 비대면 화상 면접 – 최종 합격자 발표
- **자기소개서 질문 및 분량**

질문 번호	질문	글자 수(분량)
1	성장과정	각 900byte
2	성격 및 특기사항	
3	생활신조	
4	지원동기 및 장래계획	
5	역량 및 업적	3,000byte

45) 가톨릭대학교 성빈센트병원

- **소재지** : 경기도 수원시 팔달구 중부대로 93
- **병상 수** : 816병상
- **미션** : 빈센트 성인의 정신에 따라서 병원을 통하여 가난하고 병든 이들을 치료해 줌으로써 가난한 이들에게 기쁜 소식을 전하며 예수 그리스도를 전파한다.
- **핵심가치** : 상호공감 / 혁신추구 / 최고지향 / 실행중시 / 생명존중
- **채용절차** : 서류전형(온라인 지원서 접수) – 면접전형 – 신체검사&인성검사
- **자기소개서 질문 및 분량**

질문 번호	질문	글자 수(분량)
1	성장과정	각 900byte
2	성격 및 특기사항	
3	생활신조	
4	지원동기 및 장래계획	
5	역량 및 업적	3,000byte

46) 가톨릭대학교 의정부성모병원

- **소재지** : 경기도 의정부시 천보로 271
- **병상 수** : 712병상
- **CMC 비전** : 생명을 존중하는 세계적인 첨단의료
- **경영비전** : 대학병원의 존재가치 확립 / 지역사회에 대한 공헌 / 후학양성과 연구증진을 통한 진료의 최적화 / 행복한 직장
- **채용절차** : 서류전형(온라인 지원서 접수) – 인성검사 – 면접전형 – 신체검사
- **자기소개서 질문 및 분량**

질문 번호	질문	글자 수(분량)
1	성장과정	각 900byte
2	성격 및 특기사항	
3	생활신조	
4	지원동기 및 장래계획	
5	역량 및 업적	3,000byte

47) 가톨릭대학교 은평성모병원

- **소재지** : 서울시 은평구 통일로 1021
- **병상 수** : 808병상
- **CMC 영성** : 가톨릭중앙의료원의 영성은 치유자로서의 예수 그리스도를 우리 안에 체현하여 질병으로 고통받는 사람들을 보살피는 데 있다.
- **CMC 비전** : 생명을 존중하는 세계적인 첨단의료
- **경영비전** : 몸과 마음이 치유되는 '좋은 병원'(안정 / 화합 / 선도)
- **채용절차** : 서류전형(온라인 지원서 접수) - 온라인 인성검사 - 면접전형 - 신체검사
- **자기소개서 질문 및 분량**

질문 번호	질문	글자 수(분량)
1	성장과정	각 900byte
2	성격 및 특기사항	
3	생활신조	
4	지원동기 및 장래계획	
5	역량 및 업적	3,000byte

48) 강동 경희대학교병원

- **소재지** : 서울특별시 강동구 동남로 892
- **병상 수** : 739병상
- **미션** : 창의적 도전으로 의생명과학의 미래를 선도하고 인류 건강증진에 기여한다.
- **비전** : 소통과 융합으로 의료의 미래를 창조하는 병원
- **핵심가치** : 창조적 도전 / 열린 마음 / 합리적 성찰 / 탁월한 성취
- **채용절차** : 서류전형(온라인 지원서 접수) - 인적성 검사 - 면접전형 - 신체검사
- **자기소개서 질문 및 분량**

질문 번호	질문	글자 수(분량)
1	자신의 적성과 흥미, 기초실력과 자질, 가치관이나 인생관 등 본원의 업무에 얼마나 잘 부합하는지 서술하여 주시기 바랍니다. ※ 주의) 반드시 소제목을 입력	제한 없음

49) 대진의료재단 분당제생병원

- **소재지** : 경기도 성남시 분당구 서현로180번길 20
- **병상 수** : 639병상
- **미션** : 구제창생 · 해원상생 · 무병사회
- **비전** : 최적의 진료로 신뢰받는 분당 최고의 안심병원
- **핵심가치** : 소통과 협력 / 존중과 배려 / 정직과 신뢰 / 직원행복
- **채용절차** : 서류전형(온라인 지원서 접수) – 온라인 인적성검사 – 면접전형 – 신체검사
- **자기소개서 질문 및 분량**

질문 번호	질문	글자 수(분량)
1	성장과정(가족관계, 가족환경, 학교생활, 취미, 특기 등)	325자 이상 4,000자 이내
2	성격의 장단점	
3	생활신조 및 학창시절	
4	간호사의 역할(경력인 경우 지원동기 및 입사 후 포부)	
5	입사 후 포부(경력인 경우 해당 없음)	
6	취업 희망동기(취업 희망 동기 및 이유, 희망 계기, 추천 및 소개자, 최저 희망보수, 희망부서 등) (경력인 경우 반드시 작성해 주십시오.)	

50) 동국대학교 일산병원

- **소재지** : 경기도 고양시 일산동구 동국로 27
- **병상 수** : 1,000병상
- **미션** : 불교정신을 바탕으로 양질의 의료시혜를 제공하고 임상교육 및 연구를 통하여 우수의료인재를 양성하고 국민보건향상과 자비정신의 구현을 목적으로 한다.
- **비전** : 자비와 신뢰를 바탕으로 의학발전을 선도하는 고객중심병원
- **핵심가치** : 고객중심 / 미래지향 / 사회공헌 / 상생협력
- **채용절차** : 서류전형 – 종합면접 – 최종합격자 발표
- **자기소개서 질문 및 분량**

질문 번호	질문	글자 수(분량)
1	성장과정	띄어쓰기 포함 각 200자 이내
2	성격 장단점	
3	지원동기 및 입사포부	
4	경력사항 기술(담당업무 위주, 신규는 봉사활동 및 아르바이트 위주로 작성)	

51) 명지병원

- **소재지** : 경기도 고양시 덕양구 화수로 14번길 55
- **병상 수** : 660병상
- **설립정신** : 세상 모든 근심을 우리가 다 감당할 순 없지만 병들어 서러운 마음만은 없게 하리라.
- **미션** : 환자 제일주의
- **채용절차** : 서류전형(온라인 지원서 접수) – 면접전형 – 최종합격자발표 – 신체검사
- **자기소개서 질문 및 분량**

질문 번호	질문	글자 수(분량)
1	성장과정 및 가정환경	
2	지원동기	
3	직장에서 일하는 자세 및 입사 후 포부	각 500자 이내
4	지원부문에 대한 주요 경력 또는 경험	
5	성격의 장단점 및 나의 개발을 위하여 노력하고 있는 사항	
6	취미 및 특기, 학교생활(봉사활동 등)	

52) 삼육서울병원

- **소재지** : 서울특별시 동대문구 망우로 82
- **병상 수** : 434병상
- **미션** : 최상의 진료, 산교, 교육을 통하여 세상에 그리스도의 빛을 발한다.
- **비전** : 가장 일하고 싶은 병원, 가장 치료받고 싶은 병원
- **핵심가치** : 전인적 치료 / 교육과 계발 / 선교 / 섬김
- **채용절차** : 서류전형(온라인 지원서 접수) – 면접
- **자기소개서 질문 및 분량**

질문 번호	99.5	글자 수(분량)
1	성장과정 및 성격	
2	교육연수 활동	
3	세부사회경력 (구체적 기재)	A4 용지 1장 분량으로 작성
4	지원동기 및 포부	
5	포상내역/외국어 수준 등 기타 특기사항	

53) 서울적십자병원

- **소재지** : 서울특별시 종로구 새문안로 9
- **병상 수** : 280병상
- **사명** : 아픔이 있는 곳에 인류애를 실천하는 병원
- **비전** : 적정진료를 선도하는 신뢰받는 병원 / 진료받고 싶은 병원, 일하고 싶은 병원 / 재정자립을 통해 지속적으로 성장하는 병원
- **핵심가치** : 인간존중을 실천하는 병원 / 공평한 진료를 실천하는 병원 / 나눔과 배려를 실천하는 병원 / 정직과 신뢰를 추구하는 병원
- **채용절차** : 서류전형(온라인 지원서 접수) – 면접시험
- **자기소개서 질문 및 분량**

질문 번호	질문	글자 수(분량)
1	지원동기	
2	봉사활동 경력(학창시절 또는 사회생활에서의 봉사활동 경력을 기술)	
3	학창생활	각 200~600자
4	성격의 장단점	
5	재능 및 특기사항	

54) 서울특별시 보라매병원

- **소재지** : 서울특별시 동작구 보라매로5길 20
- **병상 수** : 786병상
- **미션** : 모든 서울 시민에게 최상의 의료서비스를 제공
- **비전** : 대한민국 공공의료를 선도하는 병원(소외계층의 건강을 선제적으로 돌보는 병원 / 중증질환의 공공의료 전달체계를 이끄는 병원 / 지속성장 동력을 스스로 만드는 병원)
- **핵심가치** : 혁신추구 / 생명우선 / 최적진료 / 자긍심 / 최상의료
- **채용절차** : 1차 서류전형 – 2차 필기시험(인성검사 포함) – 3차 실무면접(일부 실기포함) – 4차 최종면접 – 5차 신체검사
- **자기소개서 질문 및 분량**

질문 번호	질문	글자 수(분량)
1	서울특별시 보라매병원에 지원하게 된 동기 및 입사 후 실천하고자 하는 목표를 자신의 역량과 결부시켜 기술하여 주십시오.	100~300자
지원 분야와 관련하여 다양한 분야에서 쌓은 경력 및 경험 활동에 대하여 아래 기준에 따라 상세히 기술하여 주시기 바랍니다.		
2	입사지원서에 기입한 지원 직무와 관련한 경력 및 경험 활동의 주요 내용과 본인의 역할에 대해서 구체적으로 기술하여 주십시오.	100~250자
3	위 경력 및 경험 활동이 우리 병원 입사 후 지원 분야의 직무 수행에 어떻게 도움이 될지 구체적으로 기술하여 주십시오.	100~250자
4	업무 혹은 과제를 수행 중에 타인과 협업하여 문제를 해결한 경험을 기술하여 주시기 바랍니다.(협업 중에 발생한 문제와 해결방안, 협업과정에서 자신의 역할 등을 기술)	100~500자
5	보라매병원의 핵심가치 5가지(혁신추구, 생명우선, 최적진료, 자긍심, 최상의료) 중 자신과 가장 어울리는 하나의 가치를 선택하고 그 사례를 기술하여 주시기 바랍니다.	100~500자

55) 서울특별시 서울의료원

- **소재지** : 서울특별시 중랑구 신내로 156
- **병상 수** : 623병상
- **미션** : 시민의 건강증진을 실현하는 최고의 공공병원
- **비전** : 연구교육 / 최상의 진료 / 즐거운 일터 / 나눔과 봉사
- **핵심가치** : 고객중심 / 협력과 소통 / 교육연구 / 창조경영
- **채용절차** : 서류전형(온라인 지원서 접수) – 필기시험 – 인성검사 – 면접전형
- **자기소개서 질문 및 분량**

질문 번호	질문	글자 수(분량)
1	지원동기 및 포부 1-1) 서울의료원에 지원하게 된 동기 및 입사 후 포부(자신의 역량 및 강점 포함)	각 최소 100자 최대 800자
2	지원분야 관련 경력(경험) 활동 2-1) 다양한 분야에서 쌓은 경력 및 경험 활동에서의 본인 역할과 그 역할이 도움이 되었던 구체적 사례	
3	문제 상황에 대한 해결 및 극복방법 3-1) 업무 혹은 과제를 수행하는 중에 발생한 문제 상황에 대한 주요 내용 3-2) 문제 상황 중 가장 우려되었던 부분과 극복 방법	
4	조직이해 및 직무에 대한 가치관 4-1) 서울의료원의 비전 및 핵심가치 중 자신과 가장 부합되는 것을 한 가지 이상 선택하여 기술	

56) 순천향대학교 서울병원

- **소재지** : 서울특별시 용산구 대사관로 59
- **병상 수** : 705병상
- **미션** : 인간사랑 정신과 의료의 혁신으로 사회적 책임과 가치를 실현한다.
- **비전** : 환자(고객)와 직원의 행복한 미래를 꿈꾸는 병원 / 최상의 진료로 모두의 건강을 약속하는 병원 / 혁신적 연구로 미래의 리더가 되는 병원
- **핵심가치** : 안전 / 소통 / 행복 / 전문성 / 신뢰 / 정직
- **채용절차** : 1차 서류접수 – 2차 인성검사 – 3차 전공면접 – 4층 심층면접 – 5차 신체검사
- **자기소개서 질문 및 분량**

질문 번호	질문	글자 수(분량)
1	[순천향의 인재상] 본인이 순천향에 적합한 인재라고 생각하는 이유를 기재하여 주시기 바랍니다.	각 600자
2	[조화와 협력] 서로 다른 배경 또는 성격을 가진 사람과 협력하여 공동작업을 수행한 경험을 기재하여 주시기 바랍니다.	
3	[헌신] 본인의 성장과정 중 어떠한 일에 최선을 다해 헌신한 경험을 기재하여 주시기 바랍니다.	
4	[자기주도] 본인이 속한 조직에서 새로운 것을 도입하여 변화를 일으킨 사례를 기재하여 주시기 바랍니다.	
5	[성실성] 성실한 직장생활을 위한 조건이 무엇인지 기재하여 주시기 바랍니다.	

57) 을지대학교 을지병원

- **소재지** : 서울특별시 노원구 한글비석로 68
- **병상 수** : 602병상
- **모토** : 인간사랑(人間愛), 생명존중(生命尊重)
- **미션** : 인간사랑의 정신과 의학발전에 대한 끊임없는 노력으로 최고의 진료, 교육, 연구를 통하여 생명존중의 의미를 지켜나간다.
- **비전** : 21세기 의료를 선도하는 의료 환경 조성 / 활기찬 조직문화 구축 / 환자중심의 첨단 의료 제공 / 환자안전체계 및 의료질 관리 향상
- **핵심가치** : 환자중심 / 인술실천 / 인재양성 / 사회공헌
- **채용절차** : 서류전형(온라인 지원서 접수) – 면접전형
- **자기소개서 질문 및 분량**

질문 번호	질문	글자 수(분량)
1	지원동기	한글 2,000자 영문 4,000자 (0~4,000byte)
2	업무관련 경력 및 교육훈련 사항	
3	장단점(강약점)	
4	직무수행계획	

58) 이화여자대학교의료원 목동병원

- **소재지** : 서울특별시 양천구 안양천로 1071
- **병상 수** : 802병상
- **미션** : 사랑의 기독교 정신으로 인류를 질병으로부터 보호하고 구한다.
- **비전** : 무한 가치를 창출하는 상생의 헬스케어시스템(진료 – 전인적 진료를 통한 최상의 치유 경험을 제공하는 병원 / 교육 – 창의적 교육을 통한 미래 의료 리더를 양성하는 병원)
- **채용절차** : 서류전형(온라인 지원서 접수) – 면접&직무적성 – 신체검사
- **자기소개서 질문 및 분량**

질문 번호	질문	글자 수(분량)
1	성장과정	각 50~350자
2	성격	
3	생활신조	
4	지원동기 및 포부	
5	특기사항	

59) 이화여자대학교의료원 서울병원

- **소재지** : 서울특별시 강서구 공항대로 260
- **병상 수** : 1,014병상
- **미션** : 사랑의 기독교 정신으로 인류를 질병으로부터 보호하고 구한다.
- **비전** : 무한 가치를 창출하는 상생의 헬스케어시스템(진료 – 전인적 진료를 통한 최상의 치유 경험을 제공하는 병원 / 교육 – 창의적 교육을 통한 미래 의료 리더를 양성하는 병원 / 연구 – 실용적 융합연구를 통한 헬스케어 산업을 선도하는 병원)
- **채용절차** : 서류전형(온라인 지원서 접수) – 면접&직무적성 – 신체검사
- **자기소개서 질문 및 분량**

질문 번호	질문	글자 수(분량)
1	성장과정	
2	성격	
3	생활신조	50~350자
4	지원동기 및 포부	
5	특기사항	

60) 인제대학교 상계백병원

- **소재지** : 서울특별시 노원구 동일로 1342
- **병상 수** : 649병상
- **미션** : 인술제세(仁術濟世)의 이념을 바탕으로 최고 수준의 진료, 연구, 교육을 통하여 인류의 건강하고 행복한 삶에 기여한다.
- **비전** : 이웃과 함께하는 병원 / 합리적 조직경영 / 최고의 진료로 신뢰받는 병원 / 창의적 연구와 교육
- **핵심가치** : 고객중심 / 연구 · 교육 / 소통 · 화합 / 지역사회 봉사
- **채용절차** : 서류전형(온라인 지원서 접수) – 인성검사 – 1차 면접(실무면접) – 2차 면접(최종면접) – 신체검사
- **자기소개서 질문 및 분량**

질문 번호	질문	글자 수(분량)
1	성장과정	
2	성격 및 장단점	
3	타인과 차별되는 나만의 핵심역량	각 600자
4	지원동기 및 입사 후 포부	

61) 인제대학교 일산백병원

- **소재지** : 경기도 고양시 일산서구 주화로 170
- **병상 수** : 660병상
- **미션** : 인술제세(仁術濟世)와 인덕제세(仁德濟世)의 창립정신을 바탕으로 인류의 건강한 삶을 위하여 책임을 다하는 병원
- **비전** : 환자가 오고 싶고 교직원이 일하고 싶은 병원 / 실력 있는 병원 / 믿음직한 병원 / 친절한 병원
- **핵심가치** : 전문성 / 진실성 / 고객중심
- **채용절차** : 서류전형(온라인 지원서 접수) – 1차 면접(실무면접) – 인성검사 – 2차 면접(최종면접) – 신체검사
- **자기소개서 질문 및 분량**

질문 번호	질문	글자 수(분량)
1	성장과정	
2	성격 및 장단점	
3	타인과 차별되는 나만의 핵심역량	각 600자
4	지원동기 및 입사 후 포부	

62) 차의과학대학교 분당차병원

- **소재지** : 경기도 성남시 분당구 야탑로 59
- **병상 수** : 854병상
- **미션** : 인간 존중의 정신을 바탕으로 최상의 진료, 연구, 교육을 통하여 인류의 행복을 추구한다.
- **비전** : 최적의 진료서비스로 가장 가고 싶은 병원 / 난치병 극복을 위해 끊임없이 연구하는 병원 / 최고의 의료인을 양성하는 병원 / 직원 모두가 자긍심을 가질 수 있는 병원
- **채용절차** : 서류전형(온라인 지원서 접수) – 1차 면접(직무) – 2차 면접(역량) – 온라인 인적성검사
- **자기소개서 질문 및 분량**

질문 번호	질문	글자 수(분량)
1	성장과정	각 600자
2	가치관/성격	
3	지원동기 및 입사 후 각오	
4	업무상 강점	

63) 한림대학교 강남성심병원

- **소재지** : 서울특별시 영등포구 신길로 1
- **병상 수** : 523병상
- **미션** : "생명을 존중"하며 "인류의 건강과 행복"에 기여한다.
- **비전** : 최상의 진료로 신뢰받는 병원 / 연구하고 혁신하는 병원 / 환자와 직원이 행복한 병원
- **채용절차** : 서류전형(온라인 지원서 접수) – 면접전형 – 신체검사&인성검사
- **자기소개서 질문 및 분량**

질문 번호	질문	글자 수(분량)
1	성장과정 및 자신의 장단점, 생활신조	각 100~500자
2	지원동기 및 입사 후 계획(입사 포부 및 역량 향상을 위한 계획 등)	
3	성격 및 특기사항	
4	자신의 역량 및 업적	

64) 한림대학교 강동성심병원

- **소재지** : 서울특별시 강동구 성안로 150
- **병상 수** : 695병상
- **미션** : 세계 인류의 행복 추구 / 국민 보건의료의 주춧돌 / 사랑과 평등의 의료실천
- **비전** : 생명을 존중하며 이웃과 함께하는 첨단 의료기관
- **채용절차** : 서류전형(온라인 지원서 접수) – 면접전형 – 신체검사&인성검사
- **자기소개서 질문 및 분량**

질문 번호	질문	글자 수(분량)
1	본인 지원 동기	100~500자
2	간호사란 직업 선택 동기	
3	성장 배경 및 본인의 장단점	
4	입사 후 포부	

65) 한림대학교 동탄성심병원

- **소재지** : 경기도 화성시 큰재봉길 7
- **병상 수** : 690병상
- **미션** : 국민 보건 의료의 주춧돌 / 사랑과 평등의 의료실천 / 세계 인류의 행복 추구
- **비전** : 세계적 경쟁력을 가진 최우수 진료, 연구기관 / 의료원의 선도 병원 / 지역사회에 신뢰받는 병원
- **채용절차** : 서류전형(온라인 지원서 접수) – 면접전형 – 신체검사&인성검사
- **자기소개서 질문 및 분량**

질문 번호	질문	글자 수(분량)
1	성장과정 및 자신의 장단점, 생활신조	
2	지원동기 및 입사 후 계획(입사 포부 및 역량 향상을 위한 계획 등)	100~500자
3	성격 및 특기사항	
4	자신의 역량 및 업적	

66) 한양대학교 구리병원

- **소재지** : 경기도 구리시 경춘로 153
- **병상 수** : 580병상
- **미션** : 사랑의 실천자로서 인류가 질병의 고통에서 벗어나 기쁨과 행복이 충만한 삶을 누리도록 한다.
- **비전** : 사랑을 실천하는 환자중심병원 / 최상의 의료를 제공하는 생명존중병원 / 고객의 행복을 추구하는 감동을 주는 병원
- **핵심가치** : 첨단진료 / 연구개발 / 인재양성 / 사회공헌 / 책임경영
- **채용절차** : 서류전형(온라인 지원서 접수) – 인적성검사(AI면접) – 임원진 면접 – 신체검사
- **자기소개서 질문 및 분량**

질문 번호	질문	글자 수(분량)
1	성장과정 및 가족사항	
2	학교생활(최종학교 중심으로)	
3	자신의 성격(장점 및 단점)	최소 200자,
4	경력사항 및 기타 활동	최대 1,000자
5	지원동기 및 입사 후 포부	

67) 가톨릭대학교 대전성모병원

- **소재지** : 대전광역시 중구 대흥로 64
- **병상 수** : 662병상
- **미션** : 복음적 사랑을 실천하는 전인치료
- **비전** : 사랑을 드리고 신뢰받는 GRACIOUS LIFE & GRATEFUL LIFE PARTNER(은혜로운 삶, 감사하는 삶의 파트너)
- **채용절차** : 서류전형(온라인 지원서 접수) – 면접전형 – 신체검사
- **자기소개서 질문 및 분량**

질문 번호	질문	글자 수(분량)
1	성장과정	
2	성격 및 특기사항	
3	생활신조	
4	학교생활, 동아리 활동 등	양식에 맞추어 작성
5	지원동기 및 장래계획	
6	역량 및 업적	

68) 강릉아산병원

- **소재지** : 강원도 강릉시 사천면 방동길 38
- **병상 수** : 720병상
- **미션** : 정성 어린 진료, 수준 높은 교육, 창의적인 연구로 개인의 행복한 삶과 건강한 사회 실현에 기여한다.
- **비전** : 우리 병원의 미래모습 아름다운 의료문화를 열어가는 모델 병원 / 건강한 지역 사회를 위하여 최선을 다하는 병원 / 최상의 의료서비스로 고객이 미소 짓는 병원 / 끊임없는 도전과 창의로 앞서가는 병원 / 구성원 모두가 만족과 자부심을 갖는 병원
- **채용절차** : 서류전형(온라인 지원서 접수) – 1차 면접(실무진) – 2차 면접(경영진)
- **자기소개서 질문 및 분량**

질문 번호	질문	글자 수(분량)
1	성장과정	
2	취미/특기	최대 2,000자
3	지원동기 및 직장경력	
4	인생관	

69) 강원대학교병원

- **소재지** : 강원도 춘천시 백령로 156
- **병상 수** : 575병상
- **미션** : 섬김과 나눔의 정신으로 최상의 교육, 연구, 진료를 통하여 국민의 건강한 삶에 기여한다.
- **비전** : 강원 의료의 질과 품격을 높이는 병원(Best Care / Happy Kangwon / Perfect Harmony)
- **핵심가치** : 전문성 / 상호존중 / 변화와 혁신 / 사명감 / 탁월성
- **채용절차** : 서류전형(온라인 지원서 접수) – 필기전형 – 면접전형 – 현장평가
- **자기소개서 질문 및 분량**

질문 번호	질문	글자 수(분량)
1	강원대학교병원에 지원한 동기와 입사 후 회사에서 본인이 이루고 싶은 목표를 알려주세요.	
2	본인이 지원한 직무분야를 잘 수행할 수 있는 이유를 본인의 핵심가치(전문성, 상호존중, 변화와 혁신, 사명감, 탁월성)와 연계하여 설명해주세요.	
3	지금까지 살아오면서 반드시 지키고자 했던 도덕률은 무엇인지, 이를 어떻게 지켜왔는지 그리고 어떤 상황에서 가장 힘들었는지 기술해주세요.	각 최소 100자, 최대 700자
4	가장 감명 깊게 읽은 책 또는 영상 또는 문구를 기술하고 본인이 지금까지 겪어온 인생에 어떤 영향을 주었는지 기술해주세요.	
5	타인과의 관계 속에서 정서적으로 스트레스를 받은 경험을 떠올리며 이를 어떻게 극복하는지 본인의 방법을 구체적 사례를 들어 알려주세요.	
6	업무 또는 과제를 수행하면서 타인과 협업하여 문제를 해결했던 경험을 알려주세요. 이때 본인은 어떤 노력을 했고 결과는 어떠했는지 알려주세요.	

70) 건양대학교병원

- **소재지** : 대전광역시 서구 관저동로 158
- **병상 수** : 883병상
- **미션** : 생명존중을 바탕으로 인류의 건강과 행복을 실현한다.
- **비전** : "World Class Quality With Love"(가족 같은 사랑으로 신뢰받는 세계적 수준의 의료원이 된다.)
- **핵심가치** : 고객중심 / 인성중심 / 책임의식 / 창의적 연구 / 봉사정신
- **채용절차** : 서류전형(온라인 지원서 접수) – 면접전형 – 신체검사
- **자기소개서 질문 및 분량**

질문 번호	질문	글자 수(분량)
1	성장 과정	A4 용지 1장 분량으로 작성
2	성격 및 특기사항	
3	생활신조	
4	지원 동기 및 장래 계획	
5	업무 역량 및 업적	

71) 대전 을지대학교병원

- **소재지** : 대전광역시 서구 둔산서로 95
- **병상 수** : 876병상
- **미션** : 인간사랑의 정신과 의학발전에 대한 끊임없는 노력으로 최고의 진료, 교육, 연구를 통하여 생명존중의 의미를 지켜나간다.
- **비전** : 21세기 의료를 선도하는 의료환경 조성 / 활기찬 조직문화 구축 / 환자중심의 첨단 의료 제공 / 환자안전체계 및 의료 질 관리 향상
- **채용절차** : 서류전형(온라인 지원서 접수) – 면접전형 – 신체검사
- **자기소개서 질문 및 분량**

질문 번호	질문	글자 수(분량)
1	지원동기	한글 2,000자, 영문 4,000자 (4,000byte)
2	업무관련 경력 및 교육훈련 사항	
3	장단점(강약점)	
4	직무수행계획	

72) 청주 성모병원

- **소재지** : 충청남도 충주시 상당구 주성로 173-19
- **병상 수** : 550병상
- **미션** : 우리는 환자에 대한 사랑과 생명을 존중하는 의료로 예수그리스도의 사랑을 실천한다.
- **비전** : 치유자이신 그리스도의 사랑을 담은 중부권 최고의 병원
- **핵심가치** : 전인치료 / 윤리경영 / 공동체성 / 생명존중 / 최고지향
- **채용절차** : 서류전형(온라인 지원서 접수) - 면접전형
- **자기소개서 질문 및 분량**

질문 번호	질문	글자 수(분량)
1	성장 과정	
2	성격 장단점	A4 용지 1장
3	지원동기	분량으로 작성
4	장래희망	
5	특기사항	

73) 한림대학교 춘천성심병원

- **소재지** : 강원도 춘천시 삭주로 77
- **병상 수** : 500병상
- **미션** : 세계 인류의 행복추구 / 국민 보건의료의 주춧돌 / 사랑과 평등의 의료실천
- **비전** : 세계적 경쟁력을 가진 최우수 진료, 연구기관
- **채용절차** : 서류전형(온라인 지원서 접수) - 면접전형 - 신체검사 & 인성검사
- **자기소개서 질문 및 분량**

질문 번호	질문	글자 수(분량)
1	성장과정 및 자신의 장·단점, 생활신조	
2	지원동기 및 입사 후 계획(입사 포부 및 역량 향상을 위한 계획 등)	각 100~500자
3	성격 및 특기사항	
4	자신의 역량 및 업적	

74) 안동병원

- **소재지** : 경상북도 안동시 앙실로 11
- **병상 수** : 1,036병상
- **미션** : 환자중심의 병원 / 공동체를 위한 병원 / 사회에 봉사하는 병원
- **비전** : 지역을 넘어 세계로
- **채용절차** : 서류전형(온라인 지원서 접수) - 면접전형 - 신체검사
- **자기소개서 질문 및 분량**

질문 번호	질문	글자 수(분량)
1	자신의 성장과정과 성격의 장점과 단점을 기술	
2	학창시절의 활동과 자격 및 특기사항을 기술	항목별
3	안동병원 지원 동기 및 장래 계획을 기술	1,000자 이내
4	기타 사항을 기술	

75) 안동성소병원

- **소재지** : 경상북도 안동시 서동문로 99
- **병상 수** : 732병상
- **미션** : 그리스도의 사랑으로 육체적 정신적 영적 질병으로 고통받는 이웃을 치유하고 하나님의 영광을 나타낸다.
- **비전** : 선진 의료서비스를 실현하는 일류병원 / 고객을 가족처럼 섬기는 사랑병원 / 이웃과 세계와 함께하는 선교병원
- **채용절차** : 서류전형 – 면접전형
- **자기소개서 질문 및 분량**

질문 번호	질문	글자 수(분량)
1	성장 과정(배경) 및 성격(사례 중심, 가족사항 포함)	A4 용지 1장 분량으로 작성
2	생활 신념 및 가치관, 종교관(사례 중심)	
3	지원동기 및 과정(구체적 기술)	
4	입사 후 목표 및 포부	
5	경력사항 및 기타활동(지원 업무 관련 경력, 봉사 및 사회경험 등)	

76) 울산대학교병원

- **소재지** : 울산광역시 동구 방어진순환도로 877
- **병상 수** : 956병상
- **미션** : 모든 인간이 질병의 고통으로부터 해방되어 행복한 생활을 하는 복지사회의 건설에 있다.
- **비전** : 가장 신뢰받는 병원 / 전 직원이 자긍심을 갖는 병원 / 지속 발전하여 의료를 선도하는 병원
- **핵심가치** : 우수성 / 소통 / 친절 / 주인의식 / 혁신 / 표준
- **채용절차** : 서류전형(온라인 지원서 접수) – 1차 면접(실무진) – 2차 면접(경영진)
- **자기소개서 질문 및 분량**

질문 번호	질문	글자 수(분량)
1	본인의 지원동기, 성장과정, 성격 및 가치관, 입사 후 포부 등을 서술하시기 바랍니다.	각 600자
2	사회봉사, 교내활동, 직장경력 사항 등을 상세히 서술하시기 바랍니다.	
3	본원의 핵심가치(우수성, 친절, 소통, 주인의식, 혁신, 표준) 중 자신과 가장 부합하다고 생각하는 가치를 선택하여 그 이유를 경험을 토대로 서술하시기 바랍니다.	

77) 동강병원

- **소재지** : 울산광역시 중구 태화로 239
- **병상 수** : 603병상
- **비전** : 울산 최고의 고객중심 병원
- **핵심가치** : 고품격의료 / 신뢰 / 존중
- **채용절차** : 서류전형(온라인 지원서 접수) – 면접전형
- **자기소개서 질문 및 분량**

질문 번호	질문	글자 수(분량)
1	1페이지 이내로 내용은 구체적이고 간결하게, 자신이 어떤 사람인지 알 수 있도록 그리고 장점을 최대한 드러낼 수 있는 내용을 기재 바랍니다.	

78) 제주대학교병원

- **소재지** : 제주특별자치도 제주시 아란13길 15
- **병상 수** : 646병상
- **미션** : 제주대학교병원은 세계적 수준의 의료서비스를 제공하여 세주특별자치도, 대한민국, 나아가 전 세계가 건강한 삶을 누릴 수 있도록 한다.
- **비전** : 제주도민의 생애주기적 건강을 지켜, 제주의료자치를 실현하는 병원 / 지역사회의 신뢰와 존경을 받는 병원 / 최상의 중증질환 전문센터를 보유한 병원 / 최고의 인력이 일하고 싶은 병원
- **핵심가치** : 고객우선 / 상호협력 / 열린 마음 / 소명의식
- **채용절차** : 서류전형(온라인 지원서 접수) – 면접전형(블라인드) – 신체검사
- **자기소개서 질문 및 분량**

질문 번호	질문	글자 수(분량)
1	[지원동기 관련 질문] 우리병원에 지원하게 된 동기와 포부에 대하여 기술해 주십시오.	500자 이내
2	[경력 및 경험 활동 질문] 지원 분야와 관련하여 다양한 분야에서 쌓은 경험 및 활동에 대하여 상세히 기술해 주시기 바랍니다. (경험 및 활동에는 채용 분야의 직무와 관련하여 기업이나 조직에서 실제로 업무를 수행한 경험, 학교나 직업교육과정 내 조별 과제 활동, 동아리 활동, 재능기부 활동 등 다양한 조직과 장면에서의 경험이 포함됩니다.)	총 1000자 이내
2 – 1	① 입사지원서에 기입한 지원 직무와 관련한 경험 및 활동은 어떤 상황이었으며, 그 당시 본인의 역할을 기술해 주십시오.	200자 이내
2 – 2	② 위 경험 및 활동 상황에서 본인이 취한 행동과 그 결과에 대해 기술해 주십시오.	400자 이내
2 – 3	③ 위 경험 및 활동이 우리 기관 입사 후 어떻게 도움이 될지 기술해 주십시오.	400자 이내
3	[의사소통능력] 조직이나 단체 생활 중 다른 구성원들과 원활한 정보 공유나 소통이 이루어지지 않아 어려움을 경험한 적이 있습니까? 당시 상황을 간략하게 설명하고, 다른 구성원과의 의사소통에 있어 보다 긍정적인 변화를 이끌기 위해 어떠한 노력을 기울였으며, 이를 통해 깨달은 점이 무엇이었는지 기술해 주십시오.	500자 이내
4	[대인관계능력] 학업 과제 수행이나 업무 수행 중에 본인이 협업하는 동료 혹은 본인에게 업무 지시를 하는 윗사람과 일하는 방식이 서로 달라 부딪혀 본 경험이 있습니까? 그러한 상황에서 본인은 어떻게 대처하였는지 기술해 주십시오.	500자 이내

79) 제주한라병원

- **소재지** : 제주특별자치도 제주시 도령로 65
- **병상 수** : 585병상
- **비전** : 최고의 진료, 교육으로 도민의 행복을 실현하는 병원 / 디지털 의료혁신 시스템으로 미래를 여는 병원 / 통일보건의료로 한반도 건강공동체를 선도하는 병원 / 소통과 봉사로 사랑 나눔을 실천하는 병원 / 글로벌 의료관광으로 의료건강 융복 합체를 완성하는 병원
- **채용절차** : 서류전형(지원서 접수) – 인성검사 – 면접전형 – 신체검사
- **자기소개서 질문 및 분량**

질문 번호	질문	글자 수(분량)
1	성장과정	A4 용지 1장 분량으로 작성
2	직무와 관련하여 자신의 장점과 보완점	
3	학교생활	
4	지원동기	
5	입사 후 포부	

80) 포항성모병원

- **소재지** : 경상북도 포항시 남구 대잠동길 17
- **병상 수** : 515병상
- **미션** : 가톨릭교회인 예수그리스도의 치유봉사를 우리 안에 재현하고 본받으며, 예수성심의 사랑을 실천하고 전하며 끊임없이 전인적 의료를 제공하는 것이다.
- **비전** : 소중한 동맹, 신뢰받는 참 좋은 포항성모병원(의료비전 – 참된 인술과 의술로 지역의료를 리드(Lead)하는 거점병원 / 고객비전 – 내 가족처럼 편안하게 정성을 다하는 병원 / 조직비전 – 자긍심을 가지고 능동적이고 창의적으로 일하는 병원 / 사목비전 – 전인적인 돌봄을 통해 하느님의 사랑을 나누는 병원)
- **채용절차** : 서류전형(온라인 지원서 접수) – 면접전형 – 건강검진
- **자기소개서 질문 및 분량**

질문 번호	질문	글자 수(분량)
1	성장과정 및 생활신조	
2	성격의 장단점	제한 없음
3	경력 및 특기사항	
4	지원동기 및 포부	

81) 경찰병원

- **소재지** : 서울특별시 송파구 송이로 123
- **병상 수** : 500병상
- **미션** : 우리는 경찰, 소방공무원과 국민에게 신뢰를 주는 의료 서비스를 제공하여 건강하고 행복한 삶을 누리는 데 기여한다.
- **비전** : '국민의 행복을 위한' Creative Healthcare 리더
- **크레도** : 하나, 우리는 정성이 깃든 마음으로 고객의 요구사항을 파악한다. / 둘, 우리는 깨끗하고 올바른 의사결정 과정을 추구한다. / 셋, 우리는 역지사지의 마음가짐으로 고객을 대한다. / 넷, 우리는 항상 긍정적인 생각을 가지고 모든 일에 앞장선다. / 다섯, 우리는 지역사회의 동반자로서 나눔을 생활화한다.
- **핵심가치** : 고객만족 / 소통화합 / 원칙준수
- **채용절차** : 서류전형 – 면접시험 – 신원조사 후 임용
- **자기소개서 질문 및 분량**

질문 번호	질문	글자 수(분량)
1	직무에 대한 이해 및 응시 취지	
2	지원동기	
3	생활태도와 가치관	
4	미래전망	
5	성품	제한 없음
6	직장구성원으로서 바람직한 태도	
7	특기사항	
8	직무수행 계획서	

82) 국립암센터

- **소재지** : 경기도 고양시 일산동구 일산로 323
- **병상 수** : 605병상
- **미션** : 국민을 암으로부터 보호하고 암 환자의 삶의 질 향상
- **비전** : 세계 최고의 국립암센터
- **전략** : 전문가적 열정 / 상호존중 / 혁신적 도전(선제적인 국가 암 관리 / 세계 암 전문가 양성과 교류 / 지속적인 국민소통과 혁신 / 창의적 신기술로 암 정복 미래 제시 / 암 환자와 가족의 희망)
- **채용절차** : 서류전형(온라인 지원서 접수) – 조직적합성 검사 – 면접심사
- **자기소개서 질문 및 분량**

질문 번호	질문	글자 수(분량)
1	(의사소통능력) 어떤 일에 주도적으로 아이디어를 내어 기획이나 제안이 채택되어 성공적으로 수행한 경험이 있다면 서술해 주십시오.	각 700자 이내
2	(문제해결능력) 학교나 직장 또는 기타 단체에서 어떤 문제 상황이 발생하였을 경우, 창조적이고 논리적인 사고를 하여 이를 해결해 본 경험이 있으면 자세하게 작성해 주십시오.	
3	(자기개발능력) 학교나 직장 또는 기타 단체에서 업무를 추진하는데 필요한 능력을 스스로 관리하고 개발해 본 경험이 있으면 서술해 주십시오.	
4	(대인관계능력) 학교나 직장 또는 기타 단체에서 업무를 수행함에 있어 접촉하게 되는 사람들과 문제 일으키지 않고 원만하게 해결해 본 경험이 있으면 자세히 작성해 주십시오.	
5	(조직이해능력) 국립암센터에 입사 지원한 동기 및 입사 후 실천하고자 하는 차별화된 목표와 추진계획을 작성해 주시기 바랍니다.	
6	(직업윤리) 국립암센터에서 업무를 수행함에 있어 원만한 직장생활을 위한 태도, 매너, 올바른 직업관이 왜 중요한지 본인의 가치관을 중심으로 작성해 주십시오.	

83) 국립중앙의료원

- **소재지** : 서울특별시 중구 을지로 245
- **병상 수** : 569병상
- **비전** : "더 건강한 미래, 함께" 국민 모두의 건강을 함께 꿈꾸고, 내일의 변화를 위해 한 발 앞서 움직입니다. 사람 지역 미래를 잇는 국립중앙의료원(국가중앙병원 / 공공보건의료 체계의 중추 / 공공의료 교육병원 / 보건의료문화 혁신센터 / 국가 표준 공공병원)
- **채용절차** : 서류전형(온라인 지원서 접수) – 필기시험 – 면접전형
- **자기소개서 질문 및 분량**

질문 번호	질문	글자 수(분량)
1	NMC에 지원한 동기 및 입사 후 실천 목표를 자신의 역량과 결부시켜 기술하여 주십시오.	각 500자
2	직무관련 경력(경험) 노력 지원하신 직무를 선택한 이유와 그 직무에 필요한 역량을 갖추기 위해 지금까지 어떠한 노력을 해왔는지 구체적으로 기술하여 주십시오.	
3	갈등관리 및 문제해결 갈등 상황 발생 시 자신의 사례(경험)을 바탕으로 갈등을 해결하는 방안을 구체적으로 기술하여 주십시오.	
4	인재상 부합 NMC 인재상(책임감, 전문성, 생명 중심, 신뢰성, 홍익인간) 중 자신에게 가장 잘 부합되는 것을 한 가지 선택하고, 관련 경험을 구체적으로 기술하여 주십시오.	

84) 국민건강보험공단 일산병원

- **소재지** : 경기도 고양시 일산동구 일산로 100
- **병상 수** : 746병상
- **미션** : 국민의 건강한 삶과 올바른 의료 표준을 선도하는 건강보험 모델 병원
- **비전** : 보다 앞선 의료서비스, 신뢰받는 평생건강 파트너
- **핵심가치** : 환자중심 / 탁월한 전문성 / 행복한 일터
- **채용절차** : 서류전형(온라인 지원서 접수) – 인성검사 – 면접시험 – 신체검사
- **자기소개서 질문 및 분량**

질문 번호	질문	글자 수(분량)
1	학교나 직장 또는 기타 단체에서 업무를 추진하는 데 필요한 능력을 스스로 관리하고 개발해 본 경험이 있으면 서술해 주십시오.	각 500자
2	학교나 직장 또는 기타 단체에서 어떤 문제 상황이 발생하여 창의적이고 논리적으로 이를 해결해 본 경험이 있으면 자세하게 작성해 주십시오.	
3	학교나 직장 또는 기타 단체에서 업무를 수행함에 있어 접촉하게 되는 사람들과 문제를 일으키지 않고 원만하게 해결해 본 경험이 있으면 자세히 작성해 주십시오. 또는 문제를 발생시키지 않게 하기 위한 본인만의 대인관계 방법을 작성해 주십시오.	
4	어떤 일에 주도적으로 아이디어를 내거나 기획 또는 제안하여 성공적으로 어떤 일을 수행한 경험이 있다면 서술해 주십시오.	
5	입사 지원한 동기 및 입사 후 실천하고자 하는 차별화된 목표와 추진계획을 작성해 주시기 바랍니다.	
6	입사 후 업무를 수행함에 있어 원만함 직장생활을 위한 태도, 매너, 올바른 직업관이 왜 중요한지 본인의 가치관을 중심으로 작성해 주십시오.	

85) 동남권 원자력병원

- **소재지** : 부산광역시 기장군 장안읍 좌동길 40
- **병상 수** : 279병상
- **미션** : 방사선의 의학적 이용 및 연구개발과 국가 방사선비상진료 수행을 통한 국가 과학기술 및 건강증진에 기여
- **비전** : 방사선의학 기술개발 선도기관
- **경영목표** : 의료용 가속기 연구의 중심 / 동남권 최고의 암센터 / 탁월한 직원, 행복한 직장
- **핵심가치** : 헌신 / 혁신 / 책임 / 적극성 / 상호존중 / 전문성
- **채용절차** : 서류면접 – 면접심사 – 신원조사 및 신체검사
- **자기소개서 질문 및 분량**

질문 번호	질문	글자 수(분량)
1	지원 분야와 관련하여 본인에게 유리하다고 생각하는 경험, 능력 또는 성과에 대해 기술하시오.	제한 없음
2	지원 분야의 직원윤리가 왜 중요한지 본인의 가치관을 중심으로 기술하시오.	
3	지원 분야의 교육과정 또는 직무수행을 통하여 문제해결을 발휘한 경험에 대해 기술하시오.	
4	자유기술: 기타 지원자가 작성하고 싶은 내용	

86) 보훈병원(중앙)

- **소재지** : 서울특별시 강동구 진황도로 61길 53
- **병상 수** : 1001병상
- **미션** : 보훈가족의 건강과 행복한 삶
- **비전** : 의료, 복지 통합서비스로 신뢰받는 기관
- **가치체계** : BEST = Belief(신뢰) / Esteem(존경) / Sympathy(공감) / Transform(혁신)
- **경영방침** : 국민행복 섬김경영 / 고객참여 투명경영 / 소통중심 공감경영 / 상생협력 지속경영
- **채용절차** : 서류전형(온라인 지원서 접수) − 필기시험 − 1차 면접(AI면접) − 2차 면접(블라인드 면접)
- **자기소개서 질문 및 분량**

질문 번호	질문 −직무능력 소개서(경험 기술서)	글자 수(분량)
1	입사지원서에 작성한 직무 관련 경험사항에 대하여 본인이 수행한 역할 및 주요 업무, 성과 등에 대해 자세히 기술하여 주시기 바랍니다.	최소 100자 최대 1,000자
2	[의사소통능력] 동료 직원이 업무 관련으로 고객과 대화를 나누고 있습니다. 그런데 고객은 이해가 되지 않는다고 반문을 했습니다. 대화 중 무엇이 문제이고, 어떻게 하면 해결할 수 있는지를 설명하시기 바랍니다.	각 200자 이내
3	[조직이해능력] 우리 공단에 입사 지원한 동기 및 입사 후 실천하고자 하는 목표를 다른 사람과 차별화된 본인의 역량과 결부시켜 설명하시기 바랍니다.	
4	[대인관계능력] 모든 고객에게 100% 만족을 주는 서비스란 있을 수 없습니다. 또한 고객의 불만은 필연적으로 발생하기 마련입니다. 그러나 불만이 있는 고객도 귀한 고객입니다. 본인의 생각 하에 고객의 불만은 어떻게 해소하여야 하는지 설명하시기 바랍니다.	
5	[문제해결능력] 만약 당신의 업무가 입원환자 간호담당자일 때, 업무 착오로 퇴원환자를 대상으로 한 관련 교육을 진행하지 못하는 문제가 발생하였다면 어떻게 문제를 해결한 것인지 그 방법과 이유를 설명하시기 바랍니다.	
6	[수리능력] 환자 안전을 위협하는 의료과오 중에 가장 빈번히 발생하는 것이 투약 실수이며, 약물의 복용 과정에서 발생하는 것이 약 49%에 이른다고 합니다. 이러한 투약 실수를 최소화하기 위한 간호사의 용량 계산, 수리능력 향상 방안은 무엇인지 본인의 계산, 수리능력과 연계하여 설명하여 주시기 바랍니다.	
7	[직업윤리] 공공의료인으로의 직업윤리가 왜 중요한지 본인의 가치관을 중심으로 설명하시기 바랍니다.	

87) 한국원자력의학원

- **소재지** : 서울특별시 노원구 노원로 75
- **병상 수** : 503병상
- **미션** : 방사선 등의 의학적 이용 및 연구개발 업무 수행 및 최상의 암 진료를 통해 인간의 건강한 삶에 기여한다.
- **비전** : 혁신적 암 치료를 선도하는 세계 방사선 의학의 중심
- **핵심가치** : 전문가의식 / 상호존중 / 혁신 / 발견 / 열정
- **채용절차** : 1차 전형(서류심사) − 2차 전형(실무면접) − 3차 전형(최종면접) − 신체검사
- **자기소개서 질문 및 분량**

질문 번호	질문	글자 수(분량)
1	자기소개를 간략하게 기술하여 주십시오. (학교명, 가족관계, 부모님 직업 등을 기재할 경우 감점요인)	200자 이내
2	(자기개발능력) 지원 분야와 관련하여 경력 및 경험 활동에 대하여 아래 기준에 따라 상세히 기술하여 주십시오.	총 400자
2 − 1	① 지원서에 기입한 지원 직무와 관련 경력 및 경험의 주요 내용과 본인의 역할에 대해서 구체적으로 기술해 주십시오.	200자 이내
2 − 2	② 위 경력 및 경험이 우리 의학원 입사 후 지원 분야의 직무 수행에 어떻게 도움이 될지 구체적으로 기술해 주십시오.	200자 이내
3	(문제해결능력) 학교나 직장 또는 기타 단체에서 문제 상황이 발생하였을 경우, 창조적이고 논리적인 사고를 통하여 이를 해결해 본 경험이 있으면 자세하게 기술하여 주십시오.	200자 이내
4	(조직이해능력) 한국원자력의학원에 지원하게 된 동기 및 입사 후 포부를 기술하여 주십시오.	200자 이내

이 글을 읽는다면 여러분은 이미 인생을 성공한 것입니다.

간호사가 되는 순간은 인간의 생명을 책임지는 고귀하고 훌륭한 사람이 한 명 탄생하는 순간과 같습니다. 사랑하는 후배 간호사 여러분은 이미 성공한 인생입니다. 자부심을 가지고 일하시기 바랍니다. 여러분은 어디서든 환영받고 존경받고 사랑받는 존재입니다.

전 한림대학교의료원 강동성심병원 간호부장

엄 옥 주

4년 동안 열심히 달려온 간호 후배님들! 당신의 삶을 응원합니다.

우리가 선택한 길은 두렵고 지칠 때가 많습니다. 하지만 인간을 사랑하고 존중하는 우리들이기에 그 어떤 어려움도 행복으로 만들 수 있습니다. 여러분을 만나는 모든 분들이 여러분으로 인해 웃을 수 있기를 진심으로 응원합니다.

전 분당 보바스병원 간호부장, 노인간호사회 사무국장

곽 혜 련

멋진 간호사로 성장하시길!

저는 이번 코로나19 사태에 자원하여 대구로 파견 근무를 했습니다. 제겐 참 값진 경험이었습니다. 간호사라는 직업이 아니었다면, 이런 특별한 경험은 없었을 것입니다. 간호사는 물론 힘들 때도 있지만, 그보다 보람이 더 큰 직업입니다. 지금 여러분들은 취업과 국시 준비로 버겁겠지만, 잘 마무리해서 멋진 간호사로 나아가길 진심으로 바랍니다.

중앙보훈병원 전담간호사

정 주 현

MEMO

좋은 책을 만드는 길, 독자님과 함께하겠습니다.

2025 한권으로 끝내는 간호사 자소서 · 면접

개정4판1쇄 발행	2024년 04월 30일 (인쇄 2024년 04월 03일)
초 판 발 행	2020년 09월 25일 (인쇄 2020년 07월 16일)
발 행 인	박영일
책 임 편 집	이해욱
저 자	정해성, 서효정
편 집 진 행	여연주
표지디자인	김지수
편집디자인	윤아영
발 행 처	(주)시대고시기획
출 판 등 록	제10-1521호
주 소	서울시 마포구 큰우물로 75 [도화동 538 성지 B/D] 9F
전 화	1600-3600
팩 스	02-701-8823
홈 페 이 지	www.sdedu.co.kr
I S B N	979-11-383-6882-7 (13320)
정 가	23,000원